Grundkurs
Feng Shui

Simon G. Brown

Grundkurs
Feng Shui

Bechtermünz

Inhaltsverzeichnis

1

Feng Shui wirksam nutzen

2

Feng Shui für Sie

Titel der Originalausgabe
Fengshui In A Weekend
Zuerst veröffentlicht 2002 in Großbritannien von Hamlyn

Hamlyn ist ein Imprint der Octopus Publishing Group Ltd.,
2 – 4 Heron Quays, London E14 4JP

Copyright © 2002 by Octopus Publishing Group Ltd., London

Deutsche Erstausgabe

Copyright © 2002 der deutschen Übersetzung by Verlagsgruppe Weltbild GmbH, Augsburg

Koordination und Bearbeitung der deutschen Ausgabe:
NEUMANN & NÜRNBERGER, Leipzig
Übertragung ins Deutsche:
INTER.CONNECT, Leipzig
Umschlaggestaltung:
Gestaltungsbüro Lehmacher, Friedberg (Bayern)

Gesamtherstellung:
Toppan Printing Center, Hong Kong

Printed in China

ISBN 3-8289-2419-0

Einkaufen im Internet:
www.weltbild.de

 # Feng Shui wirksam nutzen

Einführung

Feng Shui ist Teil einer alten Philosophie und findet in vielen Lehren Anwendung,
einschließlich T´ai Chi, I Ging, Akupunktur, Shiatsu, Makrobiotik und Astrologie.
Chi-Energie, Yin und Yang, die fünf Elemente und die acht Trigramme sind Gemeingut
dieser Lehren und Praktiken und bündeln sie zu einer einheitlichen Kraft,
die als Ganzes einen vollständigen Lebensentwurf bietet.

Feng Shui ist nur ein Teil im Puzzle des Lebens. Ich mache mir verschiedene
Praktiken zu Nutze um Herausforderungen zu meistern. Neben den östlichen Lehren
fand ich auch westliche Einflüsse, wie NLP (Neurolinguistische Programmierung),
moderne Therapieformen und wissenschaftliche Forschung,
nützlich beim Verstehen der Welt.

Das Haus, in dem Sie wohnen, hat ganz entscheidenden Einfluss auf Ihr Leben.
Ich erinnere mich daran, dass ich als Kind von London in ein großes Haus
auf dem Land zog, in dem eine ganz besondere Atmosphäre voller positiver Energie
und Optimismus herrschte. Meine ganze Familie war während dieser
Zeit auf unterschiedlichste Weise erfolgreich.

Seit dieser Zeit habe ich in vier verschiedenen Wohnungen in London gelebt, von
denen jede ihren ganz speziellen Beitrag zu meinem Leben leistete. Der Umzug in unser
derzeitiges Haus fiel mit dem Beginn meiner Selbstständigkeit zusammen, die meine
Erwartungen weit übertraf und mir Erfolg durch Publizieren, spannende Feng Shui-
Beratungen sowie Einladungen zu vielen Gesprächen und Lesungen bescherte.

Unser Haus ist hell, sonnig und frisch. Die Räume haben die unterschiedlichsten
Formen. Wenn man sich auf dem Dach des Gebäudes befindet, bekommt man
das Gefühl von Weite. Eine Kombination aus modernen und
klassischen Stilformen verleiht unserem Haus eine besondere Harmonie.

Interessanterweise entpuppte sich das Landhaus meiner Mutter
als ein Ort mit einer idealen Familienatmosphäre, sodass wir die meisten
Wochenenden dort verbringen. Für unsere Kinder ist es das Paradies.
Ich glaube nicht, dass man alles an einem Ort findet.

Feng Shui gab mir ein stärkeres Gefühl der Kontrolle über meine Umwelt
und gleichzeitig ein besseres Verständnis dafür, warum verschiedene Abfolgen
von Ereignissen im Leben stattfinden. Unser Haus ist nicht ungewöhnlich
und es unterscheidet sich nicht von anderen Häusern, es steckt aber in jedem Detail
viel Überlegung und Sorgfalt. Das macht es zu einem besonderen Ort,
der für mich und meine Familie die ideale Umgebung ist.

Simon Brown

Die **Grundlagen** des Feng Shui

Feng Shui basiert auf der Idee, dass wir mit allem im Universum verbunden sind, so dass wir alle Teil eines riesigen Zusammenhangs sind.

Demzufolge wirken sich die Ereignisse an einem Ort letztendlich auf jeden im Universum aus. Einige Geschehnisse haben einen größeren Einfluss und machen sich stärker bemerkbar als andere. Die verschiedenen Mondphasen, die Sonne und die Jahreszeiten beeinflussen uns zusammen mit dem Wetter spürbar. Verhalten, Stimmungen und Denken können sich gemäß den Umschwüngen dieser natürlichen Phänomene verändern. Die Wirkungsweise dieser Zusammenhänge lässt sich leichter verstehen, wenn man mit den Grundprinzipien vertraut ist.

Chi im Körper

Jeder besitzt ein Energiefeld, welches durch den Körper strömt und sich darüber hinaus ausbreitet. In China beizeichnet man es als Chi, eine subtile Strömung elektromagnetischer Energie, die Ihre Gefühle, Gedanken und Überzeugungen transportiert. Sind Sie etwa aufgeregt, schicken Sie diese Art Chi-Energie durch Ihren Körper.

Chi-Energie in Ihrem Umfeld

Das Chi-Energiefeld dehnt sich in Abhängigkeit von Ihrem körperlichen und seelischen Befinden etwa 10 Zentimeter bis 1 Meter über die Haut hinaus. Ein wütender Mensch spürt, dass sich sein Chi-Energiefeld weiter erstreckt als das eines niedergeschlagenen Menschen. Dieses äußere Energiefeld wird als Ihre Aura bezeichnet und kann durch einen als kirilianische Fotografie bekannten Prozess sichtbar gemacht werden. Dieser Teil Ihrer Chi-Energie lässt sich am einfachsten von der Atmosphäre Ihres Umfeldes beeinflussen.

Was ist Feng Shui?
Feng Shui wird mit Wind und Wasser übersetzt. Es lässt die Kräfte der Natur, wie Ebbe, Flut und Windströmungen, für Sie arbeiten.

Die Wohnung ausrichten

Bei der **Ausrichtung** Ihrer Wohnung ist die Beobachtung der Sonnenbewegung im Lauf des Tages hilfreich. Halten Sie fest, zu welcher Uhrzeit die Sonne in die einzelnen Zimmer Ihres Hauses scheint. Sie müssen sich hierbei nach der Sommerzeit richten.

Notieren Sie sich bei **Sonnenaufgang** die Uhrzeit, zu der die Sonne in Ihre Räumlichkeiten, in den nach Osten gelegenen Teil der Wohnung tritt. Berechnen Sie anschließend die **Hälfte der Zeit** zwischen Sonnenaufgang und Mittag. Wenn die Sonne 6 Uhr aufgeht, ist 9 Uhr die Hälfte der Zeit verstrichen. Zu diesem Zeitpunkt befindet sich die Sonne im Südosten. Beobachten Sie, wo die südöstliche Sonne in Ihr Haus tritt, und schreiben Sie es auf. Am Mittag wird die Sonne ihren höchsten Punkt erreichen und im Süden stehen. Im Winter sind die Beobachtungen einfacher. **Berechnen** Sie die Hälfte der Zeit zwischen Mittag und Sonnenuntergang, die Zeit, in der die Sonne im Südwesten steht. Beobachten Sie das Sinken der Sonne bis zum Untergang. Halten Sie erneut Zeit und Ort fest, an denen die Sonne in dem westlichen Teil Ihres Heims scheint.

Die **Richtungen**, aus denen die Sonne nicht scheint, liegen den beobachteten Richtungen gegenüber. Nordwesten befindet sich gegenüber Südosten, Norden gegenüber Süden und Nordosten gegenüber Südwesten.

Spürsinn für Erfolg
Jedes Zimmer hat eine ganz eigene Atmosphäre. Es kommt darauf an ein Umfeld zu schaffen, in dem Sie sich positiv entwickeln können.

An einem feuchtkalten Tag enthält die Atmosphäre überwiegend Yin (siehe Seite 132–135). Wenn diese Yin-Chi-Energie Ihr eigenes Energiefeld durchdringt, werden Sie stärker von Yin erfüllt. Als Resultat ziehen Sie sich stärker in sich zurück. Zum Ausgleich sollten Sie durch Bewegung Ihre Yang-Energie erhöhen.

Auch jedes Gebäude hat eine eigene Atmosphäre oder Energie, die Ihre äußere Chi-Energie beeinflusst. Deshalb wirkt sich der Aufenthalt in bestimmten Gebäuden auf Ihre Stimmung aus. Feng Shui wird Sie lehren, wie Sie in Ihren eigenen vier Wänden eine Atmosphäre schaffen können, die Sie im Leben voranbringt.

Verschiedene äußere Faktoren haben Einfluss auf die Chi-Energie im Inneren eines Hauses. Liegt ein Haus zum Beispiel auf einer Bergkuppe und ein gleiches Gebäude befindet sich im Tal in der Nähe eines Flusses, ist die Stimmung in beiden Häusern ganz unterschiedlich.

Die äußere und innere Gestaltung eines Gebäudes bestimmen ebenfalls dessen innere Chi-Energie oder Atmosphäre. Eine Kathedrale ruft in Ihnen eine andere Stimmung hervor als ein kleines Landhaus, genauso wie ein spärlich eingerichtetes Haus mit harten Oberflächen andere Gefühle weckt als ein voll gestopftes Haus, in dem weiche Stoffe dominieren.

Chi-Energie im Umkreis des Gebäudes

Die Sonne übt einen der stärksten Einflüsse auf Ihr Haus aus. Ihre Strahlen senden kraftvolle Energie in ein Zimmer. Im Laufe des Tages lädt die Sonne verschiedene Teile des Gebäudes mit Energie auf. Wenn die Sonne weitergezogen ist, nimmt die Chi-Energie langsam ab, bis sie am nächsten Tag wieder aufgeladen wird.

Die scheinbare Bewegung der Sonne am Himmel erzeugt unterschiedliche Arten Chi-Energie. Die im Osten aufgehende Sonne strahlt mehr aufstrebende, mit dem Morgen verbundene Energie in den östlichen Teil des Hauses. Die untergehende westliche Sonne sendet mehr abnehmende Energie, die mit dem Ende des Tages und der Vollendung von Aufgaben assoziiert wird, in den westlichen Teil des Hauses.

Das Haus lässt sich nach diesen Erfahrungen in acht verschiedene Bereiche einteilen. Die Himmelsrichtungen sind Osten, Süden, Westen und Norden, dazwischen liegen Südosten, Südwesten, Nordwesten und Nordosten. Jede dieser Richtungen besitzt ihre eigene Energie. Im östlichen Teil des Gebäudes nehmen Sie mehr östliche Chi-Energie auf. Die Richtung, der Sie zugekehrt sind, und der Ort bestimmen die Art der Energie, von der Sie mehr absorbieren.

In der Mitte Ihres Kopfes wächst das Haar spiralförmig. Diese Stelle wird als Wirbel-Chakra bezeichnet. Hier können Sie am einfachsten Chi-Energie aufnehmen. Wenn Ihr Kopf beim Schlafen nach Osten zu liegt, wird ihr Energiefeld von östlicher Chi-Energie aufgeladen, so dass beim Aufwachen diese Art Energie in Ihrem Körper überwiegt. Im Laufe der Zeit wird jemand, dessen Kopf beim Schlafen dem Osten zugekehrt ist, östliche Energie aufbauen und die mit ihr verbundenen Eigenschaften. (Siehe Seite 146 für detaillierte Informationen über die acht Himmelsrichtungen.)

Die effektive **Anwendung** von Feng Shui

Fragen Sie sich, was Sie wollen? Wollen Sie **Ihr Leben verbessern** oder wollen Sie Ihre **Wohnung optimal gestalten?**

Arbeiten Sie an sich selbst

Arbeiten Sie an Ihrer Wohnung

Ordnen Sie Ihre Gedanken

Machen Sie einen Spaziergang und kehren Sie mit klaren Vorstellungen zurück

Denken Sie über Ihre Prioritäten im Leben nach

Vergegenwärtigen Sie sich, was Sie an sich selbst ändern können um erfolgreicher zu sein

Gehen Sie durch und um Ihr Haus herum und suchen Sie nach Möglichkeiten es positiver zu gestalten

Schauen Sie sich Vorschläge für Ihre Wohnung an, die Ihnen bei der Realisierung dieser Veränderungen helfen

Machen Sie sich Notizen und schauen Sie sich die unter dem entsprechenden Raum aufgeführten Vorschläge an

Über dieses Buch

Feng Shui hat zwei Seiten. Eine ist heilend und auf die Lösung von Problemen ausgerichtet, während die andere möglichen Übeln vorbeugt. Obwohl die Anwendung dieser Aspekte sich sehr voneinander unterscheidet, gibt die Gestaltung des Buches beiden Raum.

Heilendes Feng Shui

Wenn Sie ein Problem in Ihrem Leben erkannt haben, kann heilendes Feng Shui bei dessen Lösung helfen. In diesem Fall **will man weder die Wohnsituation gravierend ändern noch viel Geld für die Abhilfe ausgeben**. Wenn Sie also Ihr Problem durch das Umstellen Ihres Bettes lösen können, ist das ideal. Die Kunst dieses Aspektes von Feng Shui liegt in der größtmöglichen Ordnung, Genauigkeit und Detailtreue. Weniger ist mehr.

Das zweite Kapitel, *Feng Shui für Sie*, basiert auf dem heilenden Aspekt von Feng Shui und enthält Projekte für jeden Teil Ihres Hauses. Die Projekte sind relativ einfach und darauf ausgerichtet Ihnen bei der Verbesserung verschiedener Aspekte Ihres Lebens schnell und ohne viel Aufwand zu helfen.

Vorbeugendes Feng Shui

Wenn Sie in Ihrem Haus ein Problem entdeckt haben, können Sie es **renovieren oder neu einrichten** und dabei vorbeugendes Feng Shui anwenden. Hinter diesem Aspekt von Feng Shui verbirgt sich die Idee, dass Sie die Atmosphäre entscheidend verbessern können, wenn Sie Ihre Räumlichkeiten merklich umgestalten. Viele der auf Feng Shui basierenden Anregungen verursachen Ihnen keine zusätzlichen Kosten. Sie unterstützen Sie bei der gezielten Auswahl von Farben, Materialien und Formen für Ihr Haus. Sie erhalten außerdem wertvolle Tipps, wie Sie Ihre Möbel aufstellen können.

Der dritte Teil, *Feng Shui im Haus*, widmet jedem Zimmer ein Kapitel. Er schließt sowohl Vorschläge für verschiedene Teile des Hauses als auch für tief greifendere Veränderungen ein.

Symbole unterstützen Sie bei der Suche nach den nützlichsten Vorschlägen

Individuell ausgearbeitete Vorschläge werden Ihnen helfen Ihr Ziel innerhalb der durch diese Symbole angezeigten Zeit zu erreichen

Abbildungen und ausführliche Untertitel entwickeln das Thema des Textes

halber Tag   ein Tag

zwei Tage

DIE SYMBOLE

Das ganze Buch ist mit Symbolen versehen, damit Sie beim schnellen Durchblättern problemlos die für Sie nützlichsten Vorschläge finden. Die Symbole sind unten aufgeführt.

 Festere Familienbande

 **Nordwesten** Weisheit, Organisation und Kontrolle

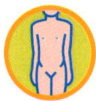 Gesundheit

 Ausgleich – Yin / Yang

 Osten Ehrgeiz, Vertrauen und Entschiedenheit

 **Norden** Frieden, Sinnlichkeit und Spiritualität

 Entspannung

 Häuslichkeit

 Südosten Kreativität, Kommunikation und Vorstellungskraft

 **Nordosten** Motivation, Fleiß und Wettbewerbsfähigkeit

 Vitalität

 Saubere Atmosphäre

 Südwesten Ausdrucksstärke, Geselligkeit und Leidenschaft

 Sex

 Neubeginn

 Finanzen

 **Süden** Sicherheit, Realismus und Pragmatismus

 Das Haus verkaufen

 Geordnete Gedanken

 Bessere Beziehungen

 **Westen** Zufriedenheit, Verspieltheit und Vergnügungslust

 Das eigene Haus lieben

Alle Vorschläge im Buch sind mit Hinweisen versehen, die angeben, wie viel Zeit Sie für deren Realisierung benötigen. Sie dienen natürlich nur zur groben Orientierung, da vieles von der Größe Ihres Hauses und der Realisierbarkeit der Projekte abhängt. Es empfiehlt sich jedoch, dass Sie sich genügend Zeit nehmen um sie erfolgreich zu abzuschließen. Machen Sie zwischen den Projekten eine kleine Pause. Sie sollten sehen, wie die Neuerung auf Sie wirkt, bevor Sie mit dem nächsten Projekt beginnen.

Eine gute seelische Verfassung ist bei der Arbeit sehr hilfreich. Wenn Sie gestresst oder schlecht gelaunt sind, sollten Sie ihr Vorhaben auf einen anderen Tag verschieben. Ihr Engagement und die Qualität der Chi-Energie, die Sie in das Projekt einbringen, werden das Ergebnis ebenfalls beeinflussen.

RAUMPLÄNE

Kapitel drei, *Feng Shui im Haus*, enthält Illustrationen, die das Zimmer vor und nach der Umgestaltung zeigen, so dass Sie sehen können, wie kleine Veränderungen sich auf die Chi-Energie in Ihrem Haus auswirken. Die in die Illustrationen eingezeichneten Energielinien haben folgende Bedeutung:

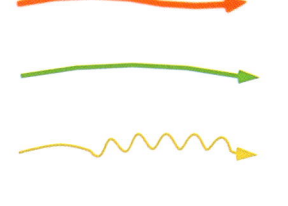

Schnell fließende Energie

Harmonisch fließende Energie

Langsam fließende Energie, stagnierendes Potential

Potenziell schädliche Energie

Was **wollen** Sie im Leben erreichen?

Das regelmäßige Nachdenken über die Prioritäten in Ihrem Leben hilft Ihnen Ihre Energie zu konzentrieren und erleichtert Ihnen die Verwirklichung Ihrer Träume. Denken Sie zuerst über Ihre langfristigen und ehrgeizigsten Ziele nach und gehen Sie anschließend zu Ihren kurzfristigen und weniger ehrgeizigen Plänen zurück.

Beginnen Sie vorbereitend mit leichten Dehnungsübungen. Verbinden Sie diese mit langen, tiefen Atemzügen. Legen Sie sich auf den Rücken oder setzen Sie sich aufrecht. Entspannen Sie sich und versuchen Sie Ihre Gedanken auszuschalten, indem Sie sich auf die Atmung konzentrieren. Spüren Sie, wie jeder Atemzug in Ihren Körper eindringt und ihn wieder verlässt. Wenn Sie ganz ruhig sind, beginnen Sie mit der Meditation.

Stellen Sie sich vor, Sie stehen am Ende Ihres Lebens. Sie sind glücklich und zufrieden, während Sie sich darauf vorbereiten die materielle Welt zu verlassen. Sie haben alles erreicht, was Sie wollten. Versuchen Sie sich zu vergegenwärtigen, zu fühlen und zu hören, wie es sein könnte, wenn man an diesem Punkt angelangt ist.

Denken Sie nun darüber nach, was Sie in der Zwischenzeit tun müssten, um ihn zu erreichen.

Definieren Sie zuerst langfristige, große Ziele. Wenn Sie diese für sich festgelegt haben, beginnen Sie mit der Arbeit an Einzellösungen und der Gestaltung von Details. Möglicherweise müssen Sie ständig an den Details arbeiten, bis Sie von deren Realisierbarkeit überzeugt sind. Das kann zur Hauptantriebskraft werden, die Sie voranbringt.

Sie werden diese Übung mehrere Male wiederholen müssen um die besten Ergebnisse zu erzielen. Sorgen Sie sich nicht um anfängliche Misserfolge, versuchen Sie stattdessen die Fähigkeit zu trainieren Ihren Geist zu konzentrieren.

Einige Menschen werden herausfinden, dass es für sie einen einzigen Traum gibt, der die treibende Kraft ihres Lebens ist, während andere mehrere Träume haben. Natürlich kann man seine Träume im Verlauf des Lebens auch ändern.

Führen Sie sich Ihren Traum, soweit vorhanden, jederzeit vor Augen, wenn Sie eine Entscheidung treffen müssen. So können Sie überprüfen, ob diese der Realisierung Ihrer Ziele dient.

Blicken Sie von Zeit zu Zeit auf Ihre Fortschritte zurück. Es ist wichtig, dass Sie nicht enttäuscht sind, wenn Sie eine Phase durchlaufen, in der Sie nicht vorankommen. Finden Sie neue Wege um sich weiterzuentwickeln.

Meditation

Setzen Sie sich zur Meditation in eine bequeme Haltung, sodass Ihre Wirbelsäule gerade ist, und Sie nicht von Schmerz und Anstrengung abgelenkt werden.

Fragebogen

Beantworten Sie die folgenden Fragen und notieren Sie sich, welche Gefühle, welche Emotionen und welches Befinden Sie erreichen möchten.

- **Welche Prioritäten setzen Sie in Ihrem Leben?**
- **Wie stellen Sie sich das Gefühl vor, das Sie haben werden, wenn Sie Ihr Ziel erreicht haben?**
- **Wie wird dieses Ziel aussehen?**
- **Was werden die Leute über Sie sagen und welche Meinung haben Sie über sich selbst?**
- **Was können Sie an sich ändern um das Erreichen dieses Ziels zu befördern?**

Ziehen Sie um die unten aufgeführten Wörter, die auf Sie zutreffen, einen Kreis. Schlagen Sie die entsprechenden Seiten auf und sehen Sie sich die Vorschläge an, die am praktischsten für Sie sind. Denken Sie daran sich auf die Eigenschaften zu konzentrieren, die Ihnen bei der Verwirklichung Ihres Traums helfen, und nicht auf diejenigen, die Sie am meisten ansprechen. Sie sollten sich ausschließlich mit Ihrer Person oder mit kleinen Kindern beschäftigen. Die anderen sollten ihre Aufgaben selbst erledigen.

ZU STÄRKENDE EIGENSCHAFT *SIEHE SEITEN*		**ZU STÄRKENDE EIGENSCHAFT** *SIEHE SEITEN*	
 Bestimmtheit Enthusiasmus Zuversicht Durchsetzungsvermögen Positives Denken	29, 38 – 41, 42, 46 – 47, 56 – 57, 90 – 91, 107 – 111.	 Romantik Verspieltheit Zufriedenheit Jugendlichkeit	31 – 33, 38 – 41, 50, 64 – 65, 67, 90 – 91, 125 – 126.
 Optimismus Kommunikation Kreativität Fantasie	25, 38 – 41, 46 – 51, 54 – 57, 60, 67, 80 – 83, 86, 90 – 91, 110 – 111, 119 – 120, 126 – 127.	 Organisation Intuition Verantwortungsbewusstsein Strukturiertheit Würde	24, 31, 35, 38 – 42, 82 – 83, 90 – 91, 98, 104, 108 – 111.
 Expressivität Kontaktfreudigkeit Geselligkeit Mitgefühl Spontanität	36 – 41, 46 – 47, 76, 78, 85 – 87, 90 – 91, 96.	 Sexuelles Verlangen Frieden Spiritualität Flexibilität Sachlichkeit	24, 25, 34, 38 – 41, 44 – 45, 90 – 94, 113 – 117, 122 – 127.
 Selbstvertrauen Realismus Pragmatismus Beständigkeit	30, 36 – 41, 43, 53, 54, 74 – 75, 84, 86, 90 – 94.	 Motivation Konkurrenzfähigkeit Klarheit Entschlossenheit Wachsamkeit	24, 30, 38 – 43, 90 – 91, 108 – 111, 121, 124 – 125.

Leben und Beziehungen

Feng Shui funktioniert genau wie andere Praktiken zur Verbesserung Ihres Lebens und Ihrer Beziehungen. Zunächst sollten Sie sich entspannen und sorgfältig über Ihre Prioritäten nachdenken. Anschließend können Sie sich erarbeiten, wie Sie Feng Shui zur Veränderung Ihrer Lage einsetzen.

In Feng Shui-Beratungen zeigt sich oft, dass sich die Menschen nicht im Klarem darüber sind, was sie wollen oder wie sie Feng Shui einsetzen können um ihre Ziele zu erreichen. Manche glauben, sie kennen die eigenen Prioritäten, stellen später jedoch fest, dass sie etwas vollkommen anderes wollten. Bevor Sie Ihre Ziele festlegen, sollten Sie versuchen mit einem vertrauten Freund darüber zu sprechen, einen Spaziergang zu machen, Sport zu treiben, eine Atemübung zu machen oder zu meditieren (siehe Seiten 14 – 15). Es empfiehlt sich seine Ziele auf ein leeres Blatt zu schreiben, über die Konsequenzen für das Leben nachzudenken und sich die daraus resultierenden Gefühle zu vergegenwärtigen. Arbeiten Sie so lange an Ihren Vorstellungen, bis Sie damit zufrieden sind.

Feng Shui ist kein Wundermittel, das Sie wohlhabend macht, für die perfekte Beziehung sorgt und Ihre Gesundheit von allein verbessert. Sie müssen selbst daran arbeiten und versuchen die Umstände dafür zu schaffen.

Die Beispiele auf dieser und der nächsten Seite zeigen Ihnen, wie Sie mit Feng Shui zur Lösung verschiedener Probleme gelangen können.

Beziehungen

Überlegen Sie zuerst, welche Art der Beziehung Sie sich wünschen. Sollte es eine langfristige Bindung, eine lockere Beziehung oder ein schnelles Abenteuer sein? Wollen Sie zusammen leben, heiraten oder Kinder bekommen? Denken Sie über einen Menschen nach, der für die entsprechende Beziehung in Frage kommt.

Verdeutlichen Sie sich anschließend, was Sie an sich selbst ändern können um Ihr Vorhaben zu verwirklichen. Dabei müssen Sie ehrlich einschätzen, wie Sie vergangene Beziehungen erfolgreicher hätten gestalten können. Waren Sie zum Beispiel zu dominant, gleichgültig oder ernst?

Denken Sie daran, dass Sie einen anderen Menschen nicht ändern können, nur sich selbst. Anderen die Schuld zuzuweisen hilft Ihnen nicht Ihre Fähigkeiten zur Gestaltung glücklicherer Beziehungen zu verbessern.

Wenn Sie keine Beziehung hatten, müssen Sie sich nach dem Grund fragen. Gehen Sie oft genug aus? Lernen Sie neue Leute kennen und wenn ja, sind das Leute, mit denen Sie eine Beziehung eingehen würden? Geraten Sie in potentiell romantische Situationen?

Wenn Sie einmal beschlossen haben, an welchen Charaktereigenschaften Sie arbeiten möchten, können Sie Feng Shui einsetzen um sich zu ändern. Wenn Sie zum Beispiel romantischer sein wollen, müssen Sie die mit Romantik verbundenen Vorschläge ausprobieren.

EIGENSCHAFT
Vorschläge auf den folgenden Seiten:

Kontaktfreudiger, expressiver und sozialer sein
36 – 41, 46 – 47, 76, 79, 85 – 87, 90 – 91, 96.

Romantischer sein
31 – 33, 38 – 41, 50, 64 – 65, 67, 90 – 91, 128 – 129.

Auf eine dauerhafte Beziehung hinarbeiten
30, 37 – 41, 43, 53, 55, 74 – 75, 84, 86, 90 – 94.

Entspannter sein
24, 25, 34, 38 – 41, 44 – 45, 90 – 94, 113 – 117, 122 – 127.

Mehr Spaß haben
31 – 33, 38 – 41, 50, 64 – 65, 67, 90 – 91, 126 – 127.

Eine Beziehung eingehen
24, 31, 35, 38 – 42, 82 – 83, 90 – 91, 99, 105, 108 – 111.

Sicherer und vertrauensvoller sein
30, 37 – 41, 43, 53, 55, 74 – 75, 84, 86, 90 – 94.

Gesundheit und Wohlstand

Gesundheit

Eine stabile Gesundheit hängt von vielen Faktoren ab, wie Ernährung, Lebensführung, Lebenseinstellung und Bewegung. Auch die Wohnung hat einen direkten Einfluss. So erschweren dunkle, feuchte oder staubige Räumlichkeiten eine gesunde Lebensweise. Im Allgemeinen ist ein helles, sonniges Zuhause mit vielen Pflanzen und natürlichen Materialien einer stabilen Gesundheit wesentlich zuträglicher. Es gibt noch andere Faktoren in Ihrer Wohnung, die Ihrer Gesundheit schaden können. Schimmel, elektromagnetische Felder (EMF), synthetische Materialien, die toxische Dämpfe ausströmen, und Materialien, die eine statische elektrische Ladung tragen, können gemäß Feng Shui Ihre Gesundheit beeinträchtigen.

Eine erbauliche Atmosphäre in Ihren vier Wänden wird Sie indirekt dazu anregen sich gesund zu ernähren, den Optimismus auch in schwierigen Situationen nicht zu verlieren und sich zu bewegen. Ein Haus mit negativer Energie wird diese Aktivitäten behindern.

Halten Sie fest, wie Sie sich zu Hause fühlen. Schlafen Sie gut, sind Sie entspannt und allgemein glücklich in Ihrem Haus? Versuchen Sie Umstände in Ihrem Haus zu ermitteln, die zur Schwächung Ihrer Gesundheit beitragen. Suchen Sie in den Projekten nach Lösungen.

Wohlstand

Durchdenken Sie Möglichkeiten, wie Sie Ihr Einkommen erhöhen können. Feng Shui wird keineswegs Geld aus dem Nichts herbeizaubern. Sollten Sie mehr verdienen, sparen oder weniger ausgeben? Wenn Sie mehr Geld erwirtschaften müssen, sollten Sie Wege in Betracht ziehen, die dazu beitragen können dieses Ziel zu erreichen. Wie stehen die Chancen für eine Beförderung oder Lohnerhöhung? Sollten Sie besser die Stelle wechseln?

Wie schätzen Sie Ihre Bemühungen zur Vermehrung eines Vermögens ein? Arbeiten Sie an etwas, das Ihnen eine große, einmalige Bezahlung einbringen könnte?

Sobald Sie wissen, wie Sie Ihr Konto aufbessern können, bauen Sie Ihre Selbst-Motivation auf um jede sich bietende Chance zum Geldverdienen zu nutzen. Sollten Sie beim ersten Versuch gescheitert sein, können Sie beim nächsten Mal auf die Erfahrung zurückgreifen.

Fertigen Sie eine Liste von den Eigenschaften an, die Sie ändern könnten um einfacher zu Vermögen zu kommen. Müssen Sie zum Beispiel bestimmter handeln, fleißiger sein, etwas rücksichtsloser vorgehen, sich mehr auf Gewinne konzentrieren, in der Erfüllung von Arbeitsaufgaben besser sein, mehr Geld sparen oder sich stärker wertschätzen?

EIGENSCHAFTEN
Vorschläge auf den folgenden Seiten:

Depression
29, 38 – 41, 42, 46 – 47, 56 – 57, 90 – 91, 107 – 111.

Schlaflosigkeit
24, 25, 34, 38 – 41, 44 – 45, 90 – 94, 113 – 117, 124 – 129.

Kopfschmerzen
24 – 27, 76, 94 – 95.

Stress
24 – 25, 28 – 30, 38 – 41, 46 – 47, 90 – 94, 119 – 120, 124 – 129.

Lethargie
25, 38 – 41, 46 – 51, 54 – 57, 61, 67, 81 – 83, 87, 90 – 91, 110 – 111, 119 – 120, 126 – 127.

EIGENSCHAFTEN
Vorschläge auf den folgenden Seiten:

Vorschläge vollenden und sich auf Gewinne konzentrieren
31 – 33, 38 – 41, 50, 64 – 65, 67, 90 – 91, 126 – 127.

Sich selbst wertschätzen und bestimmter auftreten
29, 38 – 41, 42, 46 – 47, 56 – 57, 90 – 91, 107 – 111.

Sorgfältiger mit Geld umgehen
30, 37 – 41, 43, 53, 55, 74 – 75, 84, 86, 90 – 94.

Fleißiger und motivierter sein, Gelegenheiten nutzen
24 – 25, 30, 38 – 43, 90 – 91, 108 – 111, 121, 126 – 127.

Ihr **Zuhause**

Wenn Sie über einen längeren Zeitraum in Ihrem Haus gelebt haben, laufen Sie Gefahr die Objektivität zu verlieren. Die Einrichtung wächst Stück für Stück, bis Ihre Wohnung voll gestopft und überladen ist. Beim Einzug in ein neues Heim sind die Menschen oft motiviert viel Energie in ehrgeizige Projekte zu stecken. Der Enthusiasmus verschwindet später unvermeidlich und Vorhaben bleiben unvollendet.

Wir sind gewöhnlich sehr kritisch, wenn wir die Wohnungen anderer Leute zum ersten Mal betreten. Gelegentlich empfiehlt es sich das eigene Heim genauso zu betrachten. Riskieren Sie einen unvoreingenommenen Blick an einem sonnigen Frühlingstag. Das ist die beste Zeit neue Vorhaben in Ihren vier Wänden zu realisieren.

Beginnen Sie dieses Vorhaben mit einem ausgedehnten Spaziergang oder in einem Café um darüber nachzudenken, welche Wirkung Ihr Haus haben kann. Soll es zum Beispiel entspannender, inspirierender oder organisierter sein?

Wenn Sie zurückkehren, tun Sie so, als ob Sie Ihr Haus zum ersten Mal sehen. Parken Sie auf der Straße, wenn Sie mit dem Auto gefahren sind. Laufen Sie auf Ihr Haus zu und schauen Sie sich den Vorgarten, die Fassade und die Eingangstür genau an. Diese Details vermitteln einen wichtigen ersten Eindruck und beeindrucken Sie unbewusst, jedes Mal, wenn Sie nach Hause kommen.

Laufen Sie durch Ihr Haus und nehmen Sie die Gesamtatmosphäre auf. Zu diesem Zeitpunkt müssen Sie sich nicht auf Einzelheiten konzentrieren. Merken Sie sich die Räume, in denen etwas nicht stimmt. Wiederholen Sie diese Prüfung mit einem Blick auf die Einzelheiten, sobald Sie den ersten Rundgang beendet haben. Es kann einfacher sein sich bei jeder Inspektion auf ein Detail Ihres Hauses zu konzentrieren. Sehen Sie sich zunächst nur die überladene Einrichtung an. Achten Sie anschließend auf die Farben in jedem Raum und betrachten Sie schließlich alle Bilder, Gemälde oder Fotos, die Sie besitzen. Notieren Sie sich bei jedem Rundgang, was Sie verbessern könnten. Diese Übung empfiehlt sich, wenn Sie Ihr Haus verkaufen oder vermieten wollen.

Checkliste für die Inspektion des Hauses

Blättern Sie dieses Buch nach Anregungen durch, sobald Sie eine Liste mit Details zusammengestellt haben, die Sie verändern möchten. Sie werden feststellen, dass es sinnvoll ist, diesen Vorgang jährlich zu wiederholen. So bleibt Ihr Haus frisch und Sie und Ihr Haus werden sich gemeinsam verändern. Kopieren Sie diese Checkliste, damit Sie neben jeder Kategorie Notizen machen können.

Gerümpel	Pflanzen	Materialien
Farben	Möbel	Licht
Kunstgegenstände	Anordnung der Möbel	Sauberkeit

Chi-Energie in Ihrem Haus

Mit etwas Übung können Sie Chi-Energie zwischen Ihren Händen fühlen.
Wenn Sie diese Fähigkeit besitzen, können Sie darauf hinarbeiten die
Chi-Energie in Ihrem Zuhause zu fühlen

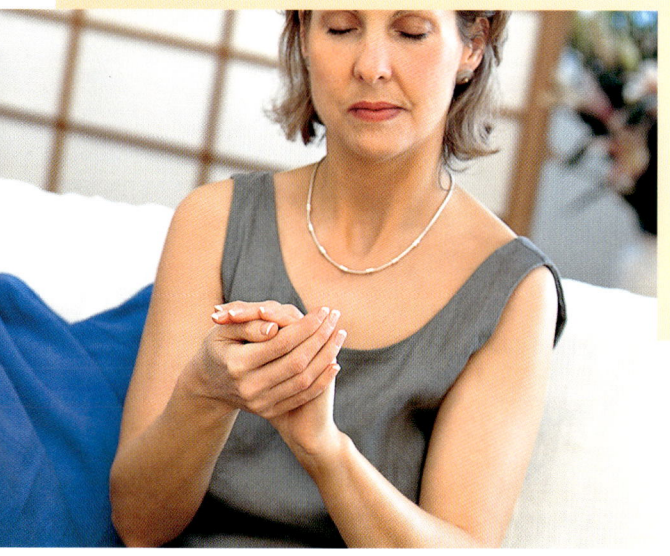

Stehen Sie auf und reiben Sie Ihre Hände kräftig gegeneinander, bis Ihr Körper warm ist. Atmen Sie ein, gehen Sie mit einem Fuß einen Schritt nach vorn und strecken Sie die Arme über Ihren Kopf. Senken Sie Ihre Arme, setzen Sie den anderen Fuß nach und wiederholen Sie das Strecken wenigstens dreimal.

Schütteln Sie Ihre Hände kräftig aus und halten Sie dabei Handflächen und Finger entspannt und locker. Versuchen Sie sich vorzustellen, dass Sie das Blut direkt in die Fingerspitzen schütteln.

Nehmen Sie den unteren Teil Ihres Daumens fest zwischen den anderen Daumen und den Zeigefinger und arbeiten Sie sich mit massierenden Bewegungen hoch zum Daumennagel. Drücken Sie den Daumennagel an beiden Seiten und atmen Sie dabei ein. Ziehen Sie den Daumen vorsichtig beim Ausatmen und ziehen Sie den anderen Daumen und den Zeigefinger schnell weg. Stellen Sie sich dabei vor, dass sich eine Flamme bunter Energie um Ihren Daumen befindet und dass Sie diese ausdehnen. Wiederholen Sie diese Technik mit den anderen Fingern.

Drücken Sie die Handflächen vor Ihrer Brust oder Ihrem Hals gegeneinander. Stellen Sie sich beim Einatmen

Atmung

Langsame, tiefe Atemzüge in Ihren Unterleib helfen dabei die Chi-Energie in Ihre Hände zu führen.

vor, dass Sie eine kräftige Farbe, ein starkes Gefühl oder ein intensives Geräusch in sich aufnehmen. Holen Sie tief Luft, so dass sich Ihr Unterleib beim Einatmen ausdehnt, und denken Sie, dass Farbe, Gefühl oder Schrei Ihren Unterleib erfüllen. Stellen Sie sich beim Ausatmen vor, dass Farbe, Gefühl oder Geräusch in Ihre Hände strömen. Wiederholen Sie diese Schritte ungefähr zwölfmal.

Wenn Ihre Hände feucht sind, trocknen Sie diese an einem Baumwolltuch ab. Reiben Sie die Handflächen wenigstens zehn Sekunden gegeneinander. Zwischen Ihren Händen liegt ein Abstand von 2 cm. Nähern Sie Ihre Hände einander an, und entfernen Sie diese wieder voneinander. Achten Sie sorgfältig auf jedes Gefühl in Ihren Handflächen, auch wenn Sie weiter voneinander entfernt sind. Bringen Sie Ihre Handflächen vorsichtig zusammen und entfernen Sie diese wieder voneinander. Versuchen Sie diese Bewegungen zuerst sehr langsam auszuführen, dann etwas schneller, mit ganz geringen Abständen und weitausholenden Bewegungen.

Versuchen Sie eine der folgenden Empfindungen zu bemerken:

- Ein Gefühl der Wärme, wenn Sie die Hände einander annähern. Sie können dieses Wärmefeld beinahe auseinander ziehen, wenn Sie Ihre Hände langsam in entgegengesetzte Richtungen bewegen.
- Ein Kribbeln in Ihren Händen und Fingern.
- Sie fühlen, dass Ihre Hände zusammengezogen und –gedrückt werden, fast so, als hätten Sie kleine Magneten in Ihren Handflächen.

Verwenden Sie Ihre Hände zum Erfühlen der Chi-Energie in Ihrem Haus, sobald Sie diese Technik beherrschen. Führen Sie Ihre Hände an einer Tür oder einem Fenster auf und ab und quer über eine Ecke.

Bedeutsame **Gegenstände**

Konvexe Spiegel

Diese runden Spiegel helfen beim Verteilen der Energie. Greifen Sie auf diese Form zurück, wenn Ihre Treppe geradewegs an der Haustür oder in einem langen Korridor mündet.

Wasser

Wasser bringt Leben in Ihr Haus. Nach Süden oder Südosten liegen die günstigsten Bereiche eines Hauses oder Zimmers. Sie können zwischen kleinen Heimwasserfällen, Springbrunnen, Aquarien oder einer einfachen Schale, deren Wasser täglich gewechselt wird, wählen. Fließendes Wasser erzeugt mehr Yang, lebendige Energie, während stilles Wasser mehr Yin, beruhigende Energie, hervorbringt. Das Wasser muss häufig gewechselt werden, damit es frisch und sauber bleibt.

Kerzen

Obwohl Sie sanfter als elektrische Beleuchtung sind, erzeugen Kerzen feurigere Energie in einem Zimmer und schaffen eine leidenschaftliche, intime Atmosphäre. Man stellt sie am besten in Richtung Süden, Südwesten oder Nordosten auf. Ordnen Sie die Kerzen paarweise an, wenn Sie eine Beziehung verbessern oder beginnen möchten.

Meersalz

Es hilft bei der Reinigung und Stabilisierung des Energieflusses in Ihrem Haus. Geben Sie zwei Esslöffel Meersalz in eine kleine Auflaufform und stellen Sie diese in die nordöstlichen und südwestlichen Bereiche Ihres Hauses. Sie können es auch auf den Fußboden streuen, bevor Sie zu Bett gehen, und am nächsten Tag wegsaugen.

Spiegel

Verwenden Sie in Ihrem gesamten Haus Spiegel um Richtung und Bewegung der Energie zu beeinflussen. Sie sind ideal für dunkle, kleine oder enge Räume. Ordnen Sie die Spiegel nicht gegenüber Türen, Fenstern oder anderen Spiegeln an. Halten Sie die Zahl der Spiegel in Ihrem Schlafzimmer so gering wie möglich. Sie dürfen nicht Ihr Bett reflektieren.

Kristalle

Sie reflektieren natürliches Licht in den Regenbogenfarben und verteilen diese Farben durch den Raum. Sie eignen sich hervorragend für dunkle Räume, die mit natürlicher Chi-Energie versorgt werden sollen. Platzieren Sie diese in den westlichen, nordwestlichen, nördlichen, östlichen und südöstlichen Bereichen Ihres Hauses.

Frische Blumen

Erhellen Sie Ihr Zimmer mit der lebendigen Energie und den Farben von Blumen. Kräftige Farben erzeugen eine lebendige Atmosphäre, während zarte Schattierungen für Entspannung sorgen. Entfernen Sie die Blumen, sobald sie zu welken beginnen.

Pflanzen

Eine Vielzahl an Pflanzen bringt mehr natürliche Energie in Ihre Räumlichkeiten. Sie sind für alle Zimmer geeignet, solange sie dort gesund bleiben. Pflanzen helfen bei der Verringerung von Luftverschmutzung und Lärm.

Windspiele

Das Geräusch von Windspielen sendet Energiewellen aus, welche die Energie bewegen und verteilen. Der ideale Platz ist über der Tür, damit die Tür das Blättchen anstößt, wenn sie geöffnet wird. Metallene Windspiele werden am besten in Richtung Südwesten, nach Westen, Nordwesten und Norden aufgehangen. Verwenden Sie hölzerne Windspiele im östlichen, südöstlichen und südlichen Teil Ihres Hauses.

Uhren

Uhren zeigen Ihnen nicht nur die Zeit an, sondern verleihen einem Raum Rhythmus. Dabei helfen Sie Ihnen sich selbst besser zu organisieren und geben Ihrem Leben eine Struktur. Im Idealfall entscheiden Sie sich für eine Uhr mit Pendel und möglichst vielen Metallteilen. Bringen Sie diese im westlichen, nordwestlichen oder nördlichen Teil Ihres Hauses unter.

Beleuchtung

Elektrisches Licht bringt, wenn auch nicht auf natürliche Art wie Kerzen oder Tageslicht, zusätzliche Energie in Ihr Zimmer. Nach oben gerichtete Strahler sorgen dafür, dass Ihnen die Decke höher erscheint. Indirektes Licht ist weich, Scheinwerfer oder Halogenlampen erzeugen eine strahlende, aufregende Atmosphäre und Tischlichter mit Schirmen rufen ein gemütliches, vertrautes Gefühl hervor.

Münzen auf rotem Stoff

Eine Sammlung glänzender Münzen auf einem rotem Tuch hilft Ihnen mehr Energie in die Verbesserung Ihrer Finanzen zu stecken. Legen Sie es in den westlichen Teil Ihres Hauses.

Kohle

Wenn sich ein Ofen, Herd oder Boiler im westlichen oder nordwestlichen Teil Ihres Hauses befindet, stellen Sie ein mit künstlichen Kohlen gefülltes Tongefäß in dessen Nähe um die Energie zu harmonisieren.

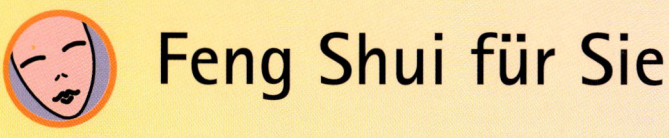

Feng Shui für Sie

2

Die Atmosphäre **auffrischen**

Sie können die Atmosphäre eines Zimmers mit Ihrem eigenen Chi auffrischen. Wenn Sie einen Raum glücklich oder freudig betreten, strahlt ein Teil dieser inneren Energie in das Zimmer. Das hilft beim Zerstreuen schlechter Atmosphäre, die sich nach heftigen Worten oder einem ernsten Streit im Zimmer ansammelt.

Etwas von dieser störenden Energie bleibt im Raum und muss beseitigt werden, damit man wieder vorankommen kann.

Sie können ganz gezielt daran arbeiten, indem Sie meditieren und sich auf positive Gedanken konzentrieren. Um das Verteilen Ihrer Energie zu unterstützen können Sie Schallwellen nutzen. So wie sich Wellen auf einem Teich ausbreiten, werden Geräusche Ihre positive Energie verbreiten. Handglöckchen, Gongs, Klatschen, Singen oder das Musikstück, das Sie am meisten aufmuntert, sind wirksame Hilfsmittel um positive Energie zu verbreiten.

Spielende glückliche Kinder oder ein zufriedenes Haustier geben ebenfalls eigene Chi-Energie ab und verändern die Stimmung in einem Zimmer. Herzhaftes Lachen trägt die Energie schnell weiter.

Kerzen anzünden
Eine Kerze unterstützt die Verteilung von Chi-Energie. Stellen Sie sich beim Meditieren vor, dass Sie Ihre Gedanken in die Flamme schicken, damit sie sich im ganzen Zimmer verteilen.

Vorhaben für einen halben Tag

❶ Energie verändern
Wählen Sie ein Zimmer aus, dessen Energie Sie verändern möchten. Warten Sie, bis Sie rundum **glücklich, stark** und **konzentriert** sind. Ein Spaziergang an der frischen Luft, Dehnungsübungen oder Gymnastik unterstützen Sie hierbei.

Machen Sie es sich im Zimmer **bequem** und konzentrieren Sie sich auf das, was Sie vom Leben oder von diesem Zimmer erwarten. **Zünden Sie eine Kerze an** und stellen Sie diese vor sich auf, so dass Sie in die Flamme blicken können. Meditieren Sie nach Belieben. Zeit spielt keine Rolle.

Atmen Sie bei jedem positiven Gedanken kräftig durch und stellen Sie sich dabei vor, dass Sie ihn ins Zimmer hauchen.

❷ Klänge zur Auflösung von negativer Energie
Schalten Sie ab und fühlen Sie den Raum. Spüren Sie nach, welche Bereiche des Zimmers **frisch** und welche **abgestanden** sind. **Klatschen Sie** in bewegungslosen Teilen **in die Hände.** Zerstreuen Sie die Energie in chaotischen Bereichen mit einem **Handglöckchen.** Der Klang eines großen **Gongs** verteilt die Energie im gesamten Zimmer. Das Zimmer sollte eine frische Atmosphäre ausstrahlen, nachdem der Wiederhall verklungen ist.

Breiten Sie Ihre eigene Chi-Energie mit der **Stimme** aus, während Sie gleichzeitig Ihr eigenes Chi reinigen und erfrischen. Atmen Sie mehrere Male tief durch. Geben Sie langsam die Laute „Aah, Oo, Mmm" von sich. Entspannen Sie, verlassen Sie das Zimmer und kehren Sie später zurück um zu fühlen, ob sich die Atmosphäre verändert hat (siehe auch Seite 30).

Harmonie **erzeugen**

Da Windspiele Energie verteilen und zerstreuen, sind Sie an Stellen mit verdichteter Energie sehr wirksam. Ein großer Teil der Chi-Energie eines Hauses tritt durch die Türen ein. In diesen Öffnungen, in denen sich oft schnell fließende Energie befindet, kann Chi zusammengepresst werden. Wenn diese Bereiche besonders klein oder voll gestopft sind, kann es schnell zu einem Energiestau kommen.

Metallene Windspiele
Das ist die am weitesten verbreitete Art von Windspielen. Sie haben einen tiefen, kräftigen Klang. Sie sind am besten für die südwestlichen, westlichen, nordwestlichen, nördlichen und nordöstlichen Teile Ihres Hauses geeignet.

Metallene Windspiele erzeugen außerdem ein natürliches Geräusch in einem stillen Raum. Der Ton muss klar sein, damit er die Energie des Zimmers und die der Personen, die sich aufhalten, auffrischt. Windspiele sollten so aufgehangen werden, dass sie oft läuten. Befestigen Sie diese über einer Tür, damit die Tür bei jedem Öffnen das Blättchen unterhalb des Geläutes anstößt. Sie können sie auch an eine Stelle hängen, an der sie vom Wind oder vom Durchzug bewegt werden, zum Beispiel an ein Fenster oder in Ihren Garten.

Windspiele sind entweder aus Metall, Holz, Porzellan oder Glas. Hören Sie sich deren Töne genau an und wählen Sie diejenigen aus, deren Klang Ihnen gefällt. Metallene Windspiele sind am weitesten verbreitet. Hölzerne Windspiele erzeugen einen sanfteren Ton und sind in den nördlichen, östlichen, südöstlichen und südlichen Bereichen Ihres Hauses am wirkungsvollsten. Windspiele aus Porzellan bringen einen höheren Ton hervor und werden am besten in den südlichen, südwestlichen, nordöstlichen, westlichen und nordwestlichen Teilen des Hauses gehangen. Gläserne Windspiele erzeugen klirrende Töne, die in den nach Norden, Osten und Südosten gelegenen Bereichen Ihres Hauses nützlich sind.

Vorhaben für einen halben Tag

 ① Windspiele an Fenstern
Gehen Sie durch Ihr Haus und überprüfen Sie, ob ein Raum **schwache Energie** enthält oder ein unangenehmes Gefühl vermittelt. Ermitteln Sie mit einem **Kompass**, siehe Seite 144, oder mit Hilfe der auf Seite 9 erklärten Methode, welcher Himmelsrichtung die Fenster zugekehrt sind.

Befestigen Sie einen Haken an der oberen Seite des Fensterrahmens oder in der Nische beziehungsweise der Wand über dem Fenster. Messen Sie den Abstand vom Haken zum Fensterflügel und notieren Sie, welche Länge das Windspiel haben sollte. Das Windspiel sollte nicht vom Fenster berührt werden. Kaufen Sie ein **Windspiel** von geeigneter Größe und wählen Sie das Material, das am besten mit Ihrem Fenster harmoniert.

 ② Windspiele in Türen und Gärten
Windspiele können auch an jede Tür gehängt werden, die aus Ihrem Haus **hinausführt.**
Wenn Sie das Geräusch von Windspielen erfreut, hängen Sie einige außerhalb Ihres Hauses auf, damit sie **im Wind klingen.** Suchen Sie so lange, bis Sie den Platz gefunden haben, an dem das Windspiel den Wind am schnellsten fängt.

Befestigen Sie das Windspiel an einem Platz, von dem Sie es problemlos entfernen können, falls es die Nachbarn stört oder durch ein Unwetter beschädigt wird.

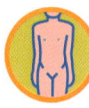

Stabilere Gesundheit

Jeder Gegenstand, der mit Elektrizität arbeitet oder sie transportiert, vom Radio bis zur Waschmaschine, erzeugt elektromagnetische Felder oder EMF.

Einige Studien gehen davon aus, dass EMF Ihrer Gesundheit schaden. Das Risiko reicht von Kopfschmerzen bis Krebs. EMF verzerren eindeutig das natürliche Magnetfeld der Erde und sind deshalb im Feng Shui unerwünscht. Die beste Möglichkeit den Einfluss des EMF zu reduzieren besteht in der größtmöglichen Distanz zu den Quellen. Allgemein gilt, je größer Ihre Nähe zu einem Gegenstand und je stärker dessen Elektrizität ist, desto intensiver sind Sie dem EMF ausgesetzt. Ein eingeschalteter elektrischer Fön oder eine elektrische Heizdecke umgeben Sie mit einem relativ starken EMF. Je länger Sie ihm ausgesetzt sind, desto größer ist das Risiko gesundheitlicher Schäden.

EMF auf ein Minimum senken
Stellen Sie beim Einrichten eines Zimmers die elektrischen Geräte möglichst weit weg von Sitzmöglichkeiten.

Schädliches Potential
Der Fernseher befindet sich in dieser Abbildung relativ weit entfernt vom Sitzbereich um den potentiell schädlichen Fluss elektromagnetischer Energie zu vermeiden.

Vorhaben für einen halben Tag

❶ EMF im Haus verringern
Gehen Sie durch Ihr Haus und listen Sie alle Geräte auf, die **elektrisch betrieben** werden. Denken Sie darüber nach, wie nahe Sie diesen sind und wie viel Zeit Sie in deren Nähe verbringen, wenn sie laufen.

Überfliegen Sie nun die Liste und überlegen Sie, wo Sie ein elektrisches Gerät **durch ein nicht-elektrisches Gerät ersetzen können**. Eine Heizdecke durch eine Wärmflasche, einen Elektrodurch einen Gasherd oder einen Fön durch frische Luft. Nutzen Sie jede Gelegenheit um den Stecker eines elektrischen Gerätes herauszuziehen, damit der Transformator unterbrochen wird und nicht länger ein EMF erzeugen kann.

❷ EMF reduzieren
Entfernen Sie alle elektrischen Geräte, die Sie an anderen Stellen unterbringen können, aus Bereichen, in denen Personen sitzen. Versuchen Sie das Zimmer so einzurichten, dass Sie wenigstens 3 m vom Fernseher entfernt sitzen. Schieben Sie den Bildschirm des Computers weiter von Ihrem Platz weg. Da der Computer ebenfalls EMF emittiert, vergrößern Sie auch diesen Abstand. Wenn Sie ein Notebook **besitzen,** halten Sie den **Transformator** so weit wie möglich von Ihrem Körper weg. Für **Faxgerät** und Fotokopierer gilt dasselbe.

Ziehen Sie nach Möglichkeit eine Friedenslilie, eine Grünlilie oder einen südamerikanischen Kaktus in die Nähe elektrischer Geräte.

Störungen im Magnetfeld der Erde lassen sich mit dem Kompass nachweisen. Befinden Sie sich über einer gestörten Stelle, richtet sich die Nadel aus und schwingt Ihren Bewegungen entsprechend unregelmäßig. Einige Gegenstände innerhalb Ihrer vier Wände sind von Natur aus magnetisch. Jeder eisenhaltige Gegenstand wirkt sich ähnlich wie elektrische Geräte auf Ihren Kompass aus. So verzerren Heizkörper, Metallmöbel und Gegenstände aus Eisen ebenfalls Magnetfelder.

Fernseher im Schlafzimmer
Neben EMF erzeugt ein Fernsehgerät dynamische Yang-Energie in einem Zimmer, sodass die zum Schlafen nötige Ruhe beeinträchtigt wird.

Ihr Schlafzimmer kann von Störungen im erdmagnetischen Feld betroffen sein. Das ist bedenklich, da Sie im Schlafzimmer viel Zeit verbringen. Wenn Sie diesen Störungen permanent ausgesetzt sind, werden sie sich längerfristig auswirken. Sie können das Risiko von Alpträumen und Schlaflosigkeit erhöhen.

EMF VERMEIDEN
Rücken Sie alle elektrischen oder magnetischen Gegenstände weiter von Ihrem Bett ab. Manchmal bewirkt selbst eine geringe Vergrößerung des Abstands einen gewaltigen Unterschied. Wenn Sie den Fernseher vom Fußende Ihres Bettes in die äußerste Ecke des Zimmers verbannen, verringern Sie den Einfluss des EMF. Stellen Sie Radiowecker und Nachttischlampe möglichst weit weg von Ihrem Bett. Sie könnten den Wecker durch einen mechanischen oder mit Batterie betriebenen Wecker und die Nachttischlampe durch Kerzen ersetzen. Seien Sie vorsichtig im Umgang mit Kerzen und berücksichtigen Sie die allgemeinen Sicherheitsvorkehrungen.

❸ EMF im Schlafzimmer aufspüren

Hinweis: Das folgende Vorhaben funktioniert nicht, wenn Ihr Bett einen Metallrahmen oder Metallsprungfedern bzw. eine Matratze mit Metallsprungfedern hat. Das können Sie mit einem Kompass überprüfen. Die Nadel wird dann vom Magnetfeld der Erde abweichen.

Schalten Sie alle elektrischen Geräte in Ihrem Schlafzimmer **ein**, zum Beispiel Beleuchtung, Wecker, Fernseher und Stereoanlage. Bewegen Sie den **Kompass** langsam über Ihr Bett. Halten Sie den Kompass auf einer Linie mit ihrem Bett, damit Sie jedes Ausschlagen der Nadel verfolgen können. Achten Sie auf die Bereiche, in denen sich die Nadel bewegt.

❹ EMF in der Nähe des Bettes reduzieren

Suchen Sie nun alle Kabel, die unter ihrem Bett oder in der **Nähe des Kopfendes** verlaufen. Vielleicht ist die Steckdose in der Nähe vom Kopfende angebracht. Die Kabel können auch unter dem Teppich liegen, sodass Sie diese vom elektrischen Gerät bis zur Steckdose verfolgen müssen. Verlegen Sie die Kabel nach Möglichkeit weit vom Bett entfernt.

Überprüfen Sie das Schlafzimmer noch einmal und achten Sie darauf, ob die Nadel ruhiger ist. Sie sollten das Umstellen Ihres Bettes in Betracht ziehen, wenn die Nadel weiterhin unkontrolliert ausschlägt, da auch in der Wand bzw. unter dem Boden Kabel verlaufen können. Gehen Sie alternative Bereiche mit dem Kompass durch, bis die Nadel Ihnen durch konstantes Schwingen einen geeigneten Platz anzeigt.

Entspannung

Wenn Chi-Energie an einem Vorsprung oder einer Kante vorbeifließt, die in ein Zimmer gerichtet ist (siehe Glossar Seite 155), erhöht sie ihre Geschwindigkeit, bildet Wirbel und ändert die Richtung.

Diese schnell fließende Energie bewegt sich hauptsächlich geradlinig vom Vorsprung weg. Personen, die in diesem Energiepfad sitzen oder schlafen, neigen zu Unsicherheit und Unruhe. Langfristig können sogar Gesundheitsschäden eintreten.

Strömt das schnell fließende Chi von einem Vorsprung zu einer Tür oder einem Fenster, wird die an diesen Punkten in Ihr Haus hineinströmende Chi-Energie ungleichmäßig und unstet.

Die Kante des schädlichen Vorsprungs sollte mit Hilfe einer Pflanze, von Stoffen oder Stuck abgeschwächt werden. Sie können außerdem Ihre Möbel umstellen, damit Sie nicht gegenüber der Kante sitzen oder schlafen. Auf Sitz- oder Schlafgelegenheiten sowie auf Türen und Fenster gerichtete Vorsprünge sind von größerer Bedeutung.

Kanten
Eine hohe Kante wie in diesem Raum hat größeren Einfluss als Tischkanten.

Vorhaben für einen halben Tag

❶ Kanten mit Pflanzen verdecken

Achten Sie auf jede **vorstehende Kante**, zum Beispiel in einem **L-förmigen Zimmer,** oder Kanten an Möbeln.

Stellen Sie vor eine negativ wirkende Kante nach Möglichkeit **eine Pflanze**. Sie erzeugt ihre eigene **lebendige Chi-Energie,** die dazu beiträgt schnell fließende Energie zu harmonisieren. Die Pflanze sollte idealerweise genauso groß sein wie die Menschen, die in diesem Zimmer wohnen. Verwenden Sie Hängepflanzen in kleinen Zimmern um die Stelle zu drapieren und ihre Wirkung abzuschwächen.

Je nach Fertigkeit können Sie dem Vorsprung auch durch Verputzen eine abgerundete Kante verleihen. Der Radius sollte, ähnlich dem einer Teetasse, etwa 3 Zentimeter betragen.

❷ Kanten mit Stoff drapieren

Sie können den Vorsprung auch mit Stoff verdecken. Verwenden Sie Naturfaser, beispielsweise reine Baumwolle, da Synthetikfaser eine statische elektrische Ladung aufbaut. Wählen Sie Farben und Muster aus, die Ihre **Stimmung aufhellen**, wenn Sie sich in diesem Bereich befinden. (Siehe Seiten 38 – 41.)

Arrangieren Sie Ihre Möbel schließlich so, dass Sie nicht gegenüber dem **Vorsprung** sitzen oder liegen. Für Bereiche, in denen Sie sitzen, sind viele weitere Aspekte zu beachten. (Siehe Seiten 83, 108 – 109 für weitere Informationen.)

Sich **sicher** fühlen

Gemäß Feng Shui gibt es vier Stellen, an denen Energie unseren Körper umgibt – vor uns, hinter uns, zu unserer Linken und zu unserer Rechten.

Diese Positionen werden von vier Tieren symbolisiert – dem Phönix, der Schildkröte, dem Drachen und dem Tiger (siehe Seiten 136 – 137).

Der Phönix erhebt sich vor Ihnen, während die Schildkröte Ihren Rücken schützt; Drachen und Tiger bewachen die Seiten. Im Allgemeinen empfiehlt es sich mit dem Rücken zur Wand zu sitzen, damit er von der Energie der Schildkröte geschützt wird. Die Vorderseite sollte der aufsteigenden Energie des Phönix geöffnet sein. Das ist leider nicht immer möglich, da Sie oft mit dem Rücken zum Zimmer, einer Tür oder einem großen Fenster sitzen müssen.

Die Sie umgebende Energie

Vorn
Phönix

Links **Drachen**
POSITION
Rechts **Tiger**

Hinten
Schildkröte

Ein ungeschützter Rücken birgt das Risiko stärkerer Unruhe. Außerdem haben Sie Schwierigkeiten beim Entspannen, da Chi-Energie hinter Ihnen zirkuliert. Kommt noch ein Detail hinzu, das schnell fließende Energie in Ihre Richtung kanalisiert oder sendet, zum Beispiel ein langer Korridor oder ein Vorsprung, verstärkt sich der negative Effekt. Ein Wandschirm bietet Abhilfe und schützt Ihren Rücken.

Wandschirme können hilfreiche Energie außerdem in einem bestimmten Bereich oder kleineren Raum einschließen. Vielleicht möchten Sie meditieren, jemanden massieren oder ausruhen. Diese Tätigkeiten sind einfacher, wenn die Sie umgebende Energie ruhig ist.

Wandschirme
Der Wandschirm schützt die Person im Sessel vor jeglicher schnell fließender Energie, die vom Fenster her kommt.

Bevor Sie eines von den beiden Vorhaben realisieren, siehe Seiten 82 – 83, 108 – 109, die der Anordnung der Möbel gewidmet sind.

Vorhaben für einen halben Tag

❶ Wandschirme hinter Stühlen aufstellen
Bevor Sie eines von den beiden Vorhaben realisieren, siehe Seiten 82 – 83, 108 – 109, die der Anordnung der Möbel gewidmet sind. Die Anordnung der Stühle beeinflusst das Resultat des Vorhabens.

Achten Sie auf die Bereiche, in denen Sie oder Ihre Familie sitzen. Überprüfen Sie, ob Sitzgelegenheiten im Rücken **ungeschützt** sind und ob es möglich ist, sie mit einem Wandschirm zu schützen.

Es gibt eine große Anzahl Wandschirme – Papierwandschirme nach japanischer Art (empfehlenswert, wenn Sie Licht durchlassen wollen), hölzerne Gitterwandschirme, durchgehende hölzerne Wandschirme oder Baumwollwandschirme mit Metallrahmen.

Sie können auch große Pflanzen als natürliche Wandschirme benutzen. Stellen Sie den von Ihnen ausgewählten Wandschirm hinter den Stuhl beziehungsweise die Stühle.

❷ Bereiche mit Wandschirmen abtrennen
Wenn Sie Schwierigkeiten haben in einem bestimmten Zimmer zu entspannen und **Abgeschiedenheit** zu finden, sollten Sie das Aufstellen eines Wandschirms oder von Pflanzen in Betracht ziehen um einen Teil des Zimmers **abzutrennen**. Versuchen Sie zu entspannen, nachdem Sie den Wandschirm aufgestellt haben, und beurteilen Sie Ihr Gefühl.

Ungünstige Energie entfernen

Salz
Verwenden Sie in Ihrer Wohnung immer reines Meersalz, das in Reformhäusern erhältlich ist.

Meersalz wird im Feng Shui zur Aufnahme verbrauchter Chi-Energie verwendet. Man geht davon aus, dass Salz sehr viel Yang enthält (siehe Seiten 132 – 133). Es hat die Fähigkeit Energie aufzusaugen. Es ist daher sehr nützlich, wenn Sie verbrauchte Chi-Energie beseitigen möchten.

Sie können es auch beim Einzug in ein neues Gebäude verwenden, aus dem Sie die von den vorhergehenden Bewohnern zurückgelassene Energie entfernen möchten, oder nach einer schwierigen Trennung, wenn die Atmosphäre gereinigt werden soll, sobald Ihr Partner gegangen ist, oder wenn Sie spüren, dass ein Geist über Ihre Wohnung herrscht. Das Salz nimmt nämlich einen Teil der alten Chi-Energie auf, von der sich ein Geist in Ihren vier Wänden nährt.

Meersalz absorbiert die negative Energie, die von einer schlechten Erfahrung oder einem schlechten Gefühl zurückgeblieben ist. Wenn Sie Streit haben, stark deprimiert sind oder die Beherrschung verlieren, kann sich die Atmosphäre eines Zimmers zeitweise verändern. Meersalz hilft beim Herstellen der alten Atmosphäre. Sie können diese Tätigkeit mit den auf Seite 24 beschriebenen Vorhaben kombinieren.

Meersalz besitzt außerdem die Eigenschaft die durch Ihre Wohnung fließende Energie auszugleichen. Das ist besonders in Bereichen nützlich, in denen die Energie auf natürliche Art heftig hin und her schwankt.

Vorhaben für einen halben Tag

❶ Meersalz ausstreuen
Bringen Sie, bevor Sie zu Bett gehen, eine **Schüssel Meersalz** in ein Zimmer, dessen Energie Sie erneuern möchten. **Streuen Sie das Salz auf den Boden** und lassen Sie es über Nacht liegen. Saugen oder kehren Sie es am nächsten Tag auf und **entsorgen Sie es außerhalb** des Gebäudes. Wenn Sie das mit den auf Seite 24 beschriebenen Vorhaben verbinden möchten, sollten Sie diese vor und nach dem Ausstreuen des Salzes realisieren.

❷ Die Energie in der Wohnung stabilisieren
Stellen Sie sich mit einem **Kompass** in die Mitte Ihrer Wohnung und ermitteln Sie die nordöstlichen und südwestlichen Bereiche Ihrer Wohnung (siehe Seite 143 für ausführliche Hinweise zum Gebrauch des Kompasses). Füllen Sie ungefähr zwei Esslöffel **Meersalz** in eine **Auflaufform** oder einen ähnlichen Behälter und stellen Sie diese in die nordöstlichen und südwestlichen Bereiche Ihrer Wohnung. Wechseln Sie das Salz etwa alle **zwei Monate**.

Liebe, Wohlstand und Weisheit

Der westliche und der nordwestliche Teil Ihrer Wohnung werden mit Metall-Chi-Energie verbunden. Gemäß der Theorie der fünf Elemente (siehe auch die Seiten 138 – 139), kann diese Metall-Chi-Energie von der Feuer-Chi-Energie zerstört werden, wenn nicht genügend Erd-Chi-Energie vorhanden ist.

Der westliche Teil einer Wohnung wird auch mit dem Wunsch nach Wohlstand, Romantik und Zufriedenheit assoziiert, während der nordwestliche Bereich für Selbstbeherrschung, Organisation und umsichtiges Vorgehen steht. Diese Eigenschaften können gestört werden, wenn sich in den entsprechenden Bereichen Gegenstände befinden, die Feuer-Energie erzeugen, wie ein Ofen, Boiler oder Herd (Gas- oder Elektroherd).

Erhöhen Sie in diesem Fall den Anteil an Erd-Energie um Feuer- und Metall-Chi-Energie auszugleichen. Sie können das Spannungsverhältnis lösen, indem Sie ein Tongefäß mit Zeichenkohle aufstellen, das starke Erd-Chi-Energie erzeugt. Die Energie kann noch verstärkt werden, wenn man ein gelbes Tuch unter das Gefäß legt.

Andere Tongefäße sowie niedrige und flache gelbe Gegenstände haben einen ähnlichen Effekt. Die Erde zum Eintopfen von Zimmerpflanzen enthält noch mehr Erd-Energie. Eine gelb blühende Pflanze in einem Tontopf schließlich besitzt alle hier aufgezählten Attribute.

Kohle im Haus
Sie erhöht den Energieanteil, der mit Pragmatismus und Beständigkeit verbunden wird.

Farben und Material
Gelbe Blumen in Tongefäßen vereinen Farbe und Material der Erd-Chi-Energie, die einer Beziehung größere Stabilität verleiht.

Vorhaben für einen halben Tag

❶ Kohle für harmonische Verhältnisse
Brechen Sie eine Stange **Zeichenkohle** in Stücke und legen Sie diese in einen **Tontopf**. Stellen Sie sich in die Mitte Ihrer Wohnung und ermitteln Sie mit dem Kompass deren westliche und nordwestliche Bereiche (siehe Seite 145). Überprüfen Sie, ob sich in diesen Bereichen Gegenstände befinden, die **Feuer-Chi-Energie** erzeugen, zum Beispiel **Kamine**, **Boiler** oder **Herdstellen**. Stellen Sie den Tontopf mit der Kohle möglichst nah an die Heizquelle. Legen Sie ein **gelbes Tuch** darunter.

❷ Kohle in der Nähe von Wärmequellen
Stellen Sie einen **Tontopf** mit Kohle zu beiden Seiten des Herds oder Kamins auf. Bringen Sie die Kohle auf einem Regal oder dem Fußboden unter dem Boiler und auf einem Regal in größtmöglicher Nähe des Ofens unter.

Wechseln Sie die Kohle etwa **alle zwei Monate** und halten Sie die Stelle um den Tontopf sauber.

Farbe, Inspiration und Romantik

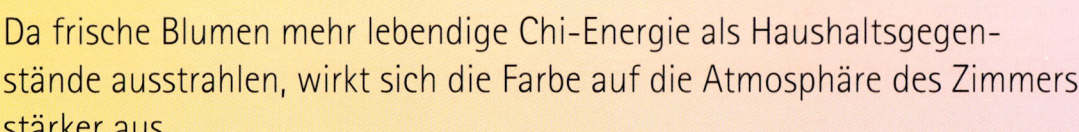

Da frische Blumen mehr lebendige Chi-Energie als Haushaltsgegenstände ausstrahlen, wirkt sich die Farbe auf die Atmosphäre des Zimmers stärker aus.

GEEIGNETE BLUMEN			
Richtung	**Farbe**	**Vase**	**Symbole**
Osten	Cremefarben, Blau, grüne Blätter	Glas	Ehrgeiz Vertrauen Bestimmtheit
Südosten	Cremefarben, Blau, grüne Blätter	Glas	Kreativität Kommunikation Fantasie
Süden	Blau, grüne Blätter Rosa	Keramik	Ausdrucksstärke Geselligkeit Leidenschaft
Südwesten	Rosa, Gelb	Keramik	Sicherheit Realismus Pragmatismus
Westen	Gelb, Rosa, Rot	Metall	Zufriedenheit Verspieltheit Vergnügen
Nordwesten	Gelb, Weiß	Metall	Weisheit Organisiertheit Beherrschung
Norden	Weiß, Cremefarben Rot	Metall oder Glas	innerer Frieden Sinnlichkeit Spiritualität
Nordosten	Rosa, Weiß Gelb	Keramik	Motivation Fleiß Engagement

Blumen eignen sich hervorragend um den Anteil an Chi-Energie in einem Zimmer oder einem Bereich zu erhöhen. Die Energie im südwestlichen Teil Ihrer Wohnung (oder eines bestimmten Zimmers) steht in Verbindung mit dem Gefühl von Sicherheit. Diese Chi-Energie nimmt zu, wenn Sie Blumen in diesen Bereichen aufstellen. (Siehe Seiten 146–147 für mehr Information über die Energie jeder Richtung.)

Blumen steigern auf flexible Art die Energie in einem Zimmer. Sie können sie entsprechend Ihrer Stimmung und der Atmosphäre, die Sie schaffen möchten, schnell austauschen. Bevorzugen Sie blühende Topfpflanzen, können Sie diese ebenfalls aufstellen, da sie ähnlich wie frische Schnittblumen wirken.

Sie können einen persönlichen Gegenstand oder einen Gegenstand Ihres Partners über Nacht neben eine

Blumen bringen Farbe in einen Bereich

Alle Blumen und Topfpflanzen müssen gesund sein, damit sie nützliche Energie in ein Zimmer ausstrahlen. Sterbende Pflanzen oder welkende Blumen können schädliche Energie erzeugen.

Vorhaben für einen halben Tag

1 Die Wohnung mit Blumen beleben

Suchen Sie sich Bereiche aus, in denen Sie die Chi-Energie durch Blumen verstärken möchten. Stellen Sie sich in die Mitte Ihrer Wohnung und ermitteln Sie mit dem Kompass die Richtung des Zimmers, das Sie mit Pflanzen beleben möchten (siehe Seite 145). Sie können sich genauso in die Mitte eines großen Zimmers stellen und dessen Richtungen bestimmen.

Räumen Sie einen Bereich für die Blumen frei und achten Sie darauf, dass er sauber ist. Werfen Sie einen Blick auf die Tabelle und arrangieren Sie die Blumen mit passender Farbe und passendem Behältnis im entsprechenden Teil Ihrer Wohnung. Geben Sie den Blumen täglich frisches Wasser und entfernen Sie diese, sobald sie welken.

Metallvasen
Wenn Sie die Blumen in eine glänzende Metallvase stellen, verstärken Sie die Metall-Chi-Energie des Westens.

Vase legen. Hängen Sie einen Spiegel hinter die Blumen um die Energie in diesem Bereich des Hauses zusätzlich zu verstärken. Bringen Sie ihn jedoch nicht direkt gegenüber einer Tür, einem Fenster oder einem anderen Spiegel an. Ein Arrangement kräftig lilafarbener oder roter Blumen auf einem Tisch ist auch dann die dominante Farbe in einem Zimmer, wenn es relativ wenig Platz be-ansprucht.

Romantische Gefühle stärken die Bereitschaft, eine Beziehung zu beginnen oder eine bereits bestehende zu verbessern. Blumen können diese Gefühle steigern.

Die geeignetsten Farben für Romantik sind Rosa und Rot, da diese die Chi-Energie der untergehenden Sonne am westlichen Himmel symbolisieren. Die Wirkung verstärkt sich, wenn Sie einen Platz für die Blumen finden können, an dem sie das Licht der untergehenden Sonne einfangen. Zwei Blumen derselben Sorte in einer Vase sind Ihrem Anliegen ebenfalls dienlich, da sie die Vorstellung von zwei Menschen, die ihr Leben miteinander teilen, wecken.

Da alle Blumen eine Wirkung haben, wählen Sie diese nach Ihrem persönlichen Geschmack aus, darunter Rosen, rosafarbene Lilien, Nelken oder Tulpen. Jede Blume erzeugt eine etwas andere Chi-Energie. Sie werden spüren, dass eine bestimmte Blumenart Ihren Zwecken am besten dient.

Es lohnt sich eine schön geformte Vase für diesen Anlass zu finden. Silberner, rostfreier Stahl, Chrom oder Zinn sind geeignete Materialien. Das Wasser muss sauber sein und die Vase glänzen.

❷ Blumen zur Verbesserung von Beziehungen
Kaufen Sie zwei Blumen derselben Sorte. Schneiden Sie die Stängel schräg an, damit sie länger halten. Stellen Sie die Blumen in eine Vase. Bestimmen Sie mit dem Kompass den westlichen Teil Ihres Hauses oder Zimmers (siehe Seite 145). Wählen Sie nach Möglichkeit eine Stelle aus, die in der Nähe eines nach Westen gerichteten Fensters liegt, damit die Blumen das Sonnenlicht einfangen. Machen Sie diesen Bereich Ihrer Wohnung oder Ihres Zimmers sauber. Räumen Sie die Stelle frei und reinigen Sie diese gründlich. Stellen Sie die Vase auf. Hängen Sie nach Möglichkeit einen Spiegel hinter die Blumen, damit Sie diese im Spiegelbild sehen.

Frisch halten
Wechseln Sie das Wasser täglich, damit es frisch bleibt. Schneiden Sie die Stängel der Blumen gleichzeitig ein paar Millimeter kürzer, damit sie sich länger halten. Polieren Sie die Vase wöchentlich.

⚥ Sex

Sexuelle Lebenskraft wird in erster Linie mit der im nördlichen Teil Ihrer Wohnung vorhandenen Energie in Verbindung gebracht. Nördliche Chi-Energie wird von Wasser, Nacht und Winter verkörpert. Ihr Wunsch nach Sex wird stärker, wenn Sie den Anteil nördlicher Chi-Energie in Ihrem eigenen Chi-Energiefeld erhöhen. Diese Chi-Energie trägt auch zu Entspannung, Vertrauen und Zärtlichkeit bei.

Kristalle
Durch das Aufhängen von Kristallen verstärken Sie die Chi-Energie in Ihrer Wohnung und steigern die Vertrautheit zwischen Ihnen und Ihrem Partner.

Sie können auch den Gebrauch südlicher Chi-Energie für mehr Leidenschaft und westlicher für mehr Romantik in Betracht ziehen, sollten diese Aspekte in Ihrem Leben fehlen. Andere gebräuchliche Schritte wie die Arbeit an Ihrer Beziehung, die Einnahme geeigneter Mahlzeiten und die Lösung aller Probleme im sexuellen Bereich mit professioneller Hilfe können einen wichtigen Beitrag leisten.

Kristalle brechen hindurchscheinende Lichtstrahlen. Ein in der Sonne hängender Kristall bricht das Licht und verteilt es im ganzen Zimmer, sodass mehr Chi-Energie eintritt. Runde und vieleckige Kristalle sind bereits mit Band versehen erhältlich.

Sie können auch Bergkristalle verwenden, die aus dem Innersten der Berge entnommen wurden, wo sie Erd-Chi-Energie aufgenommen haben. Die Bergkristalle geben die Energie wieder ab und verstärken die Energie des Zimmers. Die verschiedenen Kristalle senden unterschiedliche Arten Chi-Energie aus. Sie müssen den Kristall finden, der Ihren Bedürfnissen am besten entspricht.

Vorhaben für einen halben Tag

❶ Ein Bergkristall im Haus

Benutzen Sie Ihre Notizen über den Sonnenstand oder einen Kompass um den nördlichen Teil Ihrer Wohnung oder Ihres Schlafzimmers zu ermitteln (siehe Seite 9 oder 145). Räumen Sie einen Bereich frei, damit der Kristall genügend Platz hat um seine Chi-Energie abzustrahlen. Bringen Sie einen Bergkristall möglichst an einer sauberen, freien Stelle unter, die nach Norden liegt.

❷ Kristalle aufhängen

Wenn Sie einen runden Kristall aufhängen möchten, suchen Sie sich im nördlichen Teil Ihres Hauses oder Zimmers ein Fenster aus, dass Sonnenlicht aus dem Osten oder Westen aufnimmt. Der Westen empfiehlt sich besonders zur Unterstützung einer Beziehung, sollten Sie zwischen beiden Richtungen wählen können. Probieren Sie es aus und hängen Sie den Kristall so auf, dass das Sonnenlicht einmal am Tag in den nördlichen Teil Ihres Hauses oder Zimmers reflektiert wird. Da die Sonne im Verlauf des Jahres ihre Stellung am Himmel ändert, sollten Sie die Position des Kristalls der Sonnenstellung anpassen.

# Organisation

Wir brauchen Struktur und Rhythmus in unserem Leben um uns selbst zu organisieren. Auf diese Weise können wir mit weniger Aufwand mehr erreichen. Genau wie beim Tanzen, wo uns der Rhythmus der Musik lange Zeit in Schwung hält ohne zu ermüden, kann uns der Rhythmus im Leben beim Erreichen unserer Ziele helfen.

Uhren aus Großvaters Zeiten
Verleihen Sie Ihrer Wohnung einen heilsamen und beruhigenden Rhythmus mit dem sanften Ticken einer Standuhr.

Viele Bewegungen unseres Körpers sind rhythmisch. Denken wir nur an den Herzschlag, die Atmung und die Menstruation. Wir werden auch von anderen Zyklen wie den Mondphasen, Tag und Nacht sowie den Jahreszeiten beeinflusst. Frauen, die zusammenleben, werden merken, dass ihre Menstruationszyklen harmonieren.

Es gibt viele Möglichkeiten unserem Leben Rhythmus zu verleihen: zu einer festen Zeit zu Bett gehen und aufstehen, die Mahlzeiten regelmäßig einnehmen oder jeden Tag zur selben Zeit Sport treiben. Außerdem können Sie Ihrer Wohnung Rhythmus verleihen.

Pendeluhren erzeugen Rhythmus. Stellen Sie viele Pendeluhren in ein Zimmer. Nach einer Weile werden die Pendel harmonieren und im gleichen Takt schwingen. Wir können uns auch dem Rhythmus einer Uhr auf kaum merkliche Weise anpassen. Das Schwingen des Pendels, das Ticken und Läuten verhelfen uns zu besserer Organisation und Tageseinteilung.

Zur Schaffung dieses rhythmischen Effekts empfiehlt es sich mechanische Uhren mit einem möglichst hohem Metallanteil und einem Pendel anstelle von elektronischen Uhren einzusetzen. Die größte Wirkung lässt sich im nordwestlichen Bereich Ihres Hauses oder Zimmers erzielen. Andernfalls sind Westen oder Norden die nächstbesten Möglichkeiten.

Vorhaben für einen halben Tag

❶ Uhren im Alltag
Ermitteln Sie mit dem Sonnenlicht oder dem Kompass (siehe Seite 9 oder 145) den nordwestlichen Teil Ihrer Wohnung. Finden Sie eine geeignete Stelle für die Uhr – entweder an der Wand, auf einem Regal oder, für eine Standuhr, auf dem Fußboden. Platzieren Sie die Uhr so, dass sie von überall gut sichtbar ist.

❷ Von den Vorteilen profitieren
Die Uhr sollte nicht nur ständig laufen, sondern auch regelmäßig genau gestellt werden, damit sie die gewünschte Wirkung hat. Das Metall sollte gereinigt und an den entsprechenden Stellen poliert werden.

Stellen Sie mehrere Uhren in Ihrer Wohnung oder in Ihrem Zimmer auf, wenn Sie das Bedürfnis nach Verstärkung des rhythmischen Einflusses spüren, der die Entwicklung eines strukturierteren Lebens unterstützt.

Eine angeregte **Atmosphäre** schaffen

Licht bringt mehr Energie in ein Zimmer und erzeugt Lebendigkeit und Yang (siehe Seite 132). Licht fügt außerdem eine Komponente der Sonnenenergie hinzu und wird mit Feuer-Chi-Energie assoziiert.

Da sie die Sommer- und die Mittags-Energie symbolisiert, hilft Ihnen Feuer-Chi-Energie stärker beachtet zu werden, aufzufallen und zu strahlen. Sie eignet sich also, wenn Sie vom Partner oder von Arbeitskollegen stärker beachtet werden, Ihr soziales Leben verbessern und neue Freundschaften schließen wollen. Je mehr Feuer-Chi-Energie Sie aufnehmen, desto leichter können Sie sich ausdrücken und Ihre Gefühle durchscheinen lassen.

Direktes Licht

Scheinwerfer tragen zur Erzeugung von mehr Yang bei. Wenn Sie die Chi-Energie in einem bestimmten Zimmer, zum Beispiel in der Küche, oder einem bestimmten Bereich, wie der Arbeitsfläche, aktivieren wollen, eignen sich Scheinwerfer ideal. Sie können auch zur Beleuchtung eines Arbeitsbereiches verwendet werden, während der Rest des Zimmers mit Tageslicht versorgt wird. Ganz ähnlich erzeugen Niederspannungshalogenlampen strahlendes, intensives Licht, das den Fluss von Yang-Chi-Energie durch bewegungslose Bereiche belebt. Sie sind sehr flexibel einsetzbar und das Licht kann nach Bedarf reguliert werden.

Vorhaben für einen Tag

❶ Scheinwerfer

Suchen Sie einen Bereich aus, in dem Sie die Yang-Energie durch gezielte Beleuchtung verstärken möchten. Das betrifft vor allem Arbeitsbereiche und -flächen in Küche und Arbeitszimmer sowie Nischen wie Regale oder Bereiche, in die nicht genügend Tageslicht dringt. Bringen Sie den Scheinwerfer je nach Fertigkeit selbst an der Decke oder der Wand an oder beauftragen Sie einen Fachmann mit dessen Installation. Achten Sie beim Beleuchten der Arbeitsfläche darauf, dass Sie selbst keinen Schatten auf die Oberfläche werfen. Eine Stehlampe mit Halogenstrahlern stellt eine gute Alternative dar. Sorgen Sie dafür, dass die Lichtquelle nicht verdeckt wird, wenn der Arbeitsbereich besetzt ist.

❷ Kerzen aufstellen

Verwenden Sie einen Kompass oder beobachten Sie die Bewegung der Sonne um den südlichen Teil Ihrer Wohnung zu ermitteln (siehe Seiten 9 und 145). Arrangieren Sie nach Bedarf eine oder mehrere Kerzen in diesem Bereich Ihrer Wohnung. Wenn Sie sich auf sich selbst konzentrieren möchten, stellen Sie eine Kerze auf; wenn Sie eine Beziehung anstreben oder eine bestehende Beziehung verbessern möchten, verwenden Sie zwei Kerzen; wenn Sie Ihre ganze Familie einbeziehen möchten, stellen Sie für jedes Mitglied eine Kerze auf. Verfahren Sie ebenso bei geliebten Personen, die verschieden sind. Zünden Sie die Kerzen jeden Tag an. Setzen Sie sich so den Kerzen gegenüber, dass Ihr Gesicht nach Süden gewandt ist, und denken Sie über Wege nach Ihre Gefühle zu zeigen.

Nach oben strahlende Leuchten

Nach oben strahlende Leuchten unterstützen aufwärts strebende Chi-Energie, die besonders bei schrägen Wänden und niedrigen Decken nützlich ist. Wird das Licht an die Decke gerichtet, erscheint sie höher.

Glühlampen

Glühlampen sind allgemein sehr günstig für die Beleuchtung. Sie erhöhen gleichmäßig die Chi-Energie innerhalb eines weiten Bereiches. Das Licht hat einen leicht orangefarbenen Ton, der eine warme Atmosphäre erzeugt. Stoff- oder Papierlampenschirme dämpfen das Licht und schaffen mehr Yin, während metallene oder reflektierende Schirme eine härtere Atmosphäre mit mehr Yang erzeugen.

Kerzen

Kerzen sind die Lichtquelle, die das meiste Yin hervorbringt (siehe Seite 132). Sie strahlen sanftes, orangefarbenes Licht ab und haben den Vorteil kein elektromagnetisches Feld (EMF) zu erzeugen. Dieses Licht eignet sich hervorragend zur Schaffung einer weicheren, romantischen Atmosphäre.

Lampen

Tisch- oder Stehlampen sorgen für eine gemütliche und anheimelnde Atmosphäre. Sie unterstützen das Gefühl der Nähe zu einem anderen Menschen, fördern romantische Empfindungen oder das Abschalten und Entspannen.

❸ Niedrige oder schräge Decken

Gehen Sie durch Ihre Wohnung und machen Sie alle Räume und Bereiche ausfindig, in denen sich niedrige oder schräge Decken befinden. Richten Sie das Licht von beweglichen oder befestigten Halogenstrahlern an die Decke. Stellen Sie beim Planen sicher, dass Sie das Licht nicht blendet, wenn es unterhalb der Kopfhöhe angebracht ist. Grelles Licht kann hinter einer Pflanze oder einem Papierschirm versteckt werden um den Schein zu dämpfen. Das Licht wird gleichzeitig weicher und Sie schaffen eine entspanntere Atmosphäre mit viel Yin, die sich ausgezeichnet für das Schlaf- oder Wohnzimmer eignet.

❹ Unterschiedliche Stimmungen erzeugen

Schalten Sie nachts die Beleuchtung ein und gehen Sie durch Ihre Wohnung. Überlegen Sie sich, wo Sie entspannen möchten oder Romantik und Intimität – Yin-Aspekte – steigern möchten beziehungsweise kraftvoller, lebendiger und aufgeweckter – Yang-Aspekte – sein möchten. Verpassen Sie den Lichtquellen Lampenschirme aus Stoff oder Papier in den Bereichen, in denen Sie die Yin-Energie stärken möchten. Je dicker der Stoff und je größer der Schirm, desto stärker wird das Yin. Wenn Sie diesen Bereich gemütlicher gestalten wollen, bringen Sie die Lichtquelle so nah wie möglich zum Fußboden. Wollen Sie die Yang-Energie erhöhen, verwenden Sie reflektierende Metallschirme – je offener der Schirm, desto höher die Yang-Energie.

Farben

Farben beeinflussen die in einem Zimmer befindlichen Lichtfrequenzen. Diese Lichtfrequenzen durchdringen Ihr äußeres Chi-Feld und können dabei Ihre Stimmung verändern. Sie können sich demzufolge Farben aussuchen, welche die von Ihnen gewünschte Stimmung fördern.

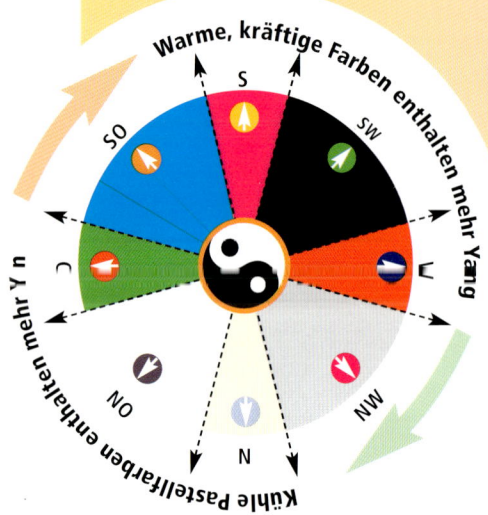

Gleichzeitig ist mit jeder Himmelsrichtung – Norden, Süden, Osten und Westen – eine Farbe verbunden. Setzen Sie die Farbe in der entsprechenden Richtung ein, stärken Sie die Chi-Energie in diesem Bereich. Da Weiß mit Nordwesten assoziiert ist, stärken Sie die Chi-Energie in diesem Bereich, wenn Sie dort weiße Blumen aufstellen, was Motivation, klares Denken und Entschlossenheit fördert.

Der Gebrauch von Farben unterstützt das Denken in den Kategorien von Yin und Yang (siehe Seiten 132 – 135). Die Tabelle auf der gegenüberliegenden Seite zeigt die Farben für jede der acht Richtungen.

Strahlende, kräftige und auffallende Farben enthalten allgemein mein Yang-Energie, während blasse und zarte Pastelltöne mehr Yin-Energie aufweisen. Ein Zimmer mit vielen Yang-Farben hat eine aufregendere, dramatischere und kräftigere Atmosphäre. Yin-Farben unterstützen eine friedliche, entspannende und sanfte Stimmung.

Blau
Das hier verwendete Blau ist beruhigend und entspannend, fördert allerdings auch Inspiration und Kreativität.

Vorhaben für einen halben Tag

1 Farbmuster
Wenn Sie Ihre vier Wände neu gestalten, richten Sie sich nach der oben abgebildeten Tabelle um die Farben auszuwählen, die mit der Energie in diesem Bereich Ihrer Wohnung harmonieren. Zunächst müssen Sie jedoch ermitteln, in welcher Richtung der Raum oder Bereich liegt (siehe Seiten 9 und 145). Sehen Sie anschließend in der Tabelle nach, welche Farbe zu dieser Richtung passt. Dieser sollten Sie normalerweise den Vorzug geben. Sie können jedoch auch die Tabelle mit Komplementärfarben verwenden um die Auswahl zu vergrößern. Ist das Zimmer verschiedenen Richtungen zugewandt, nehmen Sie die Farbe der dominierenden Richtung oder eine Mischung der Farben aller Richtungen.

2 Sorgfältiges Nachdenken
Vergegenwärtigen Sie sich die Intensität einer Farbe und stellen Sie sicher, dass sie mit dem entsprechenden Bereich harmoniert. Ein in kräftigem Rot gestrichener kleiner Bereich ist auffälliger als ein großer, zart blau gestalteter. Folglich ist ein tiefroter Fensterrahmen in einem Raum mit zarten Farben das dominante Element.

FARBEN FÜR JEDES ZIMMER

In der nachstehenden Tabelle ersehen Sie das für jede Richtung geeignete Farbspektrum. Diese Information können Sie anwenden, wenn Sie eines Ihrer Zimmer gestalten möchten.

Gemäß der Lehre der fünf Elemente können Sie eine Farbe durch eine andere Farbe desselben Elements ersetzen (siehe Seite 138 – 139). Leichtes Schwarz lässt sich durch andere Farben, die Erd-Chi-Energie repräsentieren, beispielsweise Gelb und Weiß, austauschen. Das bietet sich an, wenn Ihnen eine Farbe, die eine bestimmte Richtung symbolisiert, nicht behagt. Norden und Süden haben keine alternativen Farben, da ihr Element nur für eine Richtung steht.

Sie können außerdem eine Farbe des vorangehenden, unterstützenden Elements oder des folgenden, beruhigenden Elements aus dem Zyklus der fünf Elemente wählen. Somit erweitern Sie Ihre Farbpalette. Verwenden Sie die unterstützenden Farben um das Zimmer lebendiger und die beruhigenden Farben um es entspannender zu gestalten.

GEEIGNETE FARBEN				
Farbe	**Richtung**	**Einfluss**		
Kräftiges Grün	Osten	Ehrgeiz, Selbstvertrauen, Selbstachtung, Energie, Enthusiasmus		
Dunkelgrün oder Dunkelblau	Südosten	Kreativität, Fantasie, Beharrlichkeit, Empfindsamkeit, neue Ideen		
Lila	Süden	Ausdruckskraft, Leidenschaft, Geselligkeit, stärkere Gefühle, schnelles Denken		
Mattschwarz	Südwesten	Sesshaftigkeit, Qualitätsbewusstsein, praktisches und realistisches Denken, Vertrautheit		
Rostrot oder Rosa	Westen	Romantik, Zielorientiertheit, Verspieltheit, Zufriedenheit		
Silber, Grau	Nordwesten	Selbstkontrolle, Würde, Verantwortungsbewusstsein, Sicherheitsgefühl, organisiertes Handeln		
Cremefarben und klare oder glänzende Polituren	Norden	Unabhängigkeit, Objektivität, sexuelles Empfinden, Gelassenheit, Spiritualität		
Strahlendes Weiß	Nordosten	Motivation, Konkurrenzfähigkeit, Schlagfertigkeit, Scharfsinn, Wissen		
Gelb	Mitte	Einfluss, Flexibilität, Entscheidungsfreude		

Beruhigend
Die blauen Elemente in dieser Küche
wirken beruhigend gegenüber den Rottönen.

Außer für dekorative Zwecke können farbige Gegenstände zur Verstärkung gewisser Charakterzüge oder Aspekte Ihres Lebens verwendet werden. Stellen Sie einfach einen Haushaltsgegenstand mit einer kräftigen Farbe in den geeigneten Bereich Ihres Hauses oder Zimmers. Zu den Objekten, die kräftige Farben in ein Zimmer bringen können, zählen Kissen, Vorhänge, Blumen, blühende Topfpflanzen, Bilder, Tagesdecken, Handtücher, Teppiche, Vasen, Lampenschirme und Möbelstücke.

Ihre Kleidung kann einen noch direkteren Einfluss ausüben, da sie sich genau in Ihrem Chi-Energie-Feld befindet. Dasselbe trifft auf Ihre Betten und Sitzmöbel zu. Material, Farbe und, in geringerem Ausmaß, Form beeinflussen Ihre Stimmung. Man fühlt einen erkennbaren Unterschied, wenn man seine Arbeitskleidung gegen Freizeitkleidung austauscht, die mehr Yin enthält. Umgekehrt spürt man eine Betonung von Yang und damit verbundene größere Aufmerksamkeit, wenn man etwas Formaleres anzieht.

MATERIALIEN
Es ist ausgesprochen wichtig, dass Ihre Kleidungsstücke aus natürlichen Materialien hergestellt worden sind. Kunstfaser kann zu Ermüdung und Konzentrationsverlust führen und schließlich Ihrer Gesundheit schaden. Baumwolle, Leinen und Seide sollten möglichst nahe auf der Haut getragen werden, während sich bei Leder und Wolle ein gewisser Abstand empfiehlt.

HARMONISCHE FARBEN

Himmelsrichtung	unterstützendes Element	(gleiches) Element	beruhigendes Element
OSTEN und SÜDOSTEN	Cremefarben, gebeizte oder lackierte Oberflächen	alle Grüntöne oder Himmelsblau	blasses Lila
SÜDEN	kräftiges Grün und Himmelsblau	kräftiges Rot oder Lila	blasses Gelb, Beige, Braun, Mattschwarz
SÜDWESTEN ZENTRUM und NORDOSTEN	kräftiges Lila	Gelb, Mattschwarz, Weiß, Braun oder Beige	Lila, Grau, mattes Weiß
WESTEN und NORDWESTEN	kräftiges Gelb oder strahlendes Weiß	Rot, Lila, Grau, Silber oder mattes Weiß	Cremefarben, Beize, lackierte Oberfläche
NORDEN	Rot, Lila, gebrochenes Weiß, Silber und Grau	Cremefarbene, durchsichtige oder glänzende Oberflächen	blasses Grün, Blau

Vorhaben für einen halben Tag

FARBENFROHE KLEIDUNG

1 Bessere Laune
Suchen Sie anhand der Tabelle auf Seite 39 eine Charaktereigenschaft heraus, die Sie im Leben voranbringt. Beziehen Sie die vorgeschlagenen Farben in Ihre tägliche Kleiderordnung ein und überprüfen Sie Ihre Stimmung. Achten Sie darauf, ob man Sie in Ihrem Umfeld anders behandelt.

2 Bestimmter auftreten
Dabei hilft die aggressive, mehr Selbstvertrauen schaffende Chi-Energie des Ostens. Kräftige Grüntöne, senkrechte Linien und ein perfekter Schnitt lassen Sie größer erscheinen, verstärken die Energie und man nimmt Sie ernster.

3 Aufgaben verteilen
Greifen Sie auf die organisatorischen Fähigkeiten und Führungsqualitäten des Nordwestens zurück. Grautöne, runde Formen und eine auffällige Metalluhr verstärken diese Kräfte.

4 Größere Anerkennung
Die Chi-Energie des Südens hilft Ihnen stärker wahrgenommen zu werden und größere Anerkennung zu erhalten. Verwenden Sie ein kräftiges, leuchtendes Lila, Sternformen und Seide.

5 Mehr Kreativität
Die Fähigkeit zur Kreativität und Kommunikation kann durch das Intensivieren der südöstlichen Chi-Energie verstärkt werden. Senk-

FARBIGE GEGENSTÄNDE GEBRAUCHEN

❶ Farben auswählen

Wenn Sie die Farbe für einen neuen Haushaltsgegenstand aussuchen, denken Sie zuerst darüber nach, wo Sie ihn aufstellen möchten. Ermitteln Sie die Himmelsrichtung des Zimmers mit dem Kompass (siehe Seite 9 oder 145). Sehen Sie anschließend in der Tabelle auf Seite 38 nach, welche Farbe am besten für diesen Teil der Wohnung geeignet ist. Wenn Sie mit der Farbe zufrieden sind, entscheiden Sie sich für einen Gegenstand in dieser Farbe.

Sollte Ihnen die Farbe nicht gefallen, sehen Sie in der Tabelle mit den Komplementärfarben auf Seite 40 nach, welche die fünf Elemente, unterstützende und beruhigende Farben enthält. Sie können im Osten Cremefarben, Blau oder blasses Lila verwenden, um Grün zu vermeiden. Je kräftiger die Farbe, desto mehr Energie und Yang enthält sie, je blasser die Farbe, desto entspannender der Einfluss und desto stärker das Yin.

❷ Neue Kleidung, Tagesdecke oder Stühle

Schauen Sie sich Ihre Neun-Ki-Farbe auf Seite 149 an. Wählen Sie ein Kleidungsstück, eine Tagesdecke oder einen Stuhl in dieser Farbe aus. Ein kräftiger Ton verstärkt Aktivität und Yang, während ein zarter Ton entspannt und das Yin erhöht.

❸ Die eigene Energie verändern

Suchen Sie gemäß der Tabelle auf Seite 39 eine Charaktereigenschaft, die Sie ausbauen möchten, und deren entsprechende Farbe. Möchten Sie Ihr Vorstellungsvermögen und Ihre Kreativität stärker entwickeln, entscheiden Sie sich für Blau oder Dunkelgrün. Binden Sie eine Schleife in dieser Farbe in den geeigneten Bereich Ihres Hauses oder Zimmers. Die blaue bzw. grüne Schleife müsste im südöstlichen Teil Ihrer Wohnung angebracht werden.

Sie können mit Kleidung außerdem Ihre eigene Chi-Energie variieren und einen bestimmten Eindruck bei anderen Menschen hinterlassen. Hier gelten dieselben Prinzipien – in kräftigen Yang-Farben erscheinen Sie aufgeweckter, wahrnehmbarer und expressiver, während zarte Yin-Farben zu einer ruhigeren, sanfteren und freundlicheren Erscheinung beitragen.

Benutzen Sie bei der Auswahl der Kleidungsstücke die Farbtabelle um zu bestimmen, welchen Charakterzug Sie unterstreichen möchten, und legen Sie die entsprechenden Stücke an. Wenn Sie sich expressiver, sozialer und leidenschaftlicher fühlen möchten, tragen Sie Kleidungsstücke, die kräftiges Lila enthalten. Wenn Sie zuverlässig erscheinen möchten, probieren Sie Grau, Weiß oder Schwarz.

Möbel

Die Atmosphäre im Schlafzimmer hat sich durch das Aufstellen eines farbigen Sessels vollkommen verändert: Das kalte Blau wurde durch eine kräftige, sonnige Stimmung aufgehoben.

rechte Linien, Grün- und Blautöne fördern im Zusammenspiel mit bequemen und harmonischen Formen den kreativen Prozess.

❻ Wettbewerbsfähigkeit steigern

Nordöstliche Chi-Energie verstärkt diesen Aspekt. Frische weiße Kleidung mit sauberen Bügelfalten intensiviert nordöstliche Chi-Energie.

❼ Ausstrahlung verstärken

Westliche Chi-Energie ist diesem Zweck dienlich. Rot glitzernder Metallschmuck und runde Formen verstärken diese Energie.

❽ Mehr Gelassenheit

Ein höherer Anteil mit dem Norden verbundener Chi-Energie unterstützt Sie beim Erreichen inneren Friedens und größerer Ruhe. Creme ist die ideale Farbe im Zusammenspiel mit fließenden lockeren Kleidungsstücken.

❾ Einfühlsamer und aufmerksamer sein

Diese Qualitäten können durch stärkere südwestliche Chi-Energie ausgebildet werden. Gelb, Braun und Schwarz steigern zusammen mit dicken waagerechten Linien diese Energie.

Sie können außerdem Farben gemäß Ihrer Neun-Ki-Zahl auswählen. Schlagen Sie die Seite 149 auf; dort finden Sie die mit Ihrem Geburtsjahr verbundene Farbe. Diese Farbe hilft bei der Wiederbelebung Ihrer tiefsten Energie. Beziehen Sie diese Farbe in Ihre Kleidungsstücke und Bettwäsche ein.

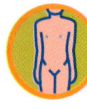

Gehen **lassen**

In einem Haus oder Zimmer, wo sich viele Gegenstände planlos ansammeln, besteht die Gefahr, dass die Energie stagniert. Das Durcheinander verlangsamt den Energie-Fluss und erschwert das Auffrischen und Erneuern der Atmosphäre.

Gerümpel vermeiden

Sie können die wahllose Ansammlung von Gegenständen vermeiden, wenn Sie flexibel einsetzbare Lagermöglichkeiten haben.

Gerümpel kann Chi-Energie binden und sie lange Zeit an einer Stelle festhalten. Dadurch entsteht eine dumpfe Atmosphäre, die Sie passiver stimmt und am Vorankommen hindert. Im Extremfall hat jemand, der in einer überladenen Wohnung lebt, das Gefühl, dass sein Leben stagniert.

Bei Ihnen können sich schwere Zeiten einstellen, die sich nur mit großen Anstrengungen meistern lassen. Sollten Sie Gegenstände aus diesen oder anderen schwierigen Zeiten aufbewahren, werden Sie von diesen an jene schwierige Phase erinnert und deshalb zurückgeworfen und am Vorankommen gehindert. Sollte eine Beziehung in die Brüche gegangen sein und Sie haben Schwierigkeiten weiterzukommen und eine neue Beziehung einzugehen, sind Ihnen Gegenstände, die Sie an die alte Beziehung erinnern, keine Hilfe.

In Zeiten, in denen Sie vorankommen und die Vergangenheit abschließen wollen, sollten Sie sich von altem Plunder befreien und Ihre Wohnung öffnen, damit die Chi-Energie leichter fließen kann.

Es empfiehlt sich gleichzeitig Andenken an gute Zeiten und Gegenstände, durch die Ihre Kinder und Enkel ihre Vorfahren schätzen lernen, aufzubewahren.

Vorhaben für einen halben Tag

❶ Die Atmosphäre reinigen

Besorgen Sie sich mehrere **Pappkartons** und **beschriften** Sie diese mit dem aktuellen Datum. Schreiben Sie auf einen Karton „langfristig" und stecken Sie alle Dinge hinein, die Sie über einen längeren Zeitraum nicht mehr benötigen. Räumen Sie **jeden Raum** auf und beziehen Sie Gegenstände, wie alte Schminkdöschen, ungenutzte Geräte, Bücher, Zeitschriften und unwichtige **Schriftstücke** mit ein.

Beschriften Sie nun einen anderen Karton mit dem Wort „abgeschlossen" und füllen Sie ihn mit Gegenständen, die Sie an eine Geschichte erinnern, mit der Sie abschließen möchten. Darunter können Photos, unwichtige Dokumente, Briefe und Kunstgegenstände sein.

Kennzeichnen Sie einen anderen Karton als „unentschieden" und stecken Sie alle Gegenstände hinein, die Ihre Wohnung zwar voll stopfen, die Sie eventuell aber doch nicht entbehren möchten.

Werfen Sie den mit „abgeschlossen" gekennzeichneten Karton **nach einem Monat weg** oder übergeben Sie geeignete Gegenstände einem wohltätigen Zweck, wenn Sie keinen davon vermisst haben. Behalten Sie die anderen beiden Kartons und gehen Sie diese durch um zu sehen, ob Sie etwas von **„unentschieden"** bei **„langfristig"** einordnen können oder ob Sie einige der Gegenstände aus dem ersten Karton unter „unentschieden" unterbringen möchten. Überprüfen Sie nach drei Monaten, ob Sie ohne die Gegenstände aus dem „Langzeit-Karton" auskommen. Wiederholen Sie dieses Projekt jedes Jahr um die Ansammlung von neuem Plunder zu vermeiden.

Fit für einen **Neubeginn**

Putzen ist die schnellste und wirkungsvollste Methode die Atmosphäre in Ihrer Wohnung zu verändern. Nach einem ausgiebigen „Frühjahrsputz" wirkt Ihre Wohnung frischer.

Weg mit dem alten Kram

Verpassen Sie Ihrer Wohnung einen Frühjahrsputz. Sie bringen nicht nur frischen Wind in Ihre unmittelbare Umgebung, sondern in die allgemeine Atmosphäre Ihrer Wohnung.

Eine saubere Atmosphäre weckt in Ihnen mehr Lebenskraft und Energie. Es ist außerdem einfacher in einer sauberen und aufgeräumten Umgebung zu entspannen, besonders wenn Sie zu der Sorte Mensch gehören, die irritiert ist, wenn Unordnung herrscht.

Eine saubere Wohnung trägt auch zum Erhalt Ihrer Gesundheit bei. Es ist wichtig das Risiko von Schimmelbildung und Feuchtigkeit zu mindern, da Schimmel und Feuchtigkeit ungesunde Chi-Energie erzeugen. Küche und Bad haben die größte Priorität.

Ein trockener, sonniger Tag ist die beste Gelegenheit für einen Großputz in Ihrer Wohnung, da Sie Fenster und Türen öffnen können um frische Luft hereinzulassen. Traditionell erfolgt das Saubermachen im Frühling um die alte, in Herbst und Winter aufgebaute Energie zu entfernen.

In Stoffen setzt sich oft Staub fest, der zu einer stagnierenden Atmosphäre beiträgt. Jedes Staubkorn hält abgestandene, in Ihrer Wohnung angestaute Chi-Energie fest. Durch das Reinigen von Gardinen, Polstermöbeln und Teppichen wird die alte Chi-Energie entfernt, damit frische Chi-Energie in Ihre Wohnung dringen kann. Wenn Sie die Fenster putzen, kommt mehr Licht in Ihre Räumlichkeiten, das sonnige Chi-Energie mitbringt.

Vorhaben für zwei Tage

❶ Frühjahrsputz

Entscheiden Sie sich für einen **trockenen, sonnigen Tag** und öffnen Sie zunächst alle Fenster und wenn möglich die Türen. Spielen Sie außerdem Ihre **Lieblingsmusik.** Beginnen Sie mit der Küche, gehen Sie anschließend zu Badezimmer, Schlafzimmer, Wohnzimmer und Garage über, da dieses die Bereiche sind, in denen Sie den größten Unterschied bewirken können.

Leeren Sie in jedem Zimmer die Schränke, Regale und Schubladen. Setzen Sie das auf Seite 42 beschriebene Projekt in die Tat um. **Reinigen** Sie alle Stellen, an die Sie sonst nicht herankommen: **hinter dem Herd,** dem Kühlschrank und der Waschmaschine. **Schenken** Sie Schränken unter

Ausgüssen oder Haushaltsgeräten, die mit Wasser arbeiten, zum Beispiel Waschmaschinen und Geschirrspülmaschinen, **besondere Aufmerksamkeit.** Sollte es undichte Stellen geben, müssen Sie diese reparieren. Gibt es Anzeichen für **Feuchtigkeit,** müssen Sie den Bereich vollständig trockenlegen, bevor Sie die Gegenstände wieder aufstellen. Überprüfen Sie Duschvorhänge auf Schimmel und waschen Sie die Vorhänge sorgfältig.

Waschen und **reinigen Sie alle Stoffgegenstände,** wie Vorhänge, Läufer und Stuhlbezüge. **Säubern** Sie Ihre Teppiche möglichst mit **Teppichspray. Klopfen** Sie Stoffe sehr **gründlich** außerhalb des Hauses **aus.**

Dem Leben **Glanz verleihen**

Spiegel oder andere reflektierende Oberflächen ändern die Richtung der Chi-Energie auf dieselbe Art, auf die sie Licht in andere Richtungen reflektieren. Das ist hilfreich, wenn Sie mehr Chi-Energie in einen stagnierenden Bereich bringen möchten. Spiegel beschleunigen den Fluss von Chi-Energie und schaffen eine dynamische, stimulierende Atmosphäre, die viel Yang enthält.

Spiegel
Ein Spiegel über einem Kamin reflektiert mehr Feuer-Chi-Energie in einen Raum.

Wo auch immer Sie Spiegel verwenden, ist es wichtig, dass Sie diese nicht direkt gegenüber Türen, Fenstern oder anderen Spiegeln aufhängen. Spiegel, die sich gegenüber einer Tür oder einem Fenster befinden, richten die Chi-Energie wieder nach außen, während zwei gegenüberliegende Spiegel die Energie hin und her schicken und somit für eine angespannte Atmosphäre sorgen, die jeglicher Entspannung entgegenwirkt.

Versuchen Sie immer einen großen Spiegel zu verwenden anstelle von verschiedenen, nebeneinander angebrachten Spiegeln oder Spiegelfragmenten, da diese ein geteiltes Spiegelbild und eine weniger harmonische Atmosphäre erzeugen.

Besonders hilfreich sind Spiegel in dunklen Räumen, die Sie mit etwas Licht aufhellen möchten. Das gilt für Souterrainwohnungen oder Zimmer, die nur nördliches Licht erhalten.

Große Spiegel lassen Räume weiter erscheinen. Idealerweise sollten Sie vom Boden bis zur Decke reichen. Bringen Sie große Spiegel an einer Längsseite an, damit das Zimmer doppelt so breit erscheint. Derselbe Effekt lässt sich in einem Kor-

Vorhaben für einen halben Tag

 Spiegel anbringen

Platzieren Sie einen Spiegel in einem **schmalen Raum** oder Korridor. Messen Sie vorher die längste Wand beziehungsweise die **Korridorwand** aus um die Größe des Spiegels zu ermitteln, den Sie anbringen können. Denken Sie daran den Spiegel **nicht** direkt **gegenüber der Tür** aufzuhängen. Bringen Sie den Spiegel an der Wand an und halten Sie ihn sauber.

Hängen Sie den Spiegel in einem **L-förmigen Zimmer** an die kürzere Seite auf, damit die **Proportionen** gleichmäßiger erscheinen.

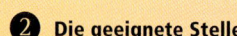 **Die geeignete Stelle**

Wenn Sie Souterrain- oder **nach Norden ausgerichtete** Zimmer haben, suchen Sie sich einen Platz, an dem Sie Spiegel anbringen können. Hängen Sie den Spiegel nach Möglichkeit an eine Stelle, an der er das **Tageslicht** in den Rest des Zimmers strahlt. In diesem Fall müssten Sie eventuell mehrere Spiegel verwenden. Hängen Sie diese jedoch nicht direkt einander gegenüber.

Überprüfen Sie in Ihrem **Schlafzimmer,** ob Sie Spiegel entfernen können. Sollten sich dort Spiegel befinden, die auf Ihr Bett gerichtet sind, versuchen Sie für diese einen neuen Platz im Zimmer zu finden. Sie können den Spiegel mit einem **Stück Stoff bedecken,** wenn Sie schlafen.

Spiegel im Schlafzimmer

Vermeiden Sie Spiegel im Schlafzimmer, da sie die Atmosphäre mit Yang aufladen und somit Ihren Schlaf beeinträchtigen. Befindet sich ein Spiegel im Schlafzimmer, sollte dieser nicht auf Ihr Bett gerichtet sein. In der Nacht können Sie Gefühle und Chi-Energie vom Vortag freilassen, so dass Sie sich beim Aufwachen erfrischt fühlen. Wird Chi-Energie auf Sie zurückgestrahlt, wird dieser Prozess unterbrochen.

Konvexe Spiegel

Ein konvexer Spiegel oder andere konvexe reflektierende Oberflächen zerstreuen schnell fließende Chi-Energie, indem sie diese in einem weiten Bogen zurückwerfen. Durch die Verbreitung und Zerstreuung der Energie schwächt der konvexe Spiegel die hinderliche Chi-Energie.

ridor oder einer Halle erzielen, indem Sie an jeder Seite versetzt Spiegel anordnen.Vielleicht können Sie einen Spiegel so anbringen, dass er das Tageslicht in einen dunklen oder bewegungslosen Bereich reflektiert.

Schnell fließende Energie tritt dort auf, wo Treppen auf die Haustür in einer langen geraden Halle zulaufen oder wenn die Haustür dem Hintereingang direkt gegenüberliegt. Die schnell fließende Chi-Energie kann Sie in diesen Fällen beunruhigen, anspannen oder reizen. Diese Gefühle werden verstärkt, wenn die schnell fließende Energie auf Ihr Bett oder eine Stelle gerichtet ist, an der Sie längere Zeit sitzen.

❸ Spiegel in bestimmten Zimmern

Sollten Sie einen Korridor haben, achten Sie auf die Beziehung zwischen **Treppen** und **Vordertür.** Laufen die Treppen direkt auf die Haustür zu, hängen Sie einen **konvexen** Spiegel an eine Stelle, an der er Ihr Spiegelbild zurückwirft, wenn Sie die Treppe hinuntergehen. In vielen Fällen blicken Sie zuerst auf eine **Wand** oder auf **Holzbretter,** wenn Sie die Treppe von oben hinabsteigen. Diese Stelle eignet sich **hervorragend** für konvexe Spiegel. Besteht diese Möglichkeit nicht, versuchen Sie den Spiegel neben die Eingangstür zu hängen.

Verläuft eine lang gezogene Halle oder ein Korridor durch Ihr Haus, überprüfen Sie jedes Ende und bestimmen Sie die geeignete Stelle für einen konvexen Spiegel. Sollte der Flur direkt auf Ihr Schlafzimmer zulaufen oder auf einen Bereich, in dem Sie über **längere Zeiträume** sitzen, ist die Situation potentiell ernster und Sie müssen den Spiegel an dieses Ende des Korridors hängen. **Bringen Sie den Spiegel** über der Tür **an,** damit er auf den Korridor gerichtet ist.

Betreten Sie Ihr Haus durch die Haustür und überprüfen Sie, ob Sie die Hintertür sehen können. Befindet sich **eine Tür dazwischen,** öffnen Sie diese für einen Moment. Wenn alle Türen auf gleicher Höhe liegen, begünstigt das den schnellen Energiefluss, was aber mit einem konvexen Spiegel ausgeglichen werden kann. Laufen Sie von der Haustür zur Hintertür und suchen Sie eine geeignete Stelle für einen kleinen konvexen Spiegel, sodass er Ihr Bild reflektiert. Sie könnten ihn zum Beispiel über die Hintertür hängen.

Gesundheit und Lebensfreude

Pflanzen sind einzigartig gemäß Feng Shui, da sie natürliche lebendige Chi-Energie in Ihre Wohnung bringen, die sonst ein toter Ort sein könnte.

Gesunde, gut gedeihende Pflanzen haben sich als das wirkungsvollste Mittel erwiesen um die Luft in einem Raum zu reinigen. Sie werden immer wichtiger, da Räume zunehmend mit toxischen Dämpfen von Materialien wie Holzfaserplatte, Plastik und Farben belastet werden. Außerdem stellte sich heraus, dass buschige Pflanzen oder Pflanzen mit vielen Blättern dazu beitragen den Lärmpegel zu senken. Die Blätter absorbieren die Geräuschwellen aus der Luft, sodass der Raum ruhiger und entspannter ist. Pflanzen mit steiferen, kräftigeren und spitzen Blättern wie Yuccapalmen strahlen dynamische Yang-Energie ab. Pflanzen mit weicheren, dünneren und runden Blättern wie einige Efeuarten erzeugen entspannende Yin-Energie. Eine stagnierende oder leblose Atmosphäre ist ermüdend, kräftezehrend und deprimierend. Diese Gefühle entstehen, wenn Ihrer Wohnung frische, lebendige Chi-Energie fehlt.

Sie können die Chi-Energie in Ihrer Wohnung am besten auffrischen, indem Sie Pflanzen aufstellen. Sie bringen Lebenskraft in ein Zimmer. Stellen Sie Pflanzen in die Zimmer, die vom Tageslicht profitieren. Am wichtigsten sind die Räume, in denen Sie die meiste Zeit verbringen, wie Ihr Schlafzimmer.

Pflanzen haben viele Vorteile. Sie schaffen Harmonie, indem sie die

PFLANZEN UND EMF
Ein schweizerisches Institut führte eine zweijähriges Forschungsprogramm durch um zu untersuchen, welche Wirkung Pflanzen in der Nähe von Computern haben. Die wirkungsvollste Pflanze war ein *Cereus peruvianuf* (Kaktus), der Kopfschmerzen in Müdigkeit verwandelte. Andere Forscher behaupten, dass Friedenslilie und Grünlilie ähnliche Eigenschaften besitzen.

Pflanzen für Gelassenheit
Viele dicht belaubte Pflanzen bilden einen wirksamen Wandschirm zur Reduzierung von Lärm und zur Schaffung eines abgeschlosseneren oder ruhigeren Bereiches.

❶ Pflanzen in der Wohnung
Gehen Sie durch Ihr Haus und halten Sie fest, wo Sie **mehr Pflanzen** aufstellen könnten. Im Idealfall sollten in jedem Zimmer **wenigstens zwei Pflanzen** stehen. Pflanzen eignen sich besonders gut für Küche und Badezimmer, da sie die **Feuchtigkeit** aus der Luft **aufnehmen.** Schlagen Sie in Büchern über Zimmerpflanzen nach oder fragen Sie einen Fachmann, wenn Sie wissen möchten, an **welchen Orten** welche Pflanzen am besten gedeihen. Wenn Sie sich nicht regelmäßig um Ihre Pflanzen kümmern können, überlegen Sie sich eine Lösung für dieses Problem. Es gibt zum Beispiel Produkte, die Pflanzen automatisch mit Wasser versorgen. Stellen Sie keine Pflanze mit **spitzen Blättern** in die Nähe Ihres Bettes oder eines Sitzbereiches.

❷ Niedergeschlagenheit reduzieren
Wenn Sie depressiv oder lethargisch sind, stellen Sie Pflanzen auf um die Energie zu verstärken.

Sobald die Atmosphäre in Ihrer Wohnung lebendiger wird, machen Sie etwas Gymnastik, da Bewegung die depressive Stimmung vermindert. Beginnen Sie mit leichten Dehnungsübungen und kurzen Läufen. Arbeiten Sie sich anschließend an Aerobic heran. Unterstützen Sie die Übungen durch Musik mit ausgeprägtem Rhythmus.

Energie in einer stressigen Umgebung beruhigen oder verbrauchte Energie aufnehmen.

Es ist von großem Nutzen viele Pflanzen zu besitzen. Wenn Sie diese jedoch für eine bestimmte Aufgabe verwenden, wie zur Heilung von Depressionen, die mit Yin verbunden werden (siehe Seiten 132 – 135), sollten Sie mit Hilfe spitzblättriger Pflanzen, die mit Yang in Verbindung stehen, für einen Ausgleich sorgen.

Viel Yin im Haus kann zur Entstehung von Depressionen beitragen. Sie lässt sich auf Feuchtigkeit, Kälte oder irgendetwas, das Yin hervorruft, zurückführen. Pflanzen absorbieren Feuchtigkeit ausgezeichnet und erzeugen somit mehr Yang-Energie. Die Farbe von Pflanzen belebt eine triste Umgebung, besonders wenn die Pflanzen blühen.

Pflanzen und Blumentöpfe

Entscheiden Sie sich für Behälter aus natürlichem Material. Machen Sie Gebrauch von den Hinweisen im oberen Kasten, wenn Sie ein Material auswählen möchten, das in Harmonie mit der Energie dieses Teiles Ihrer Wohnung steht. Sie können die Gelegenheit nutzen und mehr Farbe in diesen Bereich bringen, indem Sie Blumentöpfe in kräftigen Tönen auswählen.

Die **Stimmung** mit Klängen ändern

Schallwellen in der Luft fließen durch ihr Chi-Energie-Feld, beeinflussen es und können Ihre Stimmung ändern.

Telefone
Sie sollten darüber nachdenken Ihr privates Telefon auszutauschen oder nach Möglichkeit den Klingelton abzustellen und eine Metallklingel mit traditionellem Klang anzubringen. So können Sie dienstliches und privates Telefon klar unterscheiden.

Ein weicher, milder Yin-Klang besänftigt und beruhigt die Sie umgebende Chi-Energie und trägt zur Entspannung bei. Vibrierender, rhythmischer Yang-Klang hingegen stimuliert Ihr Chi-Energie-Feld und aktiviert Sie. Bestimmte Klänge haben außerdem sowohl eine reinigende Wirkung auf die Atmosphäre in einem Raum als auch auf die sich darin befindenden Personen. Spezielle Glocken, Gongs und Klangschalen werden aus diesem Grund in Klöstern und an anderen spirituellen Orten verwendet (siehe Seiten 24 – 25).

Einer der gebräuchlichsten Klänge zu Hause ist Musik. Jeder weiß, dass Musik sehr schnell die Stimmung ändern kann. Ein ruhiges klassisches Musikstück wirkt lösend, wenn Sie angespannt sind, während ein rhythmisches Stück moderner Tanzmusik Sie belebt, wenn Sie niedergeschlagen sind. Gehen Sie bei der Auswahl von Musik mit Bedacht vor, denn Sie können Ihre Emotionen selbst steuern.

Bevor Sie einen Gegenstand in Ihre Wohnung bringen, der Klang erzeugt, überzeugen Sie sich, dass Sie diesen Ton mögen. Das elektronische Klingeln moderner Telefone kann lästig wirken. Wenn Ihr dienstliches und Ihr privates Telefon denselben Klingelton haben, werden Sie ständig an die Arbeit erinnert, was der Atmosphäre abträglich ist.

Vorhaben für einen halben Tag

❶ Positive Klänge im Haus
Achten Sie darauf, wie das **Klingeln** Ihres **Telefons** auf Sie wirkt. Wenn es **Stress** verursacht, weil es Sie an Ihre Arbeit erinnert, ziehen Sie seinen Austausch in Betracht. Versuchen Sie es mit dem Klang einer **natürlichen Metallglocke**. Ändern Sie den Klingelton oder kaufen Sie ein altes Telefon mit traditionellem Klingeln.

Testen Sie, ob Sie mit dem Geräusch Ihrer Türklingel zufrieden sind. Ist das nicht der Fall, probieren Sie andere Klingeltöne aus. Wenn Sie eine Klingel finden, die besser klingt, installieren Sie diese in Ihrem Haus.

❷ Energie mit Klängen bewegen
Um die Energie in einem stagnierenden oder dunklen Bereich zu verstärken, zum Beispiel in einer Ecke unter einem niedrigen oder schrägen Dach oder in einem Keller, stellen Sie dort einen Gegenstand auf, der Klang erzeugt. Das könnten ein Telefon, eine Musikanlage, eine auffällige Uhr oder ein Fernseher sein.

Lärm ist eine weit verbreitete Ursache von Stress, insbesondere in Städten und Metropolen. Wenn der Lärm von Verkehr, Flugzeugen, Zügen, Menschen in den Straßen oder Nachbarn Ihr Haus überschwemmt, ist Entspannung kaum möglich.

Unangenehme Geräusche können durch weißen Lärm verdeckt werden. Das ist ein Geräusch, das eine breites Spektrum an Klangfrequenzen besitzt. Einige dieser Schallwellen können Schallwellen des störenden Geräuschs eliminieren. Auf jeden Fall lässt sich das störende mit einem angenehmen Geräusch überdecken.

Lärmpegel senken

Wandteppiche, schwere Rouleaus, Teppiche und andere Einrichtungsgegenstände aus Stoff senken störenden Lärm von außerhalb.

Eine besonders angenehme Variante weißen Lärms ist das Geräusch fließenden Wassers, das mit Hilfe eines kleinen Zimmerwasserfalls ins Haus gebracht werden kann. Denken Sie jedoch daran, dass er andere Geräusche überdeckt und Sie zwingen kann etwas lauter zu sprechen. Er sollte also problemlos an- und auszuschalten sein.

Gegenstände, die Geräusche aufnehmen, sind in einer Wohnung von Vorteil. Weiche Oberflächen besitzen diese Fähigkeit, wohingegen harte Oberflächen Geräusche in den Raum zurückwerfen und zu Stress beitragen. Grünpflanzen absorbieren effektiv Schallwellen. Auch Wandteppiche, dicke Läufer und lange Vorhänge eignen sich zur Verringerung von Lärm. Große Kissen in der Nähe von Fenstern helfen zusätzlich.

❸ Friedliche Geräusche

Besorgen Sie sich einen **Gegenstand**, der das Geräusch fallenden Wassers erzeugt und an dem Sie nach Möglichkeit den Fluss des Wassers und somit das Geräusch **regulieren** können. Stellen Sie ihn in den **östlichen** oder **südöstlichen** Teil Ihres Hauses oder Zimmers, in denen Sie den Lärmpegel **senken** wollen. Sorgen Sie dafür, dass das Geräusch des Wassers **nicht** von in der Nähe stehenden weichen Gegenständen, wie Sofa oder Pflanzen, **verdeckt** oder **erstickt** wird. Nehmen Sie Ihren Zimmerspringbrunnen in Betrieb und testen Sie die Ergebnisse.

❹ Störender Lärm

Ermitteln Sie die **Quelle des** störenden **Lärms,** beispielsweise Verkehrslärm, der durch die Fensterscheiben dringt. Kaufen Sie eine **buschige Pflanze** und stellen Sie diese nahe ans Fenster. Allgemein gilt, je mehr Pflanzen es in einem Zimmer gibt, desto leichter werden Geräusche aufgenommen. Bringen Sie außerdem mehr **Einrichtungsgegenstände aus Stoff** ins Zimmer. Kissen, Tischtücher, Wandteppiche und Läufer nehmen den Lärm auf.

Die Fantasie **anregen**

Da Ihre Gedanken in der Lage sind Ihre Chi-Energie zu beeinflussen, können sie Ihre Gefühle ändern. Sie selbst können auf Ihre Stimmung Einfluss nehmen, indem Sie sich ein Bild anschauen, das verschiedene Gedanken in Ihnen auslöst.

Wenn Sie ein romantisches Bild von einem Paar in einer Umarmung aufhängen, könnten Sie zu der Vorstellung angeregt werden, dass Sie jemandem sehr nahe sind. Sie hegen anschließend liebevollere und zärtlichere Gefühle.

Diese bewusste Nutzung von Bildnissen kann zur treibenden Kraft hinter der Konzentration auf Ihre Ziele werden. Zuerst sollten Sie wissen, was Sie erreichen wollen (siehe Seite 14). Anschließend sollten Sie über das Bildmotiv nachdenken.

Führen Sie bereits eine Beziehung, sollten Sie Bilder zu Hause haben, die Sie an Ihre schönste gemeinsame Zeit erinnern. Jeder von uns durchläuft glückliche und schwierige Abschnitte in seinen Beziehungen. Die Erinnerung an gute Zeiten hilft beiden Partnern beim Überstehen einer schwierigen Phase.

Auf gleiche Weise kann ein allein stehender Mensch über den Beginn einer neuen Beziehung nachdenken, wenn er von positiven Bildnissen umgeben ist, die ihn anregen jemanden kennen zu lernen. Manchmal wird jedoch das gegenteilige Gefühl erzeugt. Ist ein allein stehender Mensch, der unbedingt eine neue Beziehung beginnen möchte, von Bildern einsamer Figuren umgeben, wird seine Einsamkeit verstärkt.

Hinsichtlich der Energien in Ihren vier Wänden ist es wirkungsvoll romantische Bilder in den südwestlichen, westlichen oder südöstlichen Bereichen unterzubringen, da diese mit langfristigen Beziehungen, romantischen Gefühlen und dem Beginn einer Beziehung verbunden werden.

Bildnisse einbeziehen
Diese entspannte Steinfigur regt Sie an gelassen zu bleiben und das Leben zu genießen.

Vorhaben für einen halben Tag

① Bildnisse in die Räumlichkeiten einbeziehen
Durchblättern Sie Ihre **Fotoalben** auf der Suche nach Bildern, die Sie an die glücklichste Zeit mit Ihrem Partner erinnern. Wählen Sie einen attraktiven Rahmen aus und lassen Sie die Fotos bei Bedarf neu abziehen und entsprechend vergrößern. Hängen Sie diese in die südwestlichen, westlichen oder südlichen Bereiche Ihres Hauses oder Zimmers – im Idealfall an einen Platz, wo Sie die Bilder deutlich sehen. Halten Sie diesen Bereich lebendig, indem Sie die Bilder **regelmäßig auswechseln.** Nehmen Sie die Kamera mit, wenn Sie unterwegs sind, und denken Sie daran neue Fotos von sich und Ihrem Partner zu schießen, wenn Sie schöne Erlebnisse miteinander haben.

Möchten Sie eine **Beziehung** beginnen, suchen Sie nach Bildern, die Romantik verkörpern. Vielleicht halten Sie gemalte Bilder oder Skulpturen, die **einen Eindruck** besser **vermitteln,** für effektiver als Fotos realer Personen. Bringen Sie die Bildnisse im **westlichen** Teil Ihres Hauses unter. Sie sollten im Allgemeinen Gegenstände **paarweise** anordnen: **zwei Blumen** in einer Vase oder zwei Kerzen auf einem Ständer.

Das **Familienleben** verbessern

Sie können die Wirkung von Bildnissen auch nutzen um der ganzen Familie zu helfen. Das kann besonders für Kinder ermutigend sein. Wenn Sie Andenken an deren erfolgreichste Momente im Leben aufbewahren, werden diese sie daran erinnern, dass sie aus eigener Kraft Schwierigkeiten überwinden und Herausforderungen bestehen können.

Tafeln
Ihre Kinder sollten problemlos an die Tafel reichen und darauf schreiben können. Sie sollte an einer auffälligen Stelle im Zimmer angebracht sein.

Es ist wichtig für die Kinder ein Umfeld zu schaffen, in dem sie Selbstachtung entwickeln können und Dinge nach bestem Wissen erledigen, weil ihnen etwas daran liegt, nicht weil sie ihren Eltern einen Gefallen tun möchten. Prägt diese Haltung erst einmal den Charakter, werden sie in späteren Jahren mehr Selbstmotivation aufbringen.

Bestärken Sie Ihre Kinder in dieser Haltung, indem Sie ihnen einen Platz zugestehen, an dem sie Fotografien, Kunstgegenstände, Preise, Zeugnisse und ähnliche Dinge zeigen können. Der Bereich sollte sauber, aufgeräumt und gut sichtbar sein. Versuchen Sie sich bei der Auswahl zurückzuhalten, auch wenn Sie andere Stücke zur Schau stellen würden. Wenn Sie Ihren eigenen, gut organisierten Bereich für positive Erinnerungen besitzen, können die Kinder Ihrem Beispiel folgen.

Eine Tafel, an der Sie spontane Nachrichten hinterlassen können, ist eine weitere Möglichkeit die Selbstachtung Ihrer Kinder zu fördern und engere Beziehungen in der Familie zu unterstützen. „Ich liebe dich", „du solltest stolz auf deine letzten Hausaufgaben sein" oder „was für eine schöne Zeichnung" – solche Bemerkungen zeigen ihnen, dass sie etwas Besonderes sind. Sie sollten sie außerdem ermutigen je nach Lust und Laune ebenfalls Nachrichten zu hinterlassen.

Vorhaben für einen halben Tag

❶ Pinnwand

Wählen Sie eine Pinnwand aus, die an den verfügbaren **Platz** passt. Befestigen Sie diese und erklären Sie Ihren **Kindern** deren Gebrauch. Ermuntern Sie die Kinder **verschiedene** Bilder dort anzubringen und sie von Zeit zu Zeit auszuwechseln. Fügen Sie eigene Familienfotos hinzu und tauschen Sie diese immer wieder aus, damit die Pinnwand frisch und lebendig bleibt.

Hängen Sie eine **Tafel,** auf die Sie schreiben können, auf. Schreiben Sie **spontane** Einfälle darauf, wenn Sie in der Stimmung sind. Laden Sie den Rest der Familie ein es Ihnen gleichzutun.

FOTOECKE

Richten Sie die Fotoecke nach Möglichkeit im südwestlichen Teil Ihres Hauses oder Zimmers ein, da sich dort die mit der Familie verbundene Energie befindet. Da die östlichen Bereiche mit Neuanfang und zukunftsorientiertem Arbeiten assoziiert werden, stellen sie eine gleichwertige Alternative dar.

Bezug zur **Außenwelt**

Fenster sind Punkte, durch die Energie in Ihre Wohnung strömt und sie wieder verlässt. Sie können die Art, auf die Energie in Ihr Haus fließt, durch unterschiedliche Fenstergestaltung steuern.

Hölzerne Jalousien und Fensterläden sollten flexibel handhabbar sein und geschlossen werden können, wenn Sie den Energiefluss einschränken möchten.

Folgende Faktoren beeinflussen Ihren Bezug zur Außenwelt. Wenn Sie sich stärker zurückziehen möchten, benötigen Sie dicke Gardinen. Möchten Sie aufgeschlossener sein, schmücken Sie Ihr Fenster mit leichten Materialien. Fenster sollten sauber und nicht zugestellt sein, damit sich die Chi-Energie frei bewegen kann. Im Idealfall sollten Sie die Möglichkeit haben den Energiefluss zu bremsen, wenn Sie zur Ruhe kommen und entspannen möchten. Gleichzeitig sollten Sie die Fenster ganz öffnen können, damit möglichst viel Licht in den Raum dringen kann, wenn Sie die Atmosphäre beleben möchten.

Wenn Sie den Energiefluss beruhigen und eine gemütliche, bequeme Atmosphäre schaffen möchten, sollten Sie Vorhänge anbringen. Hölzerne Jalousien stimulieren den Energiefluss und erzeugen ein dynamisches und anregendes Umfeld. Die Jalousien können auch so eingestellt werden, dass sie zwar Licht durchlassen, die blendenden Sonnenstrahlen jedoch fern halten. Stoffrollos haben den Vorteil, dass sie das Fenster nicht versperren und eine weiche Oberfläche bilden, wenn sie heruntergezogen werden. Andere Stoffjalousien, wie vertikale Lamellenvorhänge, haben denselben Effekt.

Metalljalousien sind zu hart für die meisten Räume. Ziehen Sie deren Gebrauch nur in nordöstlich, südwestlich, westlich oder nordwestlich gelegenen Badezimmern in Betracht, da sie hier einen harmonischeren Energiefluss anregen.

Vorhaben für einen Tag

❶ Die Gestaltung der Fenster verändern

Wählen Sie ein Zimmer aus, das von einer **Veränderung** der Fenstergestaltung profitieren würde. Putzen Sie die Fenster und entfernen Sie **Gerümpel** von der Fensterbank. Spüren Sie der **Atmosphäre** des Zimmers über mehrere Tage intensiv nach. Achten Sie besonders darauf, wie das **Licht** in das Zimmer fällt. Denken Sie darüber nach, wofür Sie das Zimmer nutzen und ob die Atmosphäre diesem Zweck dient.

Schätzen Sie zuerst ein, ob Sie das Yang verstärken und das Zimmer **lebendiger**, oder ob Sie das Yin erhöhen und es **ruhiger** gestalten sollten. Hölzerne Jalousien sorgen für eine aktive Atmosphäre. Vorhänge machen das Zimmer gemütlicher. Zur Schaffung eines Ausgleichs sollten Sie Stoffrollos verwenden.

MATERIALIEN

Sie können das Material für die Gestaltung Ihrer Fenster den unterschiedlichen Chi-Energien in den verschiedenen Bereichen Ihrer Wohnung anpassen.

Hölzerne Jalousien	*Norden, Osten, Südosten, und Süden.*
Stoffrollos, vertikale Lamellenvorhänge oder Gardinen	*Süden, Nordosten, Südwesten, Westen und Nordwesten.*

Geborgenheit

Da scharfen Kanten oder Vorsprünge eines Gebäudes schnell fließende Chi-Energie auf Ihr Haus richten, könnten sich bei Ihnen Gefühle wie Unruhe, Anspannung und Stress einstellen. Über einen längeren Zeitraum könnte das sogar Ihre Gesundheit beeinträchtigen.

Je näher sich die Ecke eines anderen Gebäudes an Ihrem Haus befindet und je größer sie ist, desto stärker ist ihr Einfluss. Ein Gebäude mit harten, flachen, glänzenden Oberflächen, zum Beispiel Glas, wird die Chi-Energie außerdem beschleunigen und konzentrierter auf Ihr Haus richten, als eines, das aus strukturierteren, weicheren Materialien, wie Holz oder Backsteinen, erbaut ist.

Zur Lösung dieses Problems müssen Sie die sich Ihrem Haus nähernde Chi-Energie bremsen und teilweise ablenken. Chi-Energie kann problemlos durch Pflanzen, wie Hecken, Büsche oder Bäume, gebremst und durch eine reflektierende Oberfläche, beispielsweise einen konvexen Spiegel oder eine Messingtafel, von Ihrem Haus abgelenkt werden. Eine weitere Möglichkeit zur Verringerung schnell fließender Chi-Energie bietet der Gebrauch von Windspielen, da die von ihnen erzeugten Schallwellen die Energie zerstreuen. Die Ideallösung liegt in der Anwendung verschiedener Mittel zur Abhilfe. Ein Baum mildert höher liegende heftige Chi-Energie, ein Busch niedrig liegende und reflektierende Oberflächen beeinflussen die Energie, die durch Ihr Haus fließt.

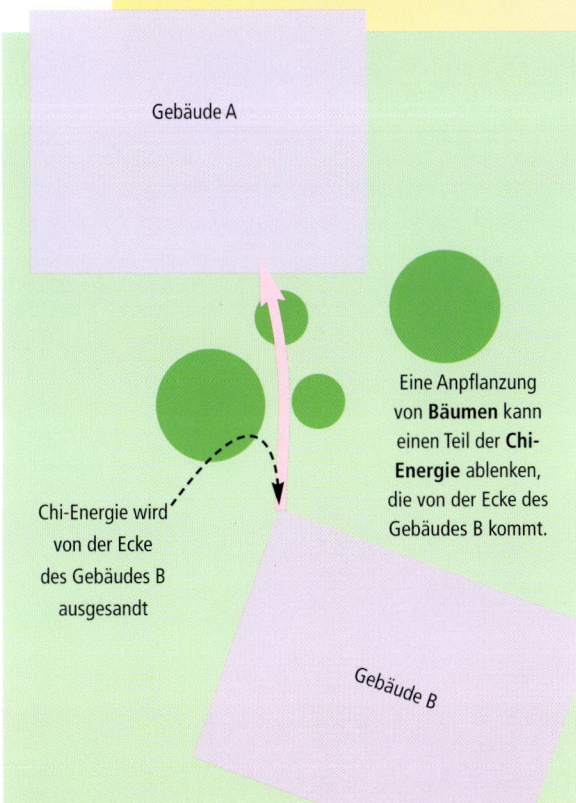

Gebäude A

Eine Anpflanzung von **Bäumen** kann einen Teil der **Chi-Energie** ablenken, die von der Ecke des Gebäudes B kommt.

Chi-Energie wird von der Ecke des Gebäudes B ausgesandt

Gebäude B

Vorhaben für zwei Tage

❶ Heftige Energie

Sehen Sie sich genau die in der Nähe **Ihres Hauses** befindlichen Gebäude an. Laufen Sie durch die **oberste Etage** Ihres Hauses um einen besseren Blick auf die Umgebung zu haben. Wenn die Ecke eines Gebäudes **auf Sie gerichtet ist,** schätzen Sie die potentielle Gefahr ein. Handelt es sich um ein ein- oder zweistöckiges Wohnhaus, das weiter als 100 Meter entfernt ist, besteht keine Gefahr. Ein großes, mit Glasfassaden versehenes Geschäftsgebäude in einer ähnlichen Entfernung könnte jedoch problematisch sein.

Pflanzen Sie eine **Hecke,** einige **Büsche** oder einen **Baum** zwischen der Ecke und Ihrem Haus um deren

Energie zu reduzieren. Nadelgewächse bieten zusätzlichen Schutz im Winter.

Hängen Sie nach Möglichkeit einen konvexen Spiegel oder eine konvexe, glänzende Metalltafel so an die Außenseite Ihres Hauses, dass sich die Ecke **darin spiegelt.** Bringen Sie den Gegenstand an einer Stelle an, an der er **problemlos gereinigt oder poliert** werden kann. Sie können auch einen Ba-Gua-Spiegel (achteckiger Spiegel) auf die Ecke richten.

Hängen Sie mehrere Windspiele zwischen Ihr Haus und die Ecke. Suchen Sie eine Stelle, an der sie den Wind einfangen und regelmäßig klingen.

Die **persönliche** Note im Haus

Möbel können, abhängig von Material, Form und Farbe, die Chi-Energie in Ihrem Haus beeinflussen. Ein Haus, das mit modernen High-tech-Möbeln aus hartem Material wie Metall eingerichtet ist, hat eine andere Atmosphäre als ein Haus, in dem Antiquitäten dominieren, die aus weichem Material, zum Beispiel Holz, hergestellt sind.

Moderne Möbel erzeugen außerdem eine andere Stimmung als alte. Sie tragen Frische und neue Stimmungen herein, während Antiquitäten für eine solidere und gesetztere Atmosphäre sorgen.

Bei der Auswahl der Möbel oder der Einrichtung einer neuen Wohnung sollten Sie sich zunächst vergegenwärtigen, was Sie vom Leben und Ihrer Wohnung erwarten (siehe Seiten 14 – 18), damit jeder Gegenstand dazu beiträgt die Atmosphäre zu erzeugen, in der Sie schließlich Ihre Ziele leichter erreichen können.

Je mehr Möbel Sie besitzen, desto langsamer fließt die Energie im Raum und desto schneller fühlen Sie Ruhe und Geborgenheit. In einem Zimmer mit wenigen Möbeln und großen offenen Flächen bewegt sich die Energie schneller und erzeugt eine dynamische, aktive Atmosphäre.

Bei der Anschaffung von Stühlen, Tischen oder Betten sollten Sie daran denken, wann Sie diese benutzen möchten und was Sie in den Raum, in dem sie gestellt werden sollen, erreichen möchten.

Kissen
Große, weiche Kissen erzeugen eine gemütliche Atmosphäre mit viel Yin und tragen zur Entspannung bei.

Vorhaben für einen Tag

❶ Möbel aufstellen

Stellen Sie eine Liste der Tätigkeiten zusammen, die Sie zu Hause im Sitzen erledigen. Sehen Sie in der Liste im Kasten nach um herauszufinden, **welcher Stuhl** für die jeweilige Aufgabe am besten geeignet ist. Wenn Sie allein arbeiten, ist ein Hocker gut geeignet. Möchten Sie mit einem anderen Menschen romantische Stunden verbringen, sollten Sie ein niedriges Sofa, einen Sitzsack oder ein großes Kissen bevorzugen.

Sehen Sie sich Ihre Sitzgelegenheiten an und überlegen Sie sich, ob ein **anderes Möbelstück** nützlich und wirkungsvoller sein würde.

Denken Sie darüber nach, wie viele Personen am Esszimmertisch Platz haben müssen. Sind es mehr als sechs, sollten Sie sich einen runden oder ovalen Tisch anschaffen, falls Sie noch keinen haben.

Wenn Sie an **Schlafstörungen** leiden, überprüfen Sie den Abstand zwischen Ihrem Bett und der Zimmerdecke. Benutzen Sie ein niedrigeres Bett, wenn Sie eine niedrige oder schräge Decke und ein hohes Bett haben.

Möbel müssen zu den **Proportionen** Ihrer Räume passen. Stellen Sie größere Möbel in hohen Räumen auf und kleinere in niedrigen Räumen.

Der Kauf von Möbeln mit **abgerundeten Kanten** lohn sich. Selbst ein kleiner Radius kann schon einen großen Unterschied bewirken. Je härter das Material ist, desto wichtiger sind abgerundete Kanten.

CHECKLISTE
Ziehen Sie vor dem Kauf neuer Möbel die folgende Liste zu Rate.

MATERIALIEN
Verwenden Sie weiche Materialien, die mehr Yin enthalten, um eine entspannte Atmosphäre zu erzeugen. Drapieren Sie Leinen- oder Baumwolltücher über die Möbel um sie weicher zu machen. Harte Materialien, die mehr Yang enthalten, beschleunigen den Energiefluss und schaffen eine dynamische Atmosphäre.

FARBEN
Kräftige Yang-Farben tragen zu einer anregenden und inspirierenden Stimmung bei, während zarte Yin-Töne für ein entspannenderes und ruhigeres Umfeld sorgen (siehe Seiten 38 – 41).

FORMEN
Hohe, gerade Möbel unterstützen das Aufstreben von Chi-Energie, was eine inspirierende und fantasieanregende Atmosphäre erzeugt. Durch niedrige, breite Möbel wiederum wird die horizontale Bewegung der Chi-Energie begünstigt, die ein geselliges und anheimelndes Klima schafft.

ANORDNUNG
Je höher der Stuhl oder das Bett, desto stärker ist die Yang-Energie und desto aufgeweckter sind Sie. Ein flacher, weicher Stuhl verstärkt die Yin-Energie und sorgt für Entspannung.

ALTER
Überlegen Sie sich, ob ein neues oder ein altes Möbelstück besser in ein bestimmtes Zimmer passt. Verwenden Sie moderne Möbel um neue Projekte zu unterstützen, den alten Trott zu durchbrechen oder wagemutiger zu sein. Antiquitäten sorgen für Sicherheit, Geborgenheit und Gesetztheit.

MATERIALIEN
Yin – weich
Stoff
Weichholz
Hartholz
Stein
Metall
Glas
Yang – hart

FARBEN
Yin – entspannend
Zartes Blau
Zartes Grün
Rosa
Zartes Gelb
Kräftiges Blau
Kräftiges Grün
Kräftiges Gelb
Kräftiges Rot
Yang – anregend

ANORDNUNG
Yin – entspannend
Große, weiche Kissen
Sitzsack
Sofa
Flacher Polsterstuhl
Bürostuhl
Standardstuhl
Hoher, gerader Stuhl
Yang – belebend

Ein Stuhl kann zur Entspannung, zum Arbeiten oder beim Essen benutzt werden. Jeder Stuhl muss dem Zweck entsprechend geformt sein.

Ein hoch über dem Boden befindliches Bett sorgt für eine anregendere Yang-Atmosphäre, während ein Futon auf dem Boden mehr Geborgenheit und Yin erzeugt. Bei der Anschaffung des Bettes kommt es jedoch auf den Abstand zwischen Bett und Zimmerdecke an. Ein hohes Bett in einem Zimmer mit niedriger Decke ist ungünstig, da es Ihr Chi-Energiefeld zusammendrückt und somit der Schlaf gestört wird. Ein größerer Abstand zwischen Ihnen und der Decke ist empfehlenswert.

Bei der Auswahl des Esstisches sollte darüber nachgedacht werden, wie viele Personen hier sitzen werden, da dies die Wahl der Form beeinflusst. Wenn mehr als zwei Personen an jeder Seite Platz nehmen oder mehr als sechs Personen um den Tisch sitzen sollen, schaffen Sie sich einen runden oder ovalen Tisch an, so dass sich alle sehen und miteinander kommunizieren können.

Worauf Sie sitzen
Das Möbelstück, auf dem Sie sitzen, beeinflusst direkt Ihre persönliche Chi-Energie, da es Ihre Haltung und Position im Zimmer bestimmt. Ein hoher Stuhl erzeugt andere Emotionen als ein Kissen auf dem Fußboden.

Vitalität

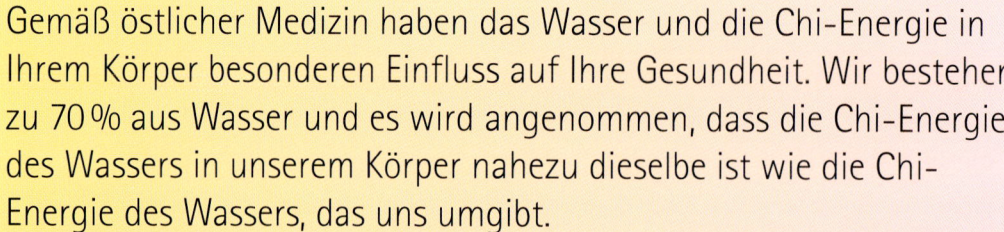

Gemäß östlicher Medizin haben das Wasser und die Chi-Energie in Ihrem Körper besonderen Einfluss auf Ihre Gesundheit. Wir bestehen zu 70 % aus Wasser und es wird angenommen, dass die Chi-Energie des Wassers in unserem Körper nahezu dieselbe ist wie die Chi-Energie des Wassers, das uns umgibt.

Stilles Wasser
Stilles Wasser besitzt mehr Yin und strahlt Gelassenheit aus. Es trägt zu einer ruhigen Atmosphäre bei.

Demzufolge hat Wasser in unserer Nähe die Fähigkeit die Chi-Energie unseres körpereigenen Wassers zu beeinflussen. Es ist wahrscheinlich kein Zufall, dass die Menschen im Verlauf der Geschichte Wasser ausfindig gemacht haben, das Heilungsprozesse, Genesung und Erholung unterstützt. Kurorte mit natürlichen Quellen und Seebäder sind schon seit langem beliebt.

Wenn Wasser also einen solchen Einfluss auf die Menschen besitzt, folgt daraus, dass Wasser in Ihrem Haus oder Garten einen ähnlich nützlichen Effekt hat. Es ist jedoch äußerst wichtig, dass die Chi-Energie des Wassers in unserer Nähe gesund, frisch, sauber und rein ist.

Wenn Sie Wasser in die Gestaltung Ihres Hauses einbeziehen, sollten Sie zuerst überlegen, was Sie sich davon versprechen. Wenn Sie aktiver werden möchten, sollten Sie Wasser mit viel Yang-Energie wählen: einen Springbrunnen, einen Wasserfall oder ein Aquarium mit einem schnellen, lebendigen Fisch. Zur Beruhigung empfiehlt sich stilleres Wasser, zum Beispiel Wasser, das über einen Stein fließt, oder ein langsam schwimmender Fisch in einem Aquarium. Sie können auch eine Schüssel mit frischem Wasser aufstellen, sollten dabei aber daran denken das Wasser jeden Morgen zu wechseln.

Vorhaben für einen Tag

❶ Wasser zu Hause

Ermitteln Sie mit Hilfe des **Kompasses** oder der **Sonne** (siehe Seite 9 und 145) den östlichen oder südöstlichen Teil Ihres Hauses. Suchen Sie nach Möglichkeit einen Platz aus, an dem die Morgensonne ins Zimmer scheint. Sie müssen bei **Sonnenaufgang** aufstehen um die beste Stelle zu finden. Denken Sie daran, dass sich die Position der Sonne abhängig von der Jahreszeit verändert. Räumen Sie den Bereich frei. Stellen Sie eine **durchsichtige**, mit Wasser gefüllte **Glasschüssel** an diese Stelle und frische Blumen daneben. Wechseln Sie das Wasser jeden Morgen, **am besten vor Sonnenaufgang.**

Denken Sie darüber nach, ob Sie eine aktive oder ruhige Atmosphäre schaffen möchten, und kaufen Sie dementsprechend einen Zimmerwasserfall, einen Springbrunnen oder ein Aquarium. Bestimmen Sie den östlichen oder südöstlichen Teil Ihres Hauses oder Zimmers (siehe Seite 9 und 145) und **stellen** Sie den betreffenden Gegenstand hier auf. Entfernen Sie das alte Wasser regelmäßig und gießen Sie frisches nach.

Wenn Sie **experimentierfreudig** sind, können Sie einen eigenen Zimmerwasserfall gestalten. Kaufen Sie einen großen Glas-, Metall- oder Keramikbehälter, eine Wasserpumpe und schmückende Gegenstände, zum Beispiel große Steine. Da die Pumpe einen Elektroanschluss benötigt, sollte sich eine **Steckdose** in nächster

Für welche Form des Wassers Sie sich auch entscheiden, Sie sollten die Möglichkeit haben das Wasser regelmäßig zu wechseln. Frischen Sie das Wasser wenigstens einmal pro Woche auf, indem Sie einfach ein paar Tassen abschöpfen und neues Wasser nachfüllen.

Fließendes Wasser hat zwei praktische Vorteile: Wenn es fällt, nimmt es Staub und andere Giftstoffe aus der Luft auf; zweitens erzeugt es einen Klang, der als weißer Lärm bekannt ist und andere Geräusche überdeckt (siehe Seiten 48 – 49).

Es ist wichtig, Wasser in den östlichen oder südöstlichen Teil Ihres Hauses oder Zimmers einzubeziehen, weil es die Baum-Chi-Energie dieser Himmelsrichtungen nährt (siehe Seite 138). Da die östliche Chi-Energie mit Ehrgeiz, Selbstvertrauen und Handlungsbereitschaft verbunden wird, wirkt sich Wasser in diesem Bereich auf solche Eigenschaften förderlich aus. Integrieren Sie Wasser in den südöstlichen Teil Ihres Hauses, nähren Sie wiederum die mit Kommunikation, Kreativität und Ideenreichtum assoziierte Chi-Energie.

Der Yang-Aspekt des Wassers wird stärker, wenn es dem Sonnenlicht ausgesetzt ist. Wenn sein Standort so gewählt ist, dass es die im Osten aufgehende Sonne einfangen kann, erhöht sich die Energie des Wassers.

Die Sonne setzt ihren Aufstieg in südöstliche Richtung fort, wodurch das Wasser, wenn auch schwächer, zusätzlich aufgeladen wird. Beide Richtungen verstärken die Vitalität verkörpernde Chi-Energie.

Schnell fließendes Wasser
Ein Wasserfall erzeugt nicht nur ein entspannendes Geräusch, sondern regt auch die Energie rundherum an.

Nähe befinden. Sie sorgt für die Zirkulation des Wassers im Behälter, sodass das Wasser nicht ausgewechselt werden muss. Bringen Sie die Pumpe so im Behälter an, dass das Ablaufrohr über dem geplanten Wasserspiegel liegt. Legen Sie Steine hinein um die Pumpe zu verdecken und eine **attraktive Landschaft** für das Wasser zu schaffen. Füllen Sie den Behälter mit Wasser. Nun können Sie die geeigneten Wasserpflanzen einsetzen.

Ein Aquarium ist eine weitere Möglichkeit. Sie benötigen den Rat von Fachleuten um es so einzurichten, dass die Fische gesund bleiben. Ein Aquarium mit kranken Fischen kann der Energie Ihres Hauses schaden. **Schnelle** Fische sorgen für eine dynamische Atmosphäre mit viel Yang, während ein Aquarium mit **langsam schwimmenden** Fischen eine entspannende Atmosphäre mit Yin schafft.

Für Wasser im Garten gilt dasselbe wie für Wasser im Haus. Zunächst müssen Sie eine geeignete Stelle im Osten oder Südosten Ihres **Gartens oder Territoriums** finden. Entscheiden Sie anschließend, welche Form von Wasser Sie bevorzugen. Sie können zwischen Springbrunnen, Wasserfall und Teich wählen. Je schneller das Wasser fließt, desto stärker ist die Yang-Energie. Das Wasser darf nicht stagnieren. Wenn es kaum Bewegung gibt, wie in einem Teich, sollten Sie **Lebewesen** hineinsetzen, die das Wasser frisch halten.

Feng Shui im ganzen Haus

Das Äußere

Die Zufriedenheit mit dem eigenen Haus, der Stolz auf seinen Anblick und die Freude beim Heimkehren ist ein wichtiger Aspekt in Feng Shui. Ihr Haus ist ein Spiegel Ihrer Person. Sorgen Sie deshalb für eine gepflegte äußere Erscheinung.

Nachdem Sie über einen bestimmten Zeitraum in einem Haus gelebt haben, gewöhnen Sie sich an seine Erscheinung, auch wenn es Dinge gibt, die inzwischen verfallen sind oder die Sie ursprünglich verändern wollten, was Sie dann aber versäumt haben.

Versuchen Sie die äußere Erscheinung Ihres Hauses so zu erhalten, dass es einen guten Eindruck macht, wenn Sie nach Hause kommen oder ein anderer es betritt.

Feuchtigkeit, die auf kaputte Regenrinnen, abfallenden Putz oder verstopfte Kanalisation zurückzuführen ist, sollte verhindert werden, da Feuchtigkeit und dadurch entstehende Fäulnis der Atmosphäre Ihrer Wohnung schaden.

Der Weg zur Haustür

Ein breiter, heller Weg bringt mehr Chi-Energie in Ihr Haus. Somit entsteht eine anregende Atmosphäre, die allerdings bei der Entspannung hinderlich ist.

Vorhaben für einen Tag

❶ Verbesserungen an der äußeren Erscheinung

Verlassen Sie Ihr Haus für einen Moment und versuchen Sie abzuschalten, damit Sie es beim Zurückkehren so betrachten können, als **sähen Sie es das erste Mal.** Nehmen Sie Ihr Haus kritisch in Augenschein und machen Sie sich Notizen über mögliche Verbesserungen. Schauen Sie sich Ihr Haus zunächst aus der Ferne an und achten Sie auf den Anstrich. Betrachten Sie anschließend die Gartentür und machen Sie sich deren Material, Zustand und Farbe bewusst. Laufen Sie durch das Tor und achten Sie auf den Weg zur Haustür. Überprüfen Sie Material und **Verlauf des Weges.** Wenn Sie Pflanzen haben, schauen Sie sich deren Zustand an und überlegen Sie, ob Sie die äußere Erscheinung Ihres Hauses verbes-

sern wollen. Begutachten Sie Ihre Haustür und überprüfen Sie Farbe, Beschläge und allgemeine Beschaffenheit.

Nachdem Sie den ersten Rundgang abgeschlossen haben, erstellen Sie eine Liste von den Dingen, die Sie verbessern möchten. Sie sollte auch Projekte enthalten, die sich nicht sofort verwirklichen lassen. Bewahren Sie die Liste auf, damit Sie die Punkte abarbeiten können, sobald Sie Zeit und **finanzielle Mittel** dazu haben.

Dieses erste Projekt dient der Auffrischung der äußeren Gestalt Ihres Hauses. Achten Sie darauf, dass der Garten gepflegt erscheint. Beschneiden Sie die Pflanzen, die zu wild wuchern. Erneuern Sie abblätternde oder beschädigten Anstrich und waschen Sie nach Möglichkeit die Wände ab.

Wasser

Eine Brücke, die zu Ihrem Haus führt, trennt Sie von der Energie der Umgebung, sodass Sie ein unabhängiges Leben führen können.

Farbige Eingangstüren

Da eine rote Haustür die Yang-Energie verstärkt, wird das Haus im Eingangsbereich belebt. Rosafarbene Blumen in der Nähe der Haustür intensivieren die mit Romantik verbundene Energie.

Ihre Haustür

Eine große Haustür ermöglicht den freien Energiefluss in Ihre Wohnung. Das wirkt sich nur dann günstig aus, wenn der Eingangsbereich weitläufig ist und die schnell fließende Energie aufnehmen kann. Bögen unterstützen das Einströmen von mit Spiritualität verbundener Energie in Ihr Haus.

Einen Eingangsbereich schaffen

Das Tor zu Ihrem Haus markiert den Beginn Ihres Eigentums. Hier treten die Menschen ein. Hier gewinnen sie einen wichtigen Teil des ersten Eindrucks von dem Ort, an dem Sie leben.

Gartentore

Ein Holztor ist weich, besitzt mehr Yin und vermittelt einen freundlichen Eindruck, während ein Metalltor strenger wirkt.

Tore variieren von repräsentativ zu einfach und freundlich. Sie sollten sich vergegenwärtigen, wie der erste Eindruck sein soll, bevor Sie Ihr Tor erneuern. Das Tor sollte dem Stil Ihres Hauses entsprechen. Ein großes verziertes Metalltor schmückt ein Herrenhaus, ein kleines Holztor dagegen ein Landhaus.

Je größer das Tor, desto schneller gelangt Energie in Ihr Haus und zu Ihnen. Das ist günstig, wenn Sie im Haus eine lebhafte Atmosphäre wünschen, die für ein Haus mit großen, leeren Räumen, wo sie problemlos fließen kann, geeignet ist. Schnell fließende Chi-Energie kann in einem kleinen Haus hektische Stimmung erzeugen, sodass sich kaum Ruhe und Entspannung einstellen.

Mit einem kleinen, von Pflanzen umgebenen Tor entsteht ein verschlossen und zurückgezogen wirkender Eingangsbereich. Die Chi-Energie bewegt sich langsam in Ihr Haus, das den idealen Platz für einen Zufluchtsort, Alterssitz und ein Urlaubsparadies darstellt. Sollten Sie jedoch zu Hause arbeiten, besteht die Gefahr, dass Sie sich isoliert fühlen und der Bezug zur Außenwelt fehlt. Die meisten Menschen entscheiden sich für den Mittelweg. Sie können, abhängig vom Lebensstil, kleine Veränderungen an Ihrem Tor vornehmen. Ein Eingang ohne Tor erlaubt den freien Energiefluss und erzeugt eine offene Stimmung in Ihrem Haus.

Vorhaben für einen Tag

❶ Das richtige Tor

Überlegen Sie sich, ob Sie Ihr Leben verbessern können, wenn mehr Energie durch ein großes Tor in Ihr Haus fließt oder weniger Energie durch ein kleineres Tor hineingelangt.

Vergegenwärtigen Sie sich, welcher Stil Ihrer Persönlichkeit und Ihrem Haus entspricht. Lassen Sie sich durch **verschiedene Gartentore** inspirieren. Erwerben Sie das **geeignete Tor** und lassen Sie es anbringen oder lassen Sie es anfertigen und reden Sie bei der Gestaltung ein Wort mit.

TORE

KLEINES TOR: abgeschieden, privat, entspannend, ruhig, abgelegen, isoliert und Yin.

GROSSES TOR: aktiv, dynamisch, offen, sozial, kontaktfreudig und Yang.

GESTALTETES TOR: Ein hohes Tor mit Spitzen kann einschüchternd wirken. Einbrecher könnten somit zwar abgeschreckt werden, doch die Atmosphäre würde wenig gesellig und einladend sein.

# Nach Hause kommen

Der Weg zu Ihrer Haustür beeinflusst die Bewegung der Chi-Energie vom Gartentor zur Haustür.

Wege
Ein gerader Steinweg beschleunigt den Energiefluss und unterstützt eine aktivierende Atmosphäre in Ihrem Haus.

Die Form des Weges, das Material und die Einfassung
wirken sich nicht nur auf den Energie-Fluss aus, sondern auch unmerklich auf die Atmosphäre innerhalb Ihres Hauses. Sie nehmen etwas von dieser Chi-Energie auf, wenn Sie diesen Weg entlanglaufen. Das beeinflusst Ihre Gefühle beim Verlassen und Betreten Ihres Hauses.

Ein breiter, gerader Weg aus harten, flachen Steinen erlaubt den schnellen Energiefluss und unterstützt eine dynamische Atmosphäre. Das ist günstig, wenn Sie ein großes Haus und einen langen Weg oder eine Auffahrt besitzen. Ein offener Weg, zu dessen Seiten Gras wächst, ermöglicht den freien Energiefluss und ein mit Büschen und Bäumen gesäumter Weg leitet die Chi-Energie und dämmt sie ein.

Der eine Weg schafft eine aktivierende Atmosphäre, der andere eine faszinierendere und geistig anregende Stimmung.

In den meisten Fällen empfiehlt sich der Mittelweg. Wenn Sie Ihr Leben als hektisch und stressig empfinden, ist es sinnvoll, die Energie entlang des Weges abzubremsen, indem Sie ihn kurvenreicher anlegen, an den Seiten Büsche pflanzen und die Oberfläche rauer gestalten. Möchten Sie Ihrem Leben jedoch mehr Würze und Dynamik verleihen, sollten Sie den Weg öffnen und mit flachen Steinen pflastern. Lampen entlang des Weges ziehen mehr Aufmerksamkeit auf Ihre Person und Ihr Haus.

Vorhaben für zwei Tage

❶ Verlauf
Denken Sie darüber nach, wie Sie Ihr Leben verbessern wollen (siehe Seite 14). Dabei können Sie sich auf die Prinzipien von **Yin und Yang** stützen (siehe Seiten 132–133). Versuchen Sie herauszufinden, ob mehr Yang – Aktivität, Dynamik und Wachsamkeit – oder mehr Yin – Ruhe, Entspannung und Kreativität – angebracht ist.

Schauen Sie sich den Weg an, laufen Sie ihn entlang und konzentrieren Sie sich dabei auf Ihr Gefühl. Möchten Sie das Yang intensivieren, überlegen Sie sich entsprechende Maßnahmen, zum Beispiel das Beschneiden oder sogar **Entfernen bestimmter Pflanzen.** Sie könnten auch das Anlegen eines steinernen Weges in Betracht ziehen.

Wenn Sie das Yin verstärken möchten, könnten Sie einen gewundenen Weg anlegen. Pflanzen Sie Büsche und Sträucher mit **runden und weichen Blättern** nahe am Weg oder gestalten Sie eine **raue Oberfläche,** zum Beispiel mit Kies.

Pflanzen

Die Pflanzen in Ihrem Vorgarten tragen zum Entstehen einer bestimmten Atmosphäre bei. Ein Vorgarten mit vielen verschiedenen Pflanzen ermöglicht einen gesunden Ausgleich der Chi-Energie. Gestalten Sie Ihren Vorgarten entsprechend Ihren Bedürfnissen.

Farbe in Ihrem Garten
Zarte Rosa- und Blautöne verleihen Ihrem Garten Ruhe und Stille. Verwenden Sie Einfassungen und Beete um die richtige Atmosphäre für Kreativität und Fantasie zu erzeugen.

Entscheidend ist, ob Sie einen offen angelegten Garten möchten, in dem sich die Chi-Energie frei bewegen kann, damit Sie dynamischer und aktiver werden, oder ob Sie eine fantasievollere Gestaltung bevorzugen, bei der ein Labyrinth verschiedener Pflanzen die Chi-Energie zwingt sich langsamer zu bewegen.

Ein offen angelegter Garten mit wenigen, sorgfältig ausgewählten Pflanzen und einer großen Rasenfläche ermöglicht der Chi-Energie ungehindert durch Ihren Garten und in Ihr Haus zu fließen. Diese Variante empfiehlt sich, wenn Sie kontaktfreudiger, geselliger und aktiver werden möchten. Sie könnte auch Ihren Wunsch unterstützen sich zu öffnen und Ihren Horizont zu erweitern.

Ein Garten mit vielen Pflanzen, Blumenbeeten, Büschen, Bäumen und gewundenen Wegen erzeugt eine Atmosphäre, die Ihre Kreativität sowie Ihren Kunstsinn und Gedankenreichtum fördert. Er ist der ideale Platz um originelle Ideen zu entwickeln, die Gedanken schweifen lassen und sich in die eigene Welt zurückzuziehen.

Die von Ihnen ausgewählten Pflanzen beeinflussen Ihre Stimmung im Garten. Pflanzen mit stachligen, spitzen Blättern, wie Yuccas und Palmen, erzeugen eine aufregende Atmosphäre, während Pflanzen mit großen, schlaffen Blättern, wie Funkien und Farne, für ein ruhigeres Ambiente sorgen. Wenn Sie sich Abgeschiedenheit wünschen beziehungsweise in der Nähe einer stark befahrenen Straße leben, sollten Sie eine Hecke vor Ihrem Garten pflanzen.

Vorhaben für einen halben Tag

❶ Pflanzen im Garten ziehen

Denken Sie über die gewünschten Veränderungen in Ihrem Leben nach und stützen Sie sich bei deren Verwirklichung auf die Informationen in diesem Buch. Achten Sie auf das bereits bestehende Gleichgewicht zwischen Pflanzen und freien Flächen sowie zwischen den verschiedenen Pflanzen.

Wenn Sie einen **offen angelegten Garten** bevorzugen, sollten Sie einige der Pflanzen eventuell entfernen und die **Rasenfläche vergrößern.** Durchdenken Sie die Möglichkeit mehr Pflanzen mit **spitzen Blättern** zu beherbergen. Wenn Sie eine Hecke haben, sollten Sie diese vielleicht niedrig halten. **Größere Büsche** oder Bäume sollten eventuell **beschnitten werden,** damit die Energie freier fließen kann.

Haben Sie die Absicht einen abgeschlossenen und inspirierenden Raum zu schaffen, sollten Sie die Pflanzung einer höheren Hecke und die Anschaffung einer größeren Auswahl Pflanzen ins Auge fassen. Setzen Sie Pflanzen, Sträucher oder Büsche an Stellen, wo sie gerade Linien durchbrechen und offene Räume einschließen.

 # Anstrich

 Einige Außenflächen Ihres Hauses, zum Beispiel verputzte Wände, können angestrichen werden. Das ist eine Möglichkeit für Sie sich selbst auszudrücken und die Chi-Energie um Ihr Haus zu beeinflussen.

Die meiste Chi-Energie strömt durch Türen und Fenster in Ihr Haus hinein und wieder heraus. Ein kleiner Teil dieser Energie kann jedoch durch die Wände dringen.

Die Farbe der Hausfassade beeinflusst nicht nur die Wahrnehmung Ihrer Person durch andere, sondern auch Ihre eigenen Gefühle, jedes Mal, wenn Sie Ihr Haus sehen. Ein Ort oder eine Stadt mit Häusern, die in kräftigen Farben gestrichen sind, haben eine belebende Wirkung und ziehen in der Regel Aufmerksamkeit und Besucher an.

Sie sollten eine Farbe auswählen, die mit der Richtung Ihres Haus harmoniert (siehe Seite 38 – 41), die Ihre Gefühlslage verbessert oder die den Prinzipien der Neun-Ki-Astrolgie (siehe Seiten 148 – 149) entspricht. Es könnte sein, dass eine bestimmte Farbe in den unten beschriebenen Vorhaben immer wieder auftaucht. In diesem Fall sollten Sie diese Farbe zuerst auszuprobieren. Wenn verschiedene Farben auftauchen, können Sie einen kleinen Klecks jeder Farbe an die Wand Ihres Hauses streichen und entscheiden, welche Ihnen am besten gefällt.

Denken Sie daran: Je kräftiger der Ton, desto höher ist der Yang-Anteil und desto dynamischer ist die Atmosphäre rundherum, und je zarter die Farbe, desto größer ist Ihr innerer Frieden.

Die Wände streichen

Eine in lebendigem Kornblumenblau gestrichene Wand vermittelt Besuchern den Eindruck eines heiteren und frischen Hauses voller Kreativität und Fantasie.

 Vorhaben für einen halben Tag

❶ Der erste Eindruck ist der entscheidende

Stellen Sie sich mit dem Rücken zur Vorderfront Ihres Hauses und bestimmen Sie mit dem **Kompass** die Richtung, in der sie liegt (siehe Seite 143). Gehen Sie anderenfalls nach der auf Seite 9 beschriebenen Methode vor. Schlagen Sie die Seiten 38 – 41 auf um die Farben zu ermitteln, die mit der Ausrichtung Ihres Hauses **harmonieren.**

Sehen Sie in der Tabelle auf Seite 148 nach, welche Farbe mit der Chi-Energie korrespondiert, die zum Zeitpunkt Ihrer Geburt die vorherrschende war. Schreiben Sie es auf. Erkennen Sie Ihre Ziele. Ziehen Sie dazu den auf Seite 15 abgebildeten **Fragebogen** heran. Denken Sie darüber nach, was Sie an sich selbst verändern können um diese Ziele zu erreichen. Gehen Sie zu den Tabellen auf den Seiten 38 – 41 und überprüfen Sie, ob einige der mit den verschiedenen Farben assoziierten Eigenschaften Ihren Zielen dienen. Wenn Ihnen bestimmte Eigenschaften nützlich erscheinen, notieren Sie die entsprechende ergänzende Farbe.

Gehen Sie durch das Ihr Haus umgebende Viertel und halten Sie die Farben anderer Häuser und die allgemein **vorherrschenden** Farben fest. Sehen Sie sich Ihr Haus aus der Ferne an und denken Sie über die verschiedenen, Sie ansprechenden Farben nach.

Blumenkästen

Blumenkästen voller Grünpflanzen oder Blumen sind eine hervorragende Möglichkeit der Fassade Farbe und lebendige Energie zu verleihen. Außerdem verbessern Sie die Chi-Energie, die durch die Fenster in Ihr Haus gelangt.

Wählen Sie die Farbe der Blumen gemäß der Art von Chi-Energie, die Sie verstärken möchten, und der Richtung, der die Vorderfront Ihres Hauses zugewandt ist. Konsultieren Sie die Seiten 9 und 145 zur Bestimmung der Richtungen und die Seiten 38–41 zur Ermittlung der Farben.

Setzen Sie nach Möglichkeit verschiedene Pflanzen ein, damit das ganze Jahr über etwas blüht. Auch sollten Sie erwägen in Ihren Blumenkästen Kräuter zu ziehen, da Kräuter nicht nur gut duften, sondern auch für die gesunde Ernährung verwendet werden können.

Blumenkästen
Blumenkästen bringen Ihrem Haus natürliche, lebendige Chi-Energie sehr nahe und schaffen größere Harmonie.

Das Material Ihrer Blumenkästen kann die Chi-Energie um Ihr Haus herum verbessern. Vermeiden Sie Plastikbehälter, da Sie den Energie-Fluss unterbrechen können.

Blumenkasten aus Metall	*Südwesten, Nordosten, Westen, Nordwesten oder Norden*
Blumenkasten aus Holz	*Südwesten, Westen, Nordwesten, Nordosten, Norden*
Blumenkasten aus Ton	*Norden, Osten, Südosten, Süden*

Vorhaben für zwei Tage

❶ Material für Blumenkästen

Stellen Sie sich mit dem Rücken zur Vorderfront Ihres Hauses und bestimmen Sie mit dem **Kompass**, in welcher Richtung sie liegt (siehe Seite 145). Gehen Sie anderenfalls nach der auf Seite 9 beschriebenen Methode vor.

Ziehen Sie die Information und den oben abgebildeten Kasten zur Entscheidung über das Material für Ihren **Blumenkasten** heran. Sollte Ihr Haus nach Norden ausgerichtet sein, empfiehlt sich besonders ein **hölzerner** oder **irdener** Blumenkasten. Verwenden Sie zur Auswahl von **Farben** und Blumen ebenfalls die Hinweise auf den Seiten 38–41.

Befestigen Sie die Blumenkästen gemäß den Vorschriften und erfüllen Sie die nötigen **Sicherheitsbestimmungen**. Füllen Sie die Kästen mit der geeigneten Erde und pflanzen Sie die Blumen in der entsprechenden Jahreszeit ein. Achten Sie darauf die Blumenkästen in gutem Zustand zu halten um den größten Nutzen daraus zu ziehen.

Haustüren

Haus- und Wohnungstüren sind Eingänge für Chi-Energie. Wenn jemand Ihr Haus betritt, wird ein Strom von Chi-Energie erzeugt. Im Haus verdrängt dieses Chi einen Teil der bereits existierenden Chi-Energie.

Türen spielen im Feng Shui eine sehr wichtige Rolle, da sie die Chi-Energie beeinflussen, wenn jemand ein Gebäude betritt oder verlässt. Die Richtung, der die Tür zugekehrt ist, bestimmt die Art der Chi-Energie, die in Ihr Haus dringt. Durch eine Tür, die im Westen liegt, strömt mehr westliche Chi-Energie, die der Vervollkommnung von Projekten, der Romantik und Verspieltheit dient.

Wenn Ihre Haus- oder Wohnungstür in einer für Sie günstigen Richtung liegt, empfiehlt sich eine große Tür, die den Zustrom dieser einflussreichen Chi-Energie in Ihr Haus unterstützt. Eine kleinere Tür ist empfehlenswert, wenn Sie einer Richtung zugekehrt ist, aus der hinderliche Chi-Energie kommt.

SÜDEN

Nach Süden zu herrscht eine aktivierende Atmosphäre. Hier wird man schnell wahrgenommen. Es kann aber auch zu Überempfindlichkeiten und Stress kommen. Eine Tür in den Farben Lila, Grün und Blau mit hölzernen Beschlägen oder eine aus unbehandeltem Holz wirkt harmonisch. Schwarz oder Gelb würden dazu beitragen Ihre Gefühle zu beruhigen. Ein flacher, mit Zeichenkohle gefüllter Tontopf würde die südliche Chi-Energie zusätzlich dämpfen.

SÜDWESTEN

Nach Südwesten ist Ihr Haus der Chi-Energie ausgesetzt, die Beständigkeit erwirkt und daher günstig für langfristige Beziehungen ist und Ihrem Leben eine höhere Qualität verleiht. Die idealen Farben für die Tür sind Schwarz, Gelb, Beige, Rostrot oder Grau in Verbindung mit glänzenden Metallbeschlägen. Eine kleine Schüssel Meersalz trägt zur Stabilisierung der Bewegung von Chi-Energie bei.

WESTEN

Aus dem Westen wird mit Vergnügen, Romantik und finanziellen Einkünften verbundene Chi-Energie hereingetragen. Sie ist vorteilhaft für die Vervollkommnung von Projekten. Harmonische Farben für die Tür sind Rot, Schwarz, Gelb und Grau mit glänzenden Metallbeschlägen.

NORDWESTEN

Aus dem Nordwesten kommt die Chi-Energie, die günstig für Führungsaufgaben, Organisation und Selbstbeherrschung ist und hilfreich beim Vorausplanen und überlegten Handeln. Die Tür sollte Grau, Schwarz, Gelb oder Rot gestrichen und mit glänzenden Metallbeschlägen bestückt sein.

NORDEN

Der nach Norden gelegene Bereich ist ruhig und gut als Ort geeignet, an den Sie sich zurückziehen können und der über ein isolierendes Potential verfügt. Ein rote, mit Metallbeschlägen versehene Tür regt den Fluss der Chi-Energie an.

NORDOSTEN

Hier ist das Haus scharfer, schneller und durchdringender Chi-Energie ausgesetzt, die sich günstig auf Motivation und klares Denken auswirkt. Eine glänzend weiße Tür mit ebenfalls glänzenden Metallbeschlägen reflektiert Chi-Energie. Ziehen Sie auch Gelb, Schwarz oder Lila in Betracht. Eine kleine Schüssel mit Meersalz hinter der Tür dämpft die Bewegung der Chi-Energie.

OSTEN

Energie aus dem Osten ist vorteilhaft für junge Leute, die an Ihrer Karriere arbeiten. Sie stärkt Selbstvertrauen und Selbstachtung. Eine kräftig grünfarbene, aus nacktem Holz bestehende oder cremefarbene Tür mit Holzbeschlägen wäre hier geeignet.

SÜDOSTEN

Energie aus dem Südosten unterstützt Kommunikation und harmonischen Fortschritt und ist günstig für kreative Tätigkeiten. Eine dunkelgrüne, aus nacktem Holz bestehende, blaue oder cremefarbene Tür mit Holzbeschlägen wirkt hier harmonisch.

 Korridor und Treppen

Die Chi-Energie gelangt von der Haustür zunächst in den Korridor. Er führt zu den anderen Zimmern. Seine Funktion im Feng Shui ist die Aufnahme und Verteilung von Chi-Energie in Ihrem Haus.

VORHER

Zwei fast auf **gleicher Linie liegende** Türen unterstützen das schnelle **Herein- und Hinausfließen** der Energie aus Korridor und Haus und nicht die **Zirkulation**.

Nutzlose Gegenstände nahe der Eingangstür können **Stillstand** und **Stau** verursachen.

Nach unten auf die Haustür zulaufende **Treppen** erhöhen das Risiko, dass die Energie zwischen den Etagen zirkuliert und **geradewegs aus** Ihrem Haus **hinausfließt**.

Unpassende Gegenstände im Flur können den **Energiefluss** vom Korridor in Ihr Haus **einschränken**.

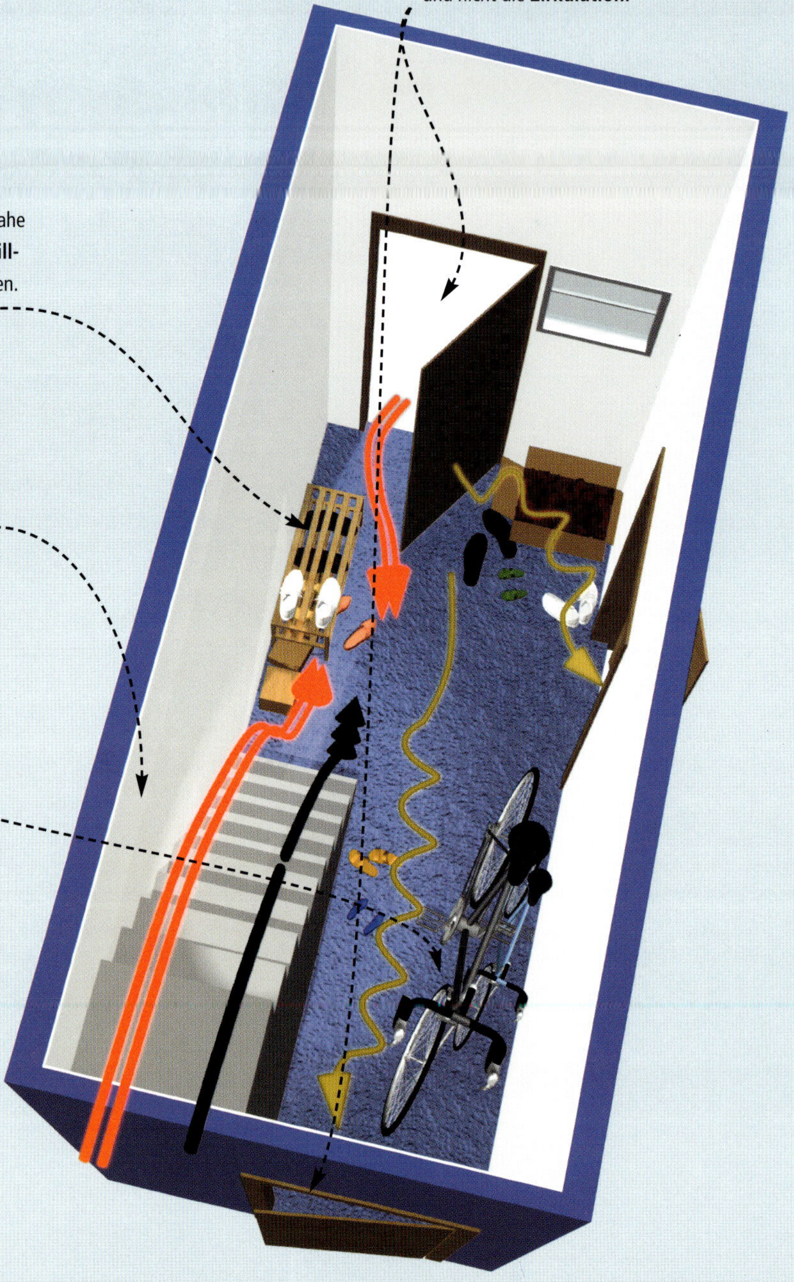

GEEIGNETE BÖDEN UND BELÄGE
Stein und bearbeitetes Hartholz unterstützen den schnellen Energiefluss über die Treppen; unbehandelte Holztreppen sind neutraler; Teppiche, Seegras- und Schilfmatten bremsen den Energiefluss.

DANACH

Hängen Sie ein Windspiel an die Innenseite Ihrer Haustür, damit es beim Öffnen der Tür bewegt wird. Die durch die Tür fließende **Energie** wird somit **zerstreut** und im Rest des Hauses verteilt.

Eine Pflanze zwischen Treppe und Tür **bremst** den **Fluss** der Energie zwischen den beiden **ab.**

Ein Spiegel, der so aufgehängt ist, dass Sie **die ganze Tür im Blick** haben, bewirkt, dass Sie sich beim Betreten und Verlassen des Hauses **sicherer** fühlen.

Durch einen großen Spiegel erscheint der Korridor **breiter.** Der Spiegel reflektiert das **gesamte Licht** und gleicht dunkle Bereiche aus.

Ein Windspiel zerstreut die fließende Energie zwischen den Türen und hilft, dass sich die Energie im Haus verteilt.

Eine Pflanze nahe der Hintertür des Korridors **mindert** das Risiko, dass die Energie aus der Tür hinausfließt.

Spiegel, Pflanzen und Windspiele

Wenn Ihr Eingangsbereich dunkel ist, die darin befindliche Energie stagniert und abgestanden wirkt, können Sie den Energiefluss durch Spiegel anregen. Große Spiegel sind auch in kleinen oder engen Korridoren sehr hilfreich, da Sie den Raum scheinbar vergrößern.

Der ideale Platz für Spiegel befindet sich rechts oder links neben der Eingangstür. Sie sollten einen Spiegel nicht direkt gegenüber der Eingangstür aufhängen, da er die einströmende Energie nach außen reflektiert.

Es empfiehlt sich einen Spiegel an diejenige Wand zu hängen, auf die Ihr Blick zuerst fällt, wenn Sie die Haustür öffnen. So können Sie sofort den ganzen Korridor überblicken und ruhig ins Haus treten. Wenn Sie die Tür einem Besucher öffnen, werden Sie ihn sehen, noch bevor Sie die Tür vollständig geöffnet haben. So können Sie schneller auf ungebetenen Besuch reagieren.

Führen Ihre Treppen geradewegs zur Eingangstür, können Sie einen konvexen Spiegel anbringen, der die Energie in Ihrem Haus verteilt und das Risiko reduziert, dass Energie aus Ihrem Haus entweicht.

Pflanzen

Sollte sich die Energie im Eingangsbereich Ihres Hauses zu schnell bewegen, müssen Sie Wege finden deren Geschwindigkeit zu verringern. Das ist meistens dann nötig, wenn der Eingangsbereich in einen Korridor führt, einen Steinfußboden besitzt oder die Treppen geradewegs auf die Haustür zulaufen.

Der Energiefluss kann hervorragend mit buschigen Pflanzen abgebremst werden, da sie ein eigenes Chi-Energiefeld erzeugen, durch das die andere Chi-Energie hindurchfließen muss. Durch einen Schwamm fließendes Wasser bietet sich hier als Vergleich an.

Spiegel

Der Spiegel sollte möglichst Körpergröße haben – sogar der größte Besucher sollte sich vollständig darin sehen können. Der Eingangsbereich besteht oft aus einem Korridor, der durch das Haus führt. Spiegel können den Raum vergrößern. Für weitere Informationen zum Gebrauch von Spiegeln siehe Seite 44 – 45.

Vorhaben für einen halben Tag

① Spiegel für den schnelleren Energiefluss

Öffnen Sie Ihre Haustür langsam von außen und ermitteln Sie den idealen Platz zum Aufhängen eines Spiegels. Er sollte den Blick in den Eingangsbereich ermöglichen, bevor Sie die Tür vollständig geöffnet haben.

Suchen Sie geeignete **Stellen** für Spiegel, wenn Sie beim Betreten des Eingangsbereichs feststellen, dass Sie den Energiefluss beschleunigen müssen. **Vermessen Sie die Wand** zur Ermittlung der Größe der benötigten Spiegel, nachdem Sie die besten Stellen bestimmt haben. Verwenden Sie ein ganzes Stück Spiegelglas anstelle von verschiedenen, miteinander verbundenen Fragmenten. Erwerben Sie den / die **geeigneten** Spiegel und bringen Sie diese im Eingangsbereich an.

② Pflanzen im Eingangsbereich

Bestimmen Sie im Eingangsbereich Stellen, an denen Sie Pflanzen unterbringen können. Berücksichtigen Sie den Einfall von Tageslicht um die geeigneten Pflanzen aufzustellen. Wählen Sie zwischen **Hängepflanzen** und anderen **Topfpflanzen.**

Wenn die Treppen direkt zur Eingangstür führen, sollten Sie einen Platz dazwischen ermitteln, an dem Sie eine **Pflanze** aufstellen können. Ist der Platz begrenzt, empfiehlt sich eine Hängepflanze.

In einem großem Korridor können Sie große Pflanzen in einem Blumentopf aufstellen, während Sie in einem kleinen Eingangsbereich Hängepflanzen unterbringen sollten, da diese keinen Platz auf dem Fußboden beanspruchen. Auch bekommen sie auf dem Fußboden vielleicht nicht genügend Licht. In dieser Art Eingangsbereich ist das Beschleunigen des Energieflusses allerdings wichtiger, so dass Spiegel hier eine größere Rolle spielen als Pflanzen. Weitere Hinweise zum Gebrauch von Pflanzen finden Sie auf den Seiten 46 – 47.

Blumentöpfe

Sie sollten Blumentöpfe aus natürlichen Materialien, zum Beispiel Terrakotta, verwenden, da diese die harmonische Atmosphäre in Ihrem Haus fördern. In einem Eingangsbereich, in dem die Treppen direkt auf die Haustür zulaufen, sollten Sie eine buschige Pflanze zwischen Treppen und Eingangstür stellen um den Energiefluss abzubremsen und das Risiko zu reduzieren, dass Energie aus Ihrem Haus hinausfließt.

Windspiele

In einem kleinen, überladenen oder engen Korridor kann es zum Stau der eintretenden Chi-Energie kommen, sodass sie nicht durch Ihr Haus fließen kann. Windspiele helfen die Energie zu zerstreuen, da die Klangwellen die Chi-Energie über den Korridor hinaus in den Rest des Hauses tragen. Die Windspiele sollten bei jedem Öffnen der Tür klingen um ihre volle Wirkung zu entfalten. Sie können die Windspiele auch an jeder anderen Tür in Ihrem Haus anbringen, wo Sie das Gefühl haben, dass sich die Energie staut.

WINDSPIELE AUFHÄNGEN
Messen Sie den Abstand zwischen Decke und der oberen Türkante aus. Kaufen Sie Windspiele, die in diesen Bereich passen. Bringen Sie nach Bedarf eine längere oder kürzere Schnur am Windspiel an. Hängen Sie diese an die Decke oder kaufen Sie einen Winkelträger und hängen Sie ihn an die Rückseite der Tür.

Energie mit Windspielen verteilen

Stellen Sie sich mit dem Kompass etwa in die Mitte Ihres Hauses und richten Sie den Kompass auf die Haustür. Drehen Sie das äußere Zifferblatt, bis die Nadel auf null Grad steht. Schauen Sie nun auf die Anzeige des der Mittellinie am nächsten liegenden Zifferblattes (siehe Seite 145) und ermitteln Sie das geeignete Windspiel aus der linken Übersicht.

S
165–195°
Holz oder Keramik

SO
105–165°
Holz oder Glas

SW
195–255°
Metall oder Keramik

O
75–105°
Holz oder Glas

W
255–285°
Metall oder Keramik

NO
15–75°
Metall oder Keramik

NW
285–345°
Metall oder Keramik

N
345–15°
Holz, Metall oder Glas

Küche und Essecke

Hier lagern Sie Ihre Lebensmittel, bereiten sie vor und kochen sie. Die Speisen nehmen einen Teil der bereits im Zimmer vorhandenen Chi-Energie auf. Gemäß Feng Shui ist es äußerst wichtig, dass Ihre Küche gesunde Chi-Energie enthält, da Sie einen Teil davon in sich aufnehmen.

VORHER

Ein im Westen befindlicher Abfluss birgt das Risiko, die mit der Fähigkeit zur Konzentration auf das **Einkommen** und die mit Romantik verbundene Energie **zu verschlucken.**

Wenn Sie mit dem Rücken zur Tür sitzen, sind Sie **unsicher** und lassen sich leichter **ablenken.**

Die **Ecken** der Anrichte senden schnell fließende Energie in das Zimmer.

Wenn Sie im Strom der zwischen den Türen fließenden Energie sitzen, ist es **schwer zu entspannen** und die Mahlzeiten zu genießen.

Ein Boiler im Westen könnte zerstörerischen Einfluss auf die westliche Energie haben, so dass Fortschritt in den Bereichen Finanzen und Beziehungen behindert wird.

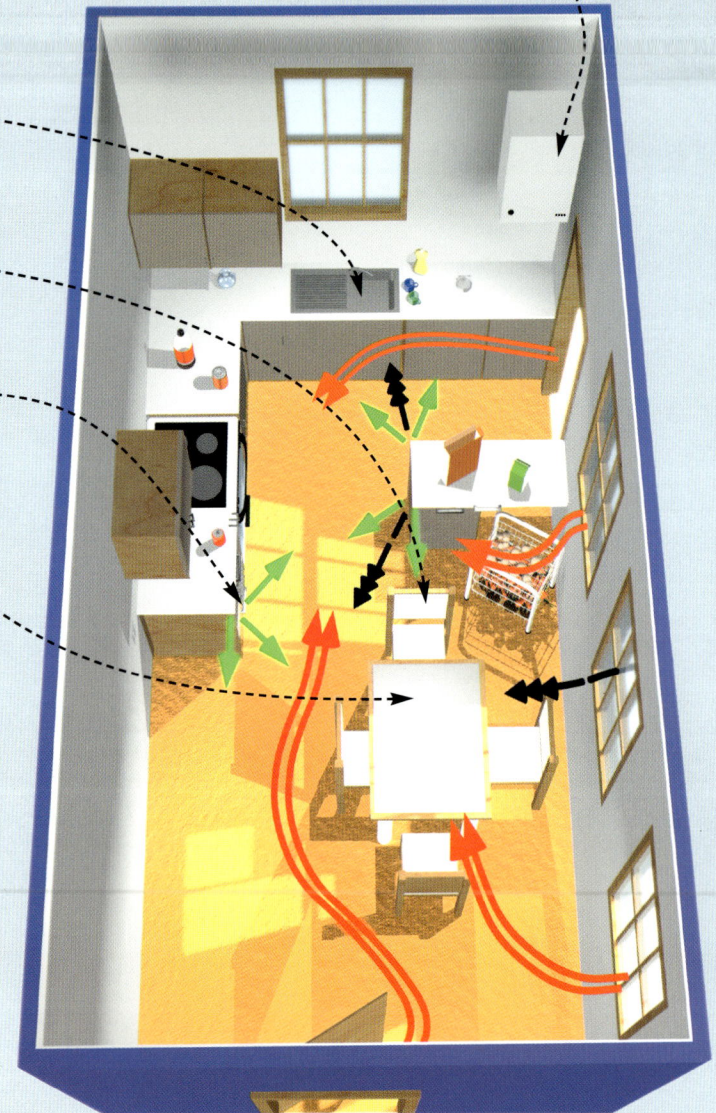

POTENTIELLE PROBLEME
Führen Sie in Ihrer Küche folgende Untersuchungen durch:
1. Schauen Sie unter dem Ausguss und in anderen Bereichen nach , in denen sich Wasser ansammeln kann, ob sich feuchte Stellen und Schimmel gebildet haben.
2. Überprüfen Sie Teppiche, Polstermöbel und Stoffe auf Gerüche und Feuchtigkeit.
3. Sehen Sie sich die Beleuchtung an. Untersuchen Sie, wie sauber Ihre Küche ist.
4. Schauen Sie sich die Stellen hinter den Küchengeräten an.
5. Gehen Sie Bereiche durch, in denen Sie Lebensmittel lagern, und überprüfen Sie diese auf Sauberkeit, Ordnung und Trockenheit.

NACHHER

Stellen Sie eine Pflanze in die Nähe der Spüle, sie soll verhindern, dass **Energie** durch **den Abfluss entweicht.**

Stellen Sie einen mit **Kohle** gefüllten **Tontopf** unter den Boiler, da er die Energie des Boilers mit dieser Stelle harmonisiert.

Dämpfen Sie die von der scharfen Ecke der Anrichte ausgehende Energie mit einer **Hängepflanze.**

Halten Sie eine **buschige Pflanze** neben der Tür um die ein- und austretende Energie zu beruhigen.

Bringen Sie einen nach oben gerichteten Strahler über dem Tisch an um Licht an die Decke zu werfen. Das Licht wird gemütlicher und behaglicher.

Bringen Sie einen **halbrunden Klapptisch** am Ende der Anrichte an um deren Ecken abzurunden.

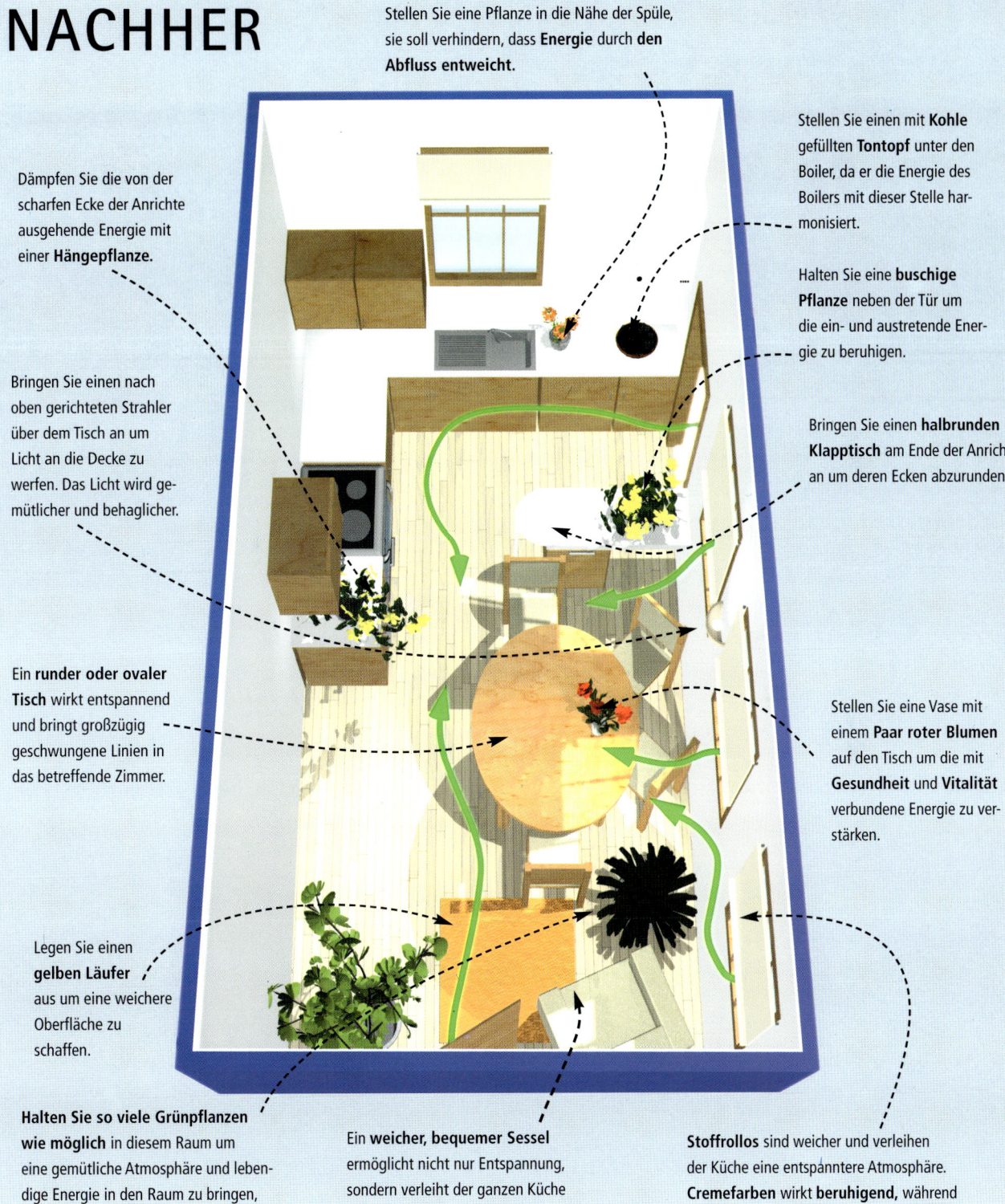

Ein **runder oder ovaler Tisch** wirkt entspannend und bringt großzügig geschwungene Linien in das betreffende Zimmer.

Stellen Sie eine Vase mit einem **Paar roter Blumen** auf den Tisch um die mit **Gesundheit** und **Vitalität** verbundene Energie zu verstärken.

Legen Sie einen **gelben Läufer** aus um eine weichere Oberfläche zu schaffen.

Halten Sie so viele Grünpflanzen wie möglich in diesem Raum um eine gemütliche Atmosphäre und lebendige Energie in den Raum zu bringen, die Ihr Wohlbefinden steigern.

Ein **weicher, bequemer Sessel** ermöglicht nicht nur Entspannung, sondern verleiht der ganzen Küche eine **erholsame Atmosphäre.**

Stoffrollos sind weicher und verleihen der Küche eine entspänntere Atmosphäre. **Cremefarben** wirkt **beruhigend,** während **Rot** anregend **wirkt** und **Rosa** den **romantischen** Aspekt verstärkt.

Wasser und Energie

Obwohl Wasser eine Quelle gesunder Chi-Energie ist, kann es negativen Einfluss haben, wenn die Chi-Energie des Wassers ungesund ist. Es ist also äußerst wichtig, die Küche sauber, trocken und frisch zu halten um die Gesundheit zu stärken.

Kochen Sie mit Gas

Gas hat gegenüber Elektrizität den Vorteil, dass Sie die Flamme besser regulieren können. Ein Elektroherd erzeugt ein elektromagnetisches Feld (EMF), das die Chi-Energie der Nahrung beeinflussen kann.

Sie sollten auf einem Herd mit natürlicher Flamme kochen. In der Regel handelt es sich um einen Gasherd, der ähnlich wirkt wie ein beheizbarer Herd. Dieser Herd stärkt, ähnlich wie ein Kamin, die warme, entspannende Atmosphäre, die in einer Küche erzeugt werden kann.

Wenn Sie einen Elektroherd oder -kocher haben, lohnt es sich die Möglichkeit der Umstellung auf Gas zu überprüfen. Sollten Sie an einem abgelegenen Ort leben, müssten Sie sich einen Gastank in die Nähe Ihres Hauses stellen.

Es lohnt sich ebenfalls darüber nachzudenken, ob man den Herd oder Kocher in die Mitte des Raumes stellt, so dass man beim Kochen den Raum überblicken sowie Türen und Fenster sehen kann. Diese Anordnung sorgt außerdem für ein familiäres Umfeld, wenn Ihre Küche Teil des Ess- bzw. des Wohnzimmers ist. Sie können Ihre Freunde beim Kochen sehen und mit ihnen reden.

Ist diese Lösung nicht realisierbar, sollten Sie einen Spiegel hinter den Herd hängen, damit Sie den Raum trotzdem überblicken können. Sie bekämen dann außerdem den Eindruck, dass Ihr Herd doppelt so groß ist.

Sauberkeit ist oberstes Gebot

Halten Sie Ihre Küche frei von schmutzigem oder stehendem Wasser. Zum Beispiel sollten Sie Aufwaschwasser nicht über Nacht stehen lassen; jede Art von Nässe ist zu vermeiden. Auch ein tropfender Wasserhahn kann die Feuchtigkeit erhöhen.

Vorhaben für einen halben Tag

❶ Gesunde Atmosphäre schaffen

Listen Sie alle Stellen in Ihrer Küche auf, an denen Wasser tropfen oder sich sammeln kann, wie an Spüle, Wasserhähnen, am Geschirrspüler, an der Waschmaschine, an Heizkörpern und Rohren.

Überprüfen Sie diese Bereiche sorgfältig auf Lecks, **Feuchtigkeit**, Fäulnis oder **Schimmel**. Die Gelegenheit ist günstig um anschließend sauber zu machen (siehe Seite 43).

Notieren Sie sich die betroffenen Bereiche und kümmern Sie sich um deren Ausbesserung. Verfaulte Materialien müssen entfernt und ersetzt werden. Von Schimmel betroffene Bereiche müssen geschrubbt und gesäubert, feuchte Stellen getrocknet und gelüftet werden.

❷ Feuer-Chi in die Küche strahlen

Wenn Sie die elektrischen durch mit Gas betriebene Geräte ersetzen möchten, **messen** Sie zuerst den vorhandenen Platz aus. Sehen Sie sich nach Angeboten um, sobald Sie die **Maße** haben. Es gibt eine große Auswahl von Geräten aus rostfreiem Stahl bis zu Emailleherden und -öfen in verschiedenen Farben.

Ihre neuen Küchengeräte müssen vom **Fachmann** angeschlossen werden. Die städtischen Gaswerke oder die Firma, die Ihnen die Geräte verkauft hat, ist Ihnen bei der Suche behilflich.

Böden und Oberflächen

Die Oberflächen in Ihrer Küche bestimmen den Energiefluss durch die Küche. Natürliche Materialien sind wichtig, da sie den Energiefluss stärken. Synthetische Materialien können den Fluss der Chi-Energie blockieren und ersticken.

Harte Steinböden lassen sich nicht nur leicht säubern und trocknen, sondern unterstützen den freien Fluss der Chi-Energie.

MATERIALIEN IN DER KÜCHE

YIN

Kiefer

Buche

Mahagoni

Messing

Kupfer

Aluminium

Sandstein

Marmor

Gusseisen

Rostfreier Stahl

Granit

YANG

Je härter und glänzender das Material, desto schneller der Energiefluss und desto stärker das Yang. Weichere Oberflächen bremsen die Energie und sorgen für eine ruhigere Atmosphäre.

Wahrscheinlich wird sich Ihre Auswahl auf Holz, Metall und Stein beschränken. Bei jedem dieser Materialien gibt es weichere und härtere Varianten. Messing ist weicher als rostfreier Stahl und Kalkstein weicher als Granit.

Die Hölzer in dieser Liste besitzen mehr Yin und Stein besitzt mehr Yang, Metalle liegen dazwischen.

Ermitteln Sie das Material jeder Oberfläche. Massives Holz ist Sperrholz oder Holzfurnier vorzuziehen. (Furniere sind dünne Holzplatten; sie werden auf ein Brett aus Holzspänen geklebt, die durch Harze verleimt sind.) Materialien wie Holzfaserplatte sollten ebenfalls vermieden werden, da sie synthetischen Materialien ähnlich sind und toxische Dämpfe ausströmen können.

Vorhaben für zwei Tage

❶ Eine Yin-Yang-Küche schaffen

Denken Sie darüber nach, wie Sie sich in Ihrer Küche fühlen möchten (siehe Seiten 18–19). Verwenden Sie **weichere Materialien,** wenn Sie eine entspannte Atmosphäre schaffen möchten. Soll der dynamische Aspekt betont werden, müssen Sie Yang-Materialien einsetzen.

Sie könnten Boden, Arbeitsflächen und große Möbel austauschen. Sie könnten auch kleinere Gegenstände, wie ein **Hackbrett,** auswechseln. Je größer der Bereich ist, den Sie verändern, desto stärker wird sich der Unterschied auf die Atmosphäre in der Küche auswirken.

Machen Sie, wenn sie Veränderungen vornehmen wollen, zur Unterstützung von der oben abgebildeten Liste Gebrauch.

Holen Sie professionellen Rat und Informationen ein um herauszufinden, welche Projekte durchführbar sind.

Gehen Sie mit Bedacht vor, denn sobald ein **Detail** verändert wurde, müssen Sie eine Zeitlang damit leben. Testen Sie die Widerstandsfähigkeit des Materials. Probieren Sie zunächst Materialmuster aus um sicher zu gehen, dass Sie es mögen. Legen Sie an einer sicheren Stelle ein paar neue Fliesen auf die bereits vorhandenen um deren Wirkung über mehrere Tage zu testen.

Sobald Sie sich entschieden haben, lassen Sie die Oberflächen von einem Fachmann auswechseln oder legen selbst Hand an, wenn Sie die entsprechenden Fertigkeiten besitzen.

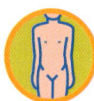

Beleuchtung

Die Beleuchtung hat bei der Schaffung der Stimmung eines Zimmers einen großen Anteil. Verschiedene Arten Licht bestimmen die Atmosphäre eines Zimmers (siehe Seiten 36 – 37).

Gezielte Beleuchtung
Scheinwerfer konzentrieren das Licht auf Ihren Arbeitsbereich, während der Rest des Zimmers in weicheres, diffuseres Licht getaucht ist.

Leuchtstoffröhren wurden im Allgemeinen in der Küche verwendet, sind aber heute nicht mehr so beliebt. Aus der Sicht von Feng Shui gibt es zwei Probleme im Zusammenhang mit Leuchtstofflampen. Erstens strahlen sie blaues Licht ab, das ein Zimmer kälter und amtlich erscheinen lässt und sie verleihen der Haut einen blassen, ungesunden Ton.

Zweitens erzeugen Leuchtstofflampen starke elektromagnetische Felder (EMF) (siehe Seiten 26 – 27). Einige Leute verspüren häufiger Kopfschmerzen und leiden an Konzentrationsverlust bei dieser Art Beleuchtung.

Sie können die Atmosphäre in Ihrer Küche durch eine Auswahl anderer Lampen verbessern. Glühbirnen geben ein wärmeres, orangefarbenes Licht ab und eignen sich zur allgemeinen Beleuchtung, während Halogenlampen helleres Licht ausstrahlen, das auf einen bestimmten Bereich gerichtet werden kann.

Es empfiehlt sich verschiedene direkte und indirekte Lichtquellen zu benutzen, damit Sie je nach Bedürfnis eine weichere oder der Konzentration dienende Stimmung erzeugen können.

Vorhaben für einen halben Tag

❶ Angemessene Küchenbeleuchtung

Wenn Sie Leuchtstoffröhren besitzen, sollten Sie deren Austausch erwägen. Überlegen Sie, welche Art weißes Licht Sie an deren Stelle einsetzen möchten. Vielleicht ein Lampe, die auf eine weiße Decke gerichtet ist und das Licht weich in der Küche verteilt. Eine Lampe mit einem **Metallreflektor** gibt **helleres** Licht in einem **kleineren** Bereich ab. Sollte unter der Lampe ein Tisch stehen, können Sie die Lampe so anbringen, dass Sie diese herunterziehen können um eine intensivere Stimmung zu erzeugen.

Begutachten Sie die Bereiche, in denen Sie kochen beziehungsweise Mahlzeiten **zubereiten**. Arbeitsflächen, Herd und Spüle würden von **direktem Licht** profitieren. Suchen Sie über diesen Bereichen Stellen, an denen Sie **Glühlampen** oder **Halogenscheinwerfer** anbringen können. Die Scheinwerfer dürfen sich nicht hinter Ihnen befinden, wenn Sie vermeiden wollen, dass Ihr eigener **Schatten** Sie stört.

Lassen Sie die Lampen von einem **Fachmann** anbringen, sobald Sie sich für eine Art der Beleuchtung entschieden haben.

 # Farben

KÜCHENFARBEN

Wenn Sie von jeder Farbe die kräftigsten Töne wählen, schaffen Sie Yang und Dynamik in Ihrer Küche. Entscheiden Sie sich für blasse und zarte Töne, betonen Sie das Yin und den entspannenden Aspekt.

Die Auswahl der Farben für die Küche hängt von der gewünschten Atmosphäre ab. In den meisten Fällen empfehlen sich warme, entspannende Farben, damit Sie Ihre Mahlzeiten genießen können.

RICHTUNG	FARBE
OSTEN	Grün
SÜDOSTEN	Grün, eventuell kombiniert mit Blau
SÜDEN	Grün oder Gelb in Kombination mit Hellgrau
SÜDWESTEN	Rosa, Hellgrau, Rostrot, Silber
WESTEN	Gelb in Verbindung mit Rosa oder Rot
NORDWESTEN	Gelb in Verbindung mit Grau
NORDEN	Weiß oder Hellgrau

Außerdem harmonisieren gewisse Farben mit der Himmelsrichtung, in der die Küche liegt und tragen zur Schaffung einer wirklich ausgeglichenen Stimmung bei. Da die Küche jeweils die Feuer- und Wasser-Chi-Energie von Herd und Spüle beherbergt, können die mit der Himmelsrichtung verbundenen Farben diese Elemente ausgleichen (siehe „Die fünf Elemente" auf Seiten 138 – 141).

Die im oberen Kasten aufgeführten Farben sind zur Schaffung von Ausgleich den jeweiligen Himmelsrichtungen zugeordnet. Sie müssen zwar keine der aufgeführten Farben ausschließlich verwenden, dennoch sollten diese dominieren.

Yang–Farben

Rot, Orange oder Gelb schaffen eine warme, gemütliche Atmosphäre in Ihrer Küche.

Yin–Farben

Silber und Grau empfehlen sich in einer nach Westen oder Nordwesten liegenden Küche. Ihre Wirkung wird durch eine Kombination mit Orange oder Gelb verstärkt.

 Vorhaben für zwei Tage

❶ Renovieren

Bestimmen Sie die Himmelsrichtung Ihrer Küche, bevor Sie mit dem Renovieren beginnen. Verwenden Sie einen Kompass gemäß der Anleitung auf Seite 145 oder beobachten Sie die auf Seite 9 erklärte Bewegung der Sonne.

Lassen Sie sich bei der Auswahl der Farben von den oben aufgeführten Informationen **anregen**. Lassen Sie einige **Farbmuster** mehrere Tage in Ihrer Küche und betrachten Sie deren Wirkung zu **verschiedenen Tageszeiten.**

In einer älteren Wohnung müssen Sie die **alte Tapete** wahrscheinlich erst **entfernen**. Wenn Sie Tapete austauschen wollen, sollten Sie reines Papier anstelle von Vinyl verwenden, das den natürlichen Fluss der Chi-Energie teilweise blockiert.

Esszimmer

Die vorhandene Atmosphäre beeinflusst Ihre Stimmung während der Mahlzeiten. Wenn Sie zu anregend ist und zu viel Yang enthält, fehlt die Gemütlichkeit. Sie werden dazu neigen das Essen herunterzuschlingen.

Entspannendes Licht

Kerzen erzeugen weiches Licht, das ein Abendessen behaglicher und entspannender macht. Sie können auch indirektes Licht einsetzen, zum Beispiel an die Decke gerichtete Strahler. Poliertes Besteck, rote Servietten und geschliffenes Glas sorgen für Glanz und Yang-Energie, wenn Sie eine anregendere Atmosphäre bevorzugen.

Kurzfristig erhöht sich das Risiko einer Magenverstimmung und langfristig können Verdauungsstörungen auftreten, wenn die Atmosphäre zu entspannt ist und zuviel Yin enthält. Sie laufen Gefahr, dass Sie nicht die für eine gute Verdauung geeignete Haltung annehmen.

Ein Fastfood Restaurant mit kräftigen Farben, glänzenden Oberflächen und der üblichen Einrichtung ist ein Beispiel für eine starke Yang-Atmosphäre. Neue Kunden werden schnell angezogen und verschwinden ebenso schnell, sobald sie ihre Mahlzeit beendet haben. Wenn Ihr Esszimmer ebenfalls zu viel Yang besitzt, trägt es nicht dazu bei, dass Sie Ihre Speisen genießen, und Sie verweilen nicht länger als nötig am Tisch. Wenn Sie allerdings zu weit gehen, etwa Stühle durch Sitzsäcke austauschen, den Tisch entfernen und viele weiche Oberflächen mit zarten Farben verwenden, bekommt die Atmosphäre zu viel Yin und wird zu zwanglos.

Mahlzeiten sind soziale Angelegenheiten und ermöglichen Ihnen mehr Zeit mit Ihrer Familie und Ihren Freunden zu verbringen. Ein runder oder ovaler Tisch trägt zu einer ausgeglichenen Atmosphäre bei, in der sich alle miteinander unterhalten können. Das ist besonders wichtig, wenn mehr als sechs Leute an Ihrem Tisch sitzen. Sie sollten während der Mahlzeiten auf geraden Stühlen sitzen, da auf diese Weise eine gute Verdauung gefördert wird.

❶ Gesunde Mahlzeiten

Sehen Sie in Ihrem Esszimmer nach, ob scharfe Ecken oder rechte Winkel auf einen der Stühle zeigen. Entfernen Sie diese gegebenenfalls oder dämpfen Sie die Wirkung der Kanten mit Pflanzen ab (siehe Seite 28).

Wenn Sie **Unterhaltung** lieben beziehungsweise eine **große Familie** haben, also häufig mehr als sechs Personen zusammen essen, sollten Sie den Kauf eines runden oder ovalen Tisches in Betracht ziehen (siehe Seiten 54 – 55).

Überprüfen Sie, ob Ihre Stühle es Ihnen erlauben aufrecht zu sitzen, damit Sie beim Essen die ideale Haltung für eine gute Verdauung einnehmen können. Die Stühle sollten aber gleichzeitig **bequem** sein und Entspannung ermöglichen.

Verwenden Sie entweder ein Leinen- oder Baumwolltischtuch und große Servietten um die Atmosphäre erholsamer zu gestalten. **Ruhe** wird durch Creme, Rosa, Hellblau oder Hellgrün gefördert. Kräftiges Rot und Gelb sowie Orange sind **anregend** und schaffen keine entspannte Atmosphäre für tägliche Mahlzeiten.

Verwenden Sie am Abend Kerzen **anstatt elektrisches Licht.** Wenn Sie künstliche Beleuchtung einsetzen, sollten Sie versuchen das Licht an eine Wand oder an die Decke **zu richten** (siehe Seite 36 – 37).

Achten Sie möglichst darauf, dass niemand mit dem Rücken zu einer Ecke oder einem rechten Winkel sitzt, da sonst die Entspannung beeinträchtigt wird. Die Himmelsrichtung, der Sie zugewandt sind, trägt dazu bei, mehr von der spezifischen Chi-Energie aufzunehmen und die Stimmung unmerklich zu verändern. Jemand, der nach Süden blickt, nimmt mehr von der mit dieser Richtung verbundenen feurigen Sommer-Chi-Energie auf und wird geselliger und kontaktfreudiger.

Harmonische Mahlzeiten

Legen Sie einen Kompass in die Mitte eines Esstisches. Sollte der Tisch Metallteile haben, müssten Sie den Kompass über den Tisch halten um ein korrektes Ergebnis zu erhalten. Schreiben Sie jede Himmelsrichtung auf ein Stück Karton und stellen Sie diese Stücke an die entsprechenden Abschnitte des Tisches. Die Richtung, die der Person zugekehrt ist, entscheidet über die Art der Chi-Energie.

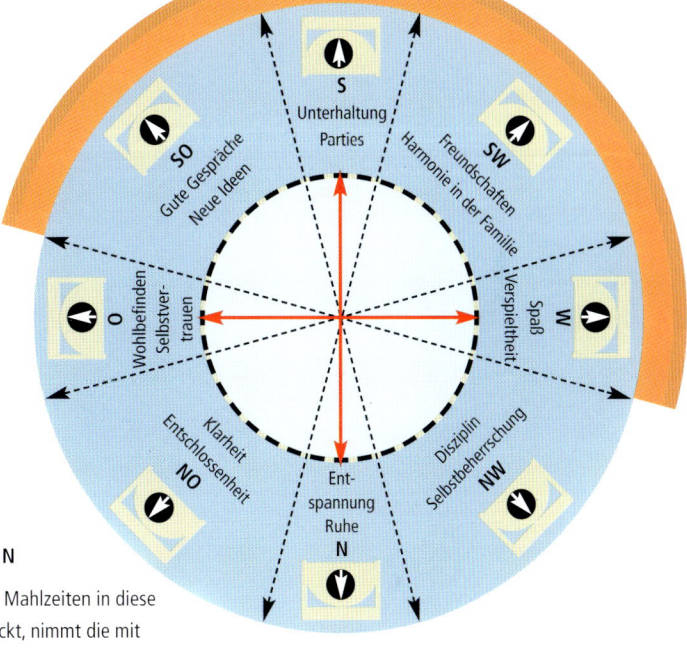

 **SÜDEN**

Leute, die nach Süden zu sitzen, verhalten sich offener und expressiver. Sie ziehen schneller Aufmerksamkeit auf sich und werden bemerkt. Energie aus dieser Richtung unterstützt zurückhaltende oder vorsichtige Menschen, sollte aber von Menschen, die zu Hektik neigen, gemieden werden.

SÜDWESTEN

Diese Himmelsrichtung unterstützt Leute, die sich auf die Verbesserung ihrer Beziehungen konzentrieren. Ihr praktischer Instinkt wird geschärft, sodass sie mit beiden Beinen auf dem Boden stehen. Dieser Platz ist ideal für Mütter.

WESTEN

Die Aufnahme westlicher Energie stärkt Verspieltheit und Zufriedenheit. Jemand, der bei den Mahlzeiten zu ernst ist oder diese dominiert, sollte sich dem Westen zukehren. Besonders harmonisierend wirkt diese Richtung auf Kinder.

NORDWESTEN

Jemand, der bei den Mahlzeiten in diese Himmelsrichtung blickt, nimmt die mit Organisationsgeschick und Würde verbundene Energie auf. Sie stärkt auch die Autorität. Väter sollten in diese Richtung schauen. Menschen, die zu starker Kontrolle neigen, sollten diese jedoch meiden.

NORDEN

Wer in diese Richtung blickt, genießt seine Mahlzeiten friedvoll und entspannt. Sie ist hervorragend für Menschen, die zum Herunterschlingen ihrer Mahlzeiten, zur Reizbarkeit oder Geschwätzigkeit bei Tisch neigen.

NORDOSTEN

Diese Richtung fördert Kontaktfreude. Sie unterstützt Menschen, die schüchtern sind oder Schwierigkeiten haben mit anderen ins Gespräch zu kommen. Kinder, die zu Wutanfällen neigen, sollten diese Richtung meiden.

OSTEN

Hier werden Schwung und Energie gestärkt. Die Himmelsrichtung eignet sich hervorragend für Menschen, die Selbstvertrauen und Wohlbefinden aufbauen müssen. Sie ist ideal für Kinder, wenn sie nicht zu übermütig werden.

SÜDOSTEN

Der Südosten unterstützt die Entwicklung neuer Ideen und den Kontakt zu Mitmenschen. Die intensive Aufnahme dieser Energie bewirkt ein gutes Auskommen mit anderen und die Vermeidung von Konfrontationen.

Wohnzimmer

Das Wohnzimmer ist oft das Zentrum des Familienlebens. Hier verbringt man Zeit miteinander, empfängt Freunde und entspannt. Die Atmosphäre dieses Zimmers sollte diesen gemeinsamen Aktivitäten förderlich sein.

VORHER

Sie fühlen sich ungeschützt, wenn Sie so im **Zimmer** sitzen, dass der **Rücken** dem Raum zugewandt ist. Das kann Unsicherheit hervorrufen.

Die an der Ecke vorbei strömende Energie kann **das Energiefeld des Sitzenden durcheinander bringen.**

DER UMGANG MIT PROBLEMEN
Wenn Sie ein Problem erkannt und Ideen für seine Lösung gesammelt haben, müssen Sie diese in der Familie diskutieren um eventuell eine bestimmte Möglichkeit zu verfeinern. Lesen Sie das Kapitel über das Wohnzimmer durch um Anregungen zu entdecken, die Ihnen bei der Realisierung Ihrer Wünsche helfen.

Die Tür hinter dem Sessel richtet die in das Zimmer strömende Chi-Energie auf den Rücken des Sitzenden.

Wenn die Leute mit dem Rücken zum Fenster sitzen, sind sie schnell fließender Chi-Energie ausgesetzt.

NACHHER

Ein **gro**ß**er Spiegel** erweitert scheinbar eine enge Stelle im Zimmer um das Doppelte.

Eine große, buschige Pflanze **schützt** den Rücken des **Sessels** vor dem Fenster.

Eine hochgewachsene Pflanze mit vielen Blättern vor der Ecke bremst und **dämpft die wirbelnde Chi-Energie.**

Der Schreibtisch steht so, dass der Blick auf Fenster, Türen und Zimmer möglich ist. **Rücken** und **Seiten sind** von den Wänden **geschützt.**

Der **Rücken** der Sitzenden ist **von der Wand geschützt** und sie haben freien Blick auf die Fenster, die Tür und den Rest des Zimmers.

Der Sessel ist so gestellt, dass er **teilweise den Blick** auf Fenster und Türen ermöglicht.

Eine buschige Pflanze **schützt den Rücken oder die „Schildkröten-Seite"** des Sessels.

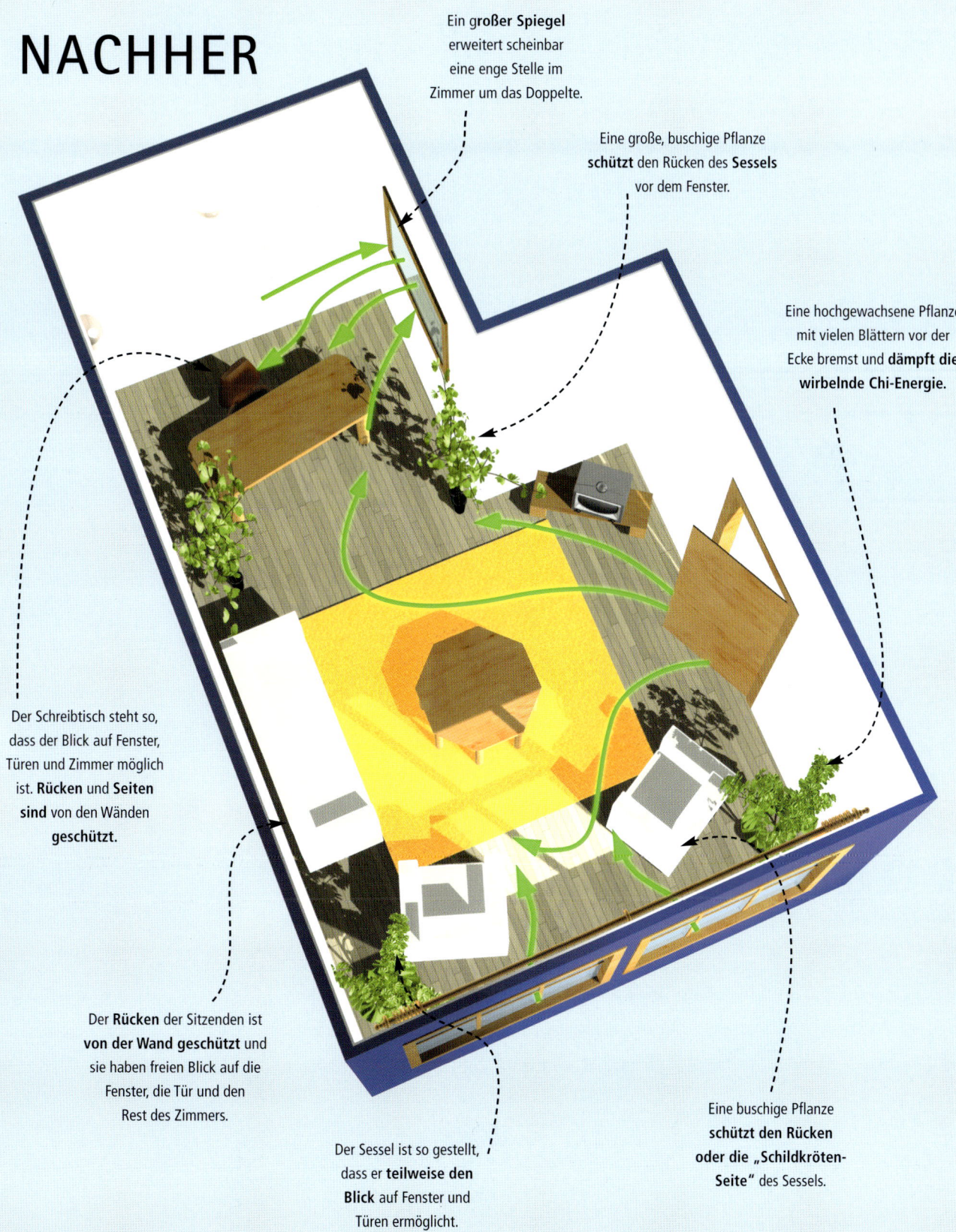

Bilder

Sie können die Atmosphäre Ihres Wohnzimmers durch Zeichnungen, Gemälde, Drucke und Fotografien beeinflussen. Da das Motiv des Bildes Ihre Stimmung verändern kann, sobald Sie es betrachten, kann es auch Ihr Chi-Energiefeld verändern (siehe Seite 50 – 51).

FORM		
FORM	HIMMELSRICHTUNG	WIRKUNGEN
Groß	Osten und Südosten	Erfolg im Leben, Aktivität, Produktivität
Spitz	Süden	Dramatik im Leben, Aufmerksamkeit erreichen, Abenteuerlust
Flach	Südwesten und Nordosten	Gelassenheit, Beständigkeit, Vorsicht
Rund	Westen und Nordwesten	Die Möglichkeit, etwas zum Abschluss zu bringen, Zufriedenheit, Selbstbesinnung
Wellig	Norden	Flexibilität, Sorglosigkeit, Unabhängigkeit

In Abhängigkeit von Ihrem **Inhalt** und ihrer **Form** können Bilder ganz unterschiedliche Wirkungen hervorrufen. Die unten aufgeführte Liste zeigt, mit welche Energie jedes Bild in Verbindung steht. Auch die Farben in Bildern beeinflussen die Atmosphäre (siehe Seite 38 – 41). Kräftige „Yang-Farben" beleben das Zimmer, während Bildern in zarten Farben eine ruhige „Yin-Stimmung" erzeugen.

Die Art, welche Bilder Sie berühren, ist sehr persönlich. Deswegen sollten Sie Bilder erwerben, die eine positive Stimmung in Ihnen hervorrufen. Wenn Sie sich der Atmosphäre bewusst sind, die Sie in Ihrem Wohnzimmer schaffen möchten, fällt die Auswahl geeigneter Bilder leichter. Im unteren Kasten finden Sie wertvolle Hinweise dazu, welche Art Bild sich empfiehlt.

Muster und Design
Das gesprenkelte, unregelmäßige Muster durchbricht die geraden Linien im Zimmer und es entsteht dadurch ein interessanteres Umfeld.

Vorhaben für einen halben Tag

❶ Kunstgegenstände im Wohnzimmer
Notieren Sie sich, nachdem Sie die Liste gelesen haben, einen **Kunstgegenstand,** der Ihren Bedürfnissen am besten entspricht. **Vergegenwärtigen** Sie sich, wie er aussehen sollte und wo Sie ihn unterbringen könnten. **Bestimmen Sie mit dem Kompass** die geeignete **Himmelsrichtung.** Messen Sie den **vorhandenen Platz** aus. Überlegen Sie, welcher **Stil** beziehungsweise welche **Form** am besten in diesem Teil des Zimmers zur Geltung kommen.
    Nehmen Sie die Mühe auf sich verschiedene Kunstgeschäfte zu besuchen. Wählen Sie ein Bild aus, das in Ihr **Zimmer passt** und Ihren **Bedürfnissen** entspricht.

STIL	
GEFÜHL	STIL
Inspiration	farbenfrohe moderne Kunst in kräftigen Tönen, abstrakte Malerei, surrealistische Bilder
Ruhe	Landschaften, Wasser, fließende Bilder in zarten Tönen
Lebendigkeit	farbenfrohe impressionistische Gemälde, Bilder von Sport und Bewegung
Romantik	Statuen oder Gemälde von Paaren in einer Umarmung
Selbstvertrauen	Darstellungen Ihrer bisherigen Erfolge
Ehrgeiz	Bilder von Dingen, die Sie besitzen möchten, z. B. ein Haus, ein Auto oder eine Yacht

# Möbel

Wenn Sie Sofas und Sessel anordnen, können Sie die Möglichkeit schaffen, sich selbst und Ihre Familie in Positionen zu setzen, die Entspannung, Inspiration oder Aktivität unterstützen.

Die nachstehend aufgeführten Wirkungen ergeben sich aus den Richtungen, denen Sie zugewandt sind, wenn Sie im Sessel sitzen. Sie sollten jedoch nicht nur auf die Richtung achten. Wenn sich mehrere Menschen im Zimmer aufhalten, müssen die Sessel so aufgestellt werden, dass sich eine gesellige Atmosphäre einstellt. Die Ausrichtung der Sessel zur Raummitte unterstützt dieses Anliegen.

Wenn Ihr Rücken beim Sitzen von einer Wand, einem Wandschirm oder einer Pflanze geschützt wird und sich der größtmögliche Teil des Zimmers in Ihrem Blickfeld befindet, haben Sie die ideale Position.

Sie können mit dem Kompass im Sitzen bestimmen, in welche Richtung Sie blicken. Überlegen Sie, welche der folgenden Richtungen Ihren Bedürfnissen am besten entspricht, und stellen Sie Ihre Möbel dementsprechend um. Sollte das nicht möglich sein, wählen Sie eine andere Richtung, die ähnliche Eigenschaften fördert.

Ausgleich finden

Sie müssen die vorteilhafte Richtung mit einer guten Position im Zimmer ausgleichen.

NACH SÜDEN

Günstig für größere Leidenschaft, stärke Ausdruckskraft und Geselligkeit. Wenn Sie Freunde unterhalten, wird Ihnen mehr Aufmerksamkeit zuteil. Vorteilhaft für die Entwicklung neuer Ideen.

NACH SÜDWESTEN

Diese Richtung wird mit höherer Lebensqualität, Realismus und praktischem Empfinden verbunden. Unterstützt Sie in Ihrem Bemühen, sich mit beiden Beinen auf die Erde zu stellen. Fördert die Harmonie in der Familie und das Vertiefen von Beziehungen.

NACH WESTEN

Ideal für Romantik, Vergnügen und Zufriedenheit. Die passende Himmelsrichtung für die Ruhe am Ende des Tages oder die Nähe zu einem anderen Menschen.

NACH NORDWESTEN

In diese Richtung sollten Sie schauen, wenn Sie Verantwortung tragen und sich um die Bedürfnisse Ihrer Familie kümmern müssen. Sie unterstützt das bedachte Fällen von Entscheidungen, Organisationsgeschick und Selbstbeherrschung.

NACH NORDEN

Die friedlichste Richtung, in die man blicken kann. Diese Position fördert Ruhe, Stille und Meditation.

NACH NORDOSTEN

Der Motivation, dem Sinn für die richtige Richtung Ihres Handelns und der Wettbewerbsfähigkeit zuträglich. Testen Sie diese Himmelsrichtung, wenn Sie Ihrem Leben eine neue Richtung geben möchten.

NACH OSTEN

Vorteilhaft für verstärkte Aktivitäten, Ambitionen und Geschäftstätigkeiten. Hier sitzen Sie richtig, wenn Sie gute Ideen haben, diese allerdings nicht in die Praxis umzusetzen verstehen.

NACH SÜDOSTEN

Fördert das harmonische Vorankommen im Leben. Vorteilhaft für Kreativität und Verständigung. Günstig für lange Gespräche mit anderen.

Vorhänge

Vorhänge dämpfen wirkungsvoll die Energie in einem Zimmer. Wenn sie geschlossen sind, wird die harte, glänzende Oberfläche von Glas durch weichen Stoff ersetzt. Sie sind ein farbenfrohes Attribut.

GESTALTUNG DER FENSTER

Möchten Sie Ihr Wohnzimmer gemütlich, weich und entspannend gestalten, wählen Sie Materialien aus der „Yin-Liste". Zur Schaffung einer offenen, klaren und sauberen Atmosphäre sollten Sie Materialien aus der „Yang-Liste" bevorzugen.

Yin	Yang
Vorhänge in voller Läge	Vorhänge, die gerade das Fenster bedecken
Voll, mit vielen Falten	weniger Falten oder glatt mit Gardinenleisten
Gewickelt	Gerade
Weicher, strukturierter Stoff	Glänzender Stoff, zum Beispiel Seide, wie Leinen
Schleife und besticktes Material	Einfaches Material
Gemustert	Einfarbig
Zart cremefarben, grün oder blau	Kräftig rot, gelb oder orange
Schleifen zum Zurückbinden	Keine Schleifen zum Zurückbinden
Stoffblende	Keine Blende
Hölzerne Gardinenstange	Metallene Gardinenstange
Verzierte Gardinenstange	Einfache Gardinenstange
Fransenkante	Gerade Kanten, saubere Linien

Es ist wichtig, reines Naturmaterial zu verwenden, um den Fluss der Chi-Energie am Fenster anzuregen.

Es gibt eine große Auswahl an Gardinenstangen und -leisten, von Holz bis Metall, einfach bis verziert und versteckt bis auffällig. Außerdem können Sie Ihre Gardinen auf die verschiedenste Art aufhängen und anordnen.

Dort, wo Sie besonders viel Licht einlassen möchten, beispielsweise in ein nach Norden ausgerichtetes Zimmer, sollten die Gardinen nicht vor dem Fenster hängen. Borten, Kordeln, Schleifen und Fransenkanten wirken würdevoll. Gleichzeitig verstärken Sie das Yin und die Gemütlichkeit. Anregungen zur farblichen Gestaltung können Sie aus der Richtung, in der das Fenster liegt, ableiten.

Stil

Je voller die Gardinen, desto bequemer und gemütlicher die Atmosphäre. Schwere Vorhänge in voller Länge mit vielen Falten und geschwungener Blende betonen das Yin im Gegensatz zu kurzen, geraden und aus leichtem Stoff geschneiderten Gardinen.

❶ Passende Vorhänge auswählen

Entscheiden Sie mit Hilfe der **Liste auf dieser Seite**, welche Art Vorhang Sie bevorzugen. Stellen Sie sich in die Mitte des Zimmers und bestimmen Sie die Richtung, in der das Fenster liegt (siehe Seite 145). Ideen für Farben finden Sie auf den Seiten 38 – 41.

Heften Sie Stoffmuster ans Fenster und lassen Sie diese ein paar Tage auf sich wirken, bevor Sie eine Entscheidung treffen.

Vorhaben für einen halben Tag

 Boden

Da der Fußboden eines Hauses eine sehr große Oberfläche bildet, können Sie die Atmosphäre eines Zimmers entscheidend verändern, wenn Sie den Belag auswechseln.

FUSSBÖDEN

YIN

Teppiche

Schilfmatten

Weichholz

Hartholz

Stein

Rostfreier Stahl

Marmor

YANG

Sie können in Bezug auf Ihren Fußboden die folgende Formel anwenden: **je härter, glätter und glänzender die Oberfläche, desto schneller der Energiefluss**. So schaffen Sie eine dynamische, anregende und lebendige Atmosphäre. Eine weiche, strukturierte oder nicht polierte Oberfläche bremst die Bewegung der Chi-Energie und sorgt für eine gemütliche, bequeme und intime Stimmung. Zu viele dicke Teppiche können jedoch dazu führen, dass das Ambiente schal und erstarrt wirkt. Sie eignen sich am besten für Schlafzimmer und sollten aus natürlichen Materialien, wie Wolle oder Baumwolle, sein. Verwenden Sie eine natürliche Unterlage für Ihren Teppich. Synthetische Materialien, auch Teppiche, erzeugen eine eigene statische elektrische Ladung, die sich negativ auf den Energiefluss auswirkt. Bastmatten und Beläge aus Seegras bremsen ebenfalls den Fluss der Chi-Energie, da sie weich und stark strukturiert sind. Es ist wichtig jede Art von Belag von Staub frei zu halten.

Ein glatter Fußboden aus poliertem Hartholz beschleunigt den Energiefluss, während ein etwas rauerer Boden aus Weichholz den Fluss bremst. Holz hat den Vorteil sich leicht reinigen zu lassen und eine leichte und entspannende Atmosphäre zu schaffen, in der die Chi-Energie nicht stagniert.

Stein und Marmor unterstützen die Bewegung der Energie durch das Zimmer. Ist der Boden uneben, wird die Energie stärker zerstreut. Das ist von Vorteil, wenn Sie das Risiko der Stagnation von Energie reduzieren möchten.

BÖDEN

Diese Tabelle zeigt Ihnen, welcher Boden sich für Ihr Wohnzimmer, abhängig von dessen Himmelsrichtung, am besten eignet. Bestimmen Sie zunächst die Richtung, in der es liegt (siehe Seiten 9 und 145) und lassen Sie sich anschließend durch die Tabelle zu Ideen für den am harmonischsten wirkenden Boden oder Belag anregen.

Himmelsrichtung	Boden oder Belag
Osten und Südosten	Holz, Seegras
Süden	Holz, Stein Marmor, Teppich oder Läufer
Südwesten, Nordosten	Stein, Marmor, Teppich oder Läufer
Westen und Nordwesten	Stein, Marmor, Teppich oder Läufer
Norden	Holz, Seegras, Stein oder Marmor

Vorhaben für zwei Tage

❶ Geeignete Böden

Entscheiden Sie, welche **Art Boden** für Ihr Wohnzimmer am zweckmäßigsten ist. Wenn Ihnen Ihr Teppich nicht mehr gefällt, **ziehen Sie Ihren Teppich zurück** um den Boden darunter zu überprüfen. Wenn sich ein **Holzboden** darunter befindet, können Sie ihn renovieren.

Sammeln Sie Muster von Böden und legen Sie diese aus, um deren Wirkung zu prüfen. Wenn Sie an einen Holzboden denken, sollten Sie Massivholz bevorzugen.

Nachdem Sie den passenden Boden gefunden haben, lassen Sie ihn vom Fachmann legen oder gestalten Sie ihn bei entsprechenden Fertigkeiten selbst.

Läufer

Legen Sie auf Fliesen-, Stein- oder Holzböden Läufer um entspannende Bereiche im Zimmer zu schaffen.

Farben und Muster

Die von Ihnen gewählten Farben haben den größten Einfluss auf Ihre Stimmung im Wohnzimmer. Feng Shui bietet drei Wege, die Ihnen die Auswahl der geeignetsten Farben erleichtern.

Muster
Durch das Auslegen eines gemusterten Läufers in diesem Wohnzimmer wird ein Ausgleich zwischen Yin und Yang geschaffen, da hier eine Mischung aus zufälligen Mustern und sich wiederholenden Elementen vorherrscht.

Ermitteln Sie zuerst mit Hilfe der auf den Seiten 9 oder 145 beschriebenen Methoden die Himmelsrichtung Ihres Wohnzimmers. Bestimmen Sie anschließend anhand der Diagramme auf den Seiten 38–41 Ihr Farbschema. Da diese Farben die beste Chi-Energie in diesem Teil Ihres Hauses hervorbringen, wird das Zimmer in Harmonie mit der natürlichen Umgebung gebracht.

Ermitteln Sie zweitens, welche Energie Ihr Geburtsjahr bestimmte, und schlagen Sie die mit ihr verbundenen Farben auf den Seiten 148–149 nach. Diese Farben fördern Ihre tiefste Chi-Energie zu Tage. Wenn Sie mit einem anderen Menschen zusammenleben, suchen Sie eine Farbe, die mit Ihnen beiden harmoniert (siehe Seiten 150–151).

Denken Sie drittens mit Hilfe der Übungen auf den Seiten 14–17 darüber nach, welche Aspekte Ihres Lebens Sie verbessern möchten. Ermitteln Sie anschließend in den Farbübersichten auf den Seiten 38–41 die Farbe, welche die meiste geeignete Energie in diesem Zimmer erzeugt.

Möglicherweise gibt es eine Farbe, die in allen drei Projekten auftaucht. Doch Sie müssen entscheiden, welche für Sie die höchste Priorität besitzt.

Vorhaben für zwei Tage

❶ Farben im Wohnzimmer

Fertigen Sie unter Nutzung der oben beschriebenen Techniken **eine Liste** der Farben **an**, die am zweckmäßigsten für Sie sind. Erwerben Sie **Muster** in diesen Farben. Kräftigere Töne erzeugen eine dynamische Atmosphäre mit Yang, während zarte Schattierungen eine ruhigere Stimmung mit viel Yin fördern.

Tragen Sie **Farbtupfer** in verschiedenen Farben und Tönen auf die Wand **auf**, damit Sie diese **längere Zeit immer wieder anschauen können**. Machen Sie die Tupfer **so groß wie möglich**, da Farben ganz anders wirken, wenn Sie einen großen Bereich bedecken. Sobald Sie Ihr Farbschema ausgewählt haben, **bereiten** Sie den Raum für die Malerarbeiten **vor**.

MUSTER UND FARBEFFEKTE
Die nachfolgende Liste zeigt Ihnen, wie unterschiedliche Muster einem Zimmer Yin und Ruhe oder Yang und Anregung verleihen können.

YIN-BERUHIGEND	YANG-ANREGEND
Zufälliges Muster	**Sich wiederholende Elemente**
Wellen	**Streifen**
Oval	**Kreise**
Gesprenkelt	**Reglementiert**
Geblümt	**Rhombisch**
Mit Rollen aufgetragen	**Mit Schablonen gestempelt**
Gebürstet	**Mit Schablonen aufgespritzt**
Schwammtechnik	**Gedruckt**

Muster und Speziallasuren

Muster sind eine andere Möglichkeit die Atmosphäre eines Zimmers zu beeinflussen. Sie können Muster mit entsprechenden Tapeten oder speziellen Farblasuren in ein Zimmer bringen. Gemäß der Lehre von Yin und Yang lässt sich sagen: Ein regelmäßiges Muster erzeugt eine anregende, unregelmäßige Elemente, zum Beispiel ein durch Schwammtechnik aufgetragenes Dekor, ein entspannendere Atmosphäre.

Farbeffekte

Hier passt die spezielle Lasur an den Wänden zur Farbe der Möbel im Wohnzimmer. Diese Kombination erzeugt trotz der kräftigen Farbe ein Gefühl der Einheit und Ruhe.

Schmückende Elemente

In diesem Zimmer resultiert die aufgeweckte und stimulierende Atmosphäre aus Verwendung verschiedener ähnlicher Muster.

Da ein „Yang-Muster" ein Zimmer kleiner erscheinen lässt, ist es besser für einen großen Raum geeignet. Der beeindruckende und dramatische Effekt passt in ein Zimmer, in dem man sich unterhält, allerdings weniger für den Familiengebrauch.

Strukturierte Tapete bremst den Energiefluss und schafft eine entspannende Atmosphäre, während Glanztapete die Chi-Energie beschleunigt und für eine anregende Stimmung sorgt.

❷ Tapete kleben und Lasuren auftragen

Lassen Sie sich vor dem **Tapezieren** durch die hier gegebenen Informationen zur Auswahl der **geeigneten Muster** oder **spezieller Effekte** anregen. Planen Sie **sorgfältig** und verrennen Sie sich nicht in eine bestimmte Entscheidung, denn die Tapete lässt sich nicht so schnell auswechseln. Besorgen Sie sich große Muster und **heften Sie diese an die Wand,** damit Sie sich das Beste aussuchen können.

Bereiten Sie die Wände vor, sobald Sie sich entschieden haben. Alte Tapete müssen Sie eventuell vorher entfernen. Sie können sich die Aufgabe mit Tapetenentferner erleichtern. Vergipsen Sie Risse und Löcher und kleben Sie anschließend vorsichtig die neue Tapete an, ohne **Lücken, Luftblasen oder Falten** zu verursachen.

Wählen Sie zuerst die besten **Farben** aus (siehe Projekt auf der Seite gegenüber), bevor Sie eine spezielle Farblasur auftragen. Es gibt verschiedene Techniken zum Auftragen von Farbe, mit denen man unterschiedliche Effekte erzeugen kann. Generell streichen Sie jedoch zuerst eine Grundierung, anschließend gestalten Sie mit einer anderen Schattierung und Technik, wie **Bürsten, Schwammtechnik, Rollen, Drucken, Schablonentechnik oder Stempeltechnik,** das Muster oder Design. Wenn Sie sich über die Wirkung nicht sicher sind, können Sie zuerst einen **Test** starten und das Ganze anschließend überstreichen.

Wenn Sie das Tapezieren oder spezielle Streichtechniken nicht beherrschen, **beauftragen Sie einen Maler.**

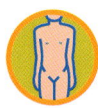

Schlafzimmer

Erholsamer Schlaf ist eine Grundvoraussetzung für eine stabile Gesundheit und allgemeines Wohlbefinden. Das Hauptaugenmerk beim Entwurf eines Schlafzimmers liegt auf der Schaffung einer Atmosphäre, die es den Bewohnern ermöglicht erfrischt, gekräftigt und voller Energie aufzuwachen. Das Schlafzimmer hat außerdem bedeutenden Einfluss auf die Beziehungen der Erwachsenen, da man hier vertraut miteinander umgeht und Zärtlichkeiten ausgetauscht werden.

VORHER

Wenn Ihr Bett sich auf einer Linie mit der Tür befindet, fließt die hereinströmende Energie direkt auf Ihr Bett zu. **Fester Schlaf wird dadurch beeinträchtigt.** Eine geöffnete Tür verschlechtert die Situation zusätzlich.

Da **ein auf das Bett gerichteter Spiegel** die Chi-Energie beschleunigt und auf Ihr Bett konzentriert, erhöht sich das **Risiko von unruhigem Schlaf.**

An der Ecke vorbeiströmende Energie beginnt zu wirbeln und richtet schnell fließende Energie auf das Bett. Dadurch steigt das Risiko von **Schlafstörungen** und langfristig von Gesundheitsschäden.

Durch den Durchgang zum benachbarten Badezimmer könnte **feuchte Chi-Energie** in das Schlafzimmer strömen.

Fehlende Gardinen ermöglichen der Chi-Energie einen zu freien Fluss durch das Schlafzimmer.

Fernseher und DVD-Player erzeugen EMF im Schlafbereich.

Der Spiegel vom Ankleidetisch **beschleunigt den Energiefluss** und richtet die Energie zurück auf das Bett. Die Ecken des Tisches verstärken die schnell fließende Chi-Energie.

Eine Pflanze mit spitzen Blättern, zum Beispiel eine Yucca, sendet aggressive Chi-Energie aus, die Ihren Schlaf beeinträchtigen könnte, wenn die Pflanze zu nah am Bett steht.

Unter dem Bett verlaufende Kabel erzeugen in nächster Nähe der Schlafenden ein EMF.

Radiowecker und **Lampe** stehen zu nahe am Kopfende des Bettes und erzeugen EMF.

NACHHER

Stellen Sie einen Wandschirm und Pflanzen **auf** um den Energiefluss **zwischen Tür und Bett** zu bremsen.

Stellen Sie Fernseher und DVD-Player möglichst **weit weg** um den Einfluss des EMF zu reduzieren.

Bringen Sie **schwere Vorhänge in voller Länge** an um nachts den Energiefluss durch die Fenster zu unterbinden.

Hängen Sie den Spiegel um, damit er nicht länger auf das Bett gerichtet ist.

Ziehen Sie eine **große, buschige Pflanze** vor die Ecke um deren Wirkung zu dämpfen und die **schnell fließende Energie** vom Bett **fern zu halten.**

Bringen Sie eine **Tür** vor dem Badezimmer **an** um das Hereinströmen **feuchter Chi-Energie** ins Schlafzimmer zu verhindern.

Bedecken Sie den **Spiegel** auf dem Ankleidetisch nachts mit einem Tuch.

Bringen Sie mehr Pflanzen in das Zimmer um den Anteil **gesunder Chi-Energie** zu erhöhen.

Entfernen Sie die Kabel **unter dem Bett** um das EMF zu reduzieren.

Ersetzen Sie den Radiowecker durch einen **mechanischen Wecker** und **entfernen Sie die Lampe** vom Kopfende.

Stellen Sie Pflanzen mit **weichen, runden Blättern** in die Nähe des Bettes.

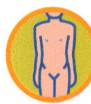

Betten und Bettzeug

Betten und Bettwäsche beeinflussen die Qualität Ihres Schlafes enorm, da sie sich in Ihrem Chi-Energiefeld befinden, wenn Sie schlafen.

Ein gutes Gefühl

Auf dieser Abbildung erzeugen das massive hölzerne Bettgestell, die frische blaue Bettwäsche und der Anstrich eine leichte Atmosphäre.

Die Qualität Ihres Schlafes beeinflusst langfristig Ihre Gesundheit. Sechs Stunden tiefer, ungestörter Schlaf sind äußerst wichtig, damit Ihr Körper sich angemessen regenerieren kann. Wenn Sie das nicht gewährleisten können, besteht die Gefahr, dass Sie Vitalität einbüßen, reizbar werden, abbauen und für Krankheiten anfällig werden.

Holz ist das ideale Material für ein Bettgestell, da es im Gegensatz zu einem Eisengestell das lokale Magnetfeld nicht verzerrt. Holz ist weicher als Metall und lässt ruhige Yin-Energie in Ihrem eigenen Energiefeld entstehen.

Je einfacher das Bettgestell, desto stärker das Yang und desto stabiler die Energie. Ein verziertes Bettgestell erhöht die kreative Yin-Energie in Ihrem Umfeld, während Sie schlafen. Da ein Himmelbett die Energie von Ihnen fernhält, eignet es sich besonders für ein großes Schlafzimmer mit hohen Decken, wo die Energie frei und schnell fließen kann. Vorhänge an den Seiten des Bettes sind ein weiteres Mittel um die Energie fernzuhalten.

Die Höhe des Bettes kann ebenfalls Ihre Chi-Energie beeinflussen. Der Abstand zwischen Ihrem Bett und der Decke sollte mindestens 1,80 Meter betragen, damit sich Ihre eigene Chi-Energie über Nacht frei bewegen kann. Je höher das Bett, desto stärker die intellektuelle Anregung, und je niedriger das Bett, desto stärker die praktische Orientierung.

Vorhaben für einen halben Tag

❶ Besser gebettet

Überprüfen Sie Ihre Bettwäsche sowie die Bettdecken und Matratzen auf das Material. Sehen Sie nach, woraus das Bettgestell besteht. Stapeln Sie die natürliche und die synthetische Bettwäsche getrennt beziehungsweise **werfen Sie das synthetische Material weg.**

Spielen Sie bereits mit dem Gedanken Ihr Bett auszuwechseln oder leiden Sie an **Schlaflosigkeit**, sollten Sie ein hölzernes Bettgestell erwerben, wenn das vorhandene aus **Metall** ist. Messen Sie die Höhe der Zimmerdecke und ziehen Sie 1,80 Meter ab um die Höhe Ihres Bettes zu ermitteln. Greifen Sie auf die Ausführungen in diesem Buch zurück um zu entscheiden, ob Sie ein **höheres** oder ein **niedrigeres Bett** bevorzugen.

Testen Sie **verschiedene Matratzen** und **Futons** um ein natürliches Material zu finden, auf dem Sie sich wohlfühlen. Da Sie **Matratze oder Futon** häufig drehen und wenden müssen, sollten Sie zu beiden Seiten und am Fußende Ihres Bettes genügend Platz lassen. Stellen Sie Ihr Bett gemäß den Ausführungen auf dieser und der nächsten Seite auf. Verwenden Sie **natürliche Bettwäsche** für Ihr Bett. Überprüfen Sie vor dem Kauf neuer Bettwäsche das Material und **denken Sie über Farben und Stil nach,** die Ihren Bedürfnissen am meisten entsprechen.

Matratzen

Ziehen Sie Matratzen aus natürlichen Materialien, wie Stoff, Wolle, Stroh und Haar, Matratzen aus Schaumstoff und anderen synthetischen Materialien vor. Synthetische Materialien besitzen eine statische Ladung. Da sich diese in Ihrem Chi-Energiefeld befinden wird, beeinflusst sie unmittelbar Ihre Stimmung. Sie kann körperliche und seelische Niedergeschlagenheit bewirken.

Futons aus Baumwolle haben einen ausgezeichneten Einfluss auf die Bewegung der Chi-Energie. Futons bestehen im Wesentlichen aus vier bis acht Schichten dicker Baumwolle, die sich in einem stabilen Baumwollbezug befinden. In Japan werden sie auf Tatamimatten aus Bambus gelegt. Im Westen verwenden die meisten Menschen Lattenroste als Unterlagen, die sich problemlos aufstellen und lüften lassen. Da Futons sehr hart sind, eignen sie sich für Menschen mit Rückenproblemen.

Federkernmatratzen enthalten Sprungfedern aus Metall, die das lokale Magnetfeld verzerren. Der Energiefluss kann bis zum Chaos verzerrt werden. Wasserbetten produzieren viel Wasser-Chi-Energie, die für eine stabile Gesundheit zu feucht ist.

UNBEDINGT VERMEIDEN:
Stahl- und Eisenbettgestelle, elektrische Decken, synthetische Materialien

Bettwäsche

Nicht statische Materialien wie reine Baumwolle, oder Leinen können Sie ohne Bedenken nahe an Ihre Haut lassen. Synthetische Stoffe bauen eine elektrische Ladung auf, die den Energiefluss beeinträchtigt.

Baumwolle und Leinen ermöglichen es Ihrer Haut zu atmen. Da Sie in einer Nacht bis zu einem Liter Flüssigkeit durch Ihre Haut abgeben können, ist das sehr wichtig. Seide kann sehr erotisch und anregend wirken. Spitzenbettwäsche oder bestickte Stoffe haben mehr Yin, so dass Ihr Bett gemütlicher wirkt.

Die Farbe Ihrer Bettwäsche verändert tagsüber die Chi-Energie Ihres Schlafzimmers. Romantik lässt sich mit etwas Rosa oder Rot erzeugen. Creme oder Schwarz regen sexuelles Verlangen an.

Vermeiden Sie den Gebrauch elektrischer Decken, da sie ein EMF erzeugen und das natürliche Magnetfeld verzerren.

Position des Bettes

Die Richtung, in die das Kopfende Ihres Bettes weist, und dessen Beziehung zum Rest des Zimmers haben sehr großen Einfluss auf Ihr eigenes Chi-Energiefeld. Wenn Sie also einschneidende Veränderungen in Ihrem Leben vornehmen möchten, sollten Sie darauf achten, dass das Kopfende Ihres Bettes einer Richtung zugekehrt ist, die Ihre Vorsätze unterstützt.

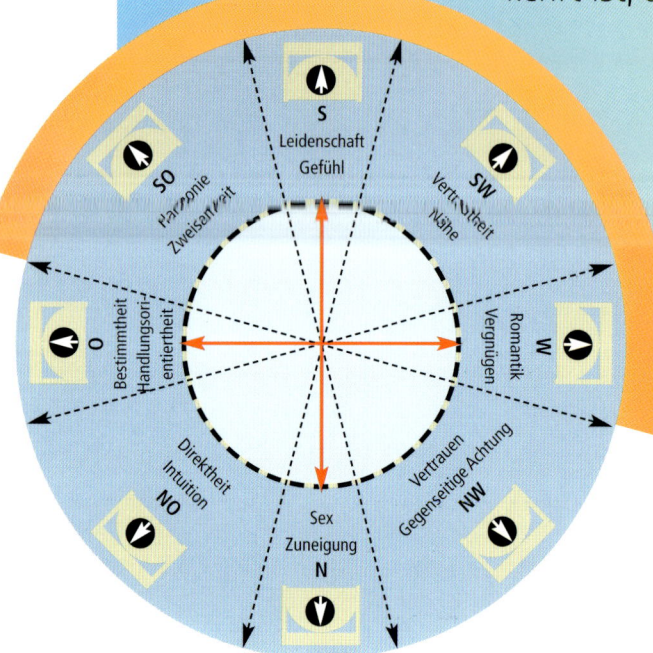

Die unten aufgeführten Informationen helfen Ihnen bei der Entscheidung, in welcher Richtung sich das Kopfende Ihres Bettes befinden sollte.

Testen Sie die Wirkung verschiedener Richtungen, indem Sie Ihr Bett schräg zu den Wänden stellen. Wenn Sie Verbesserungen in Ihrem Leben wahrnehmen, können Sie das ganze Zimmer der neuen Position des Bettes entsprechend einrichten.

NACH SÜDEN

Die kraftvolle Energie und heiße, feurige Natur dieser Himmelsrichtung unterstützen Leidenschaft, Ausdruckskraft und Geselligkeit. Diese Energie ist jedoch ungeeignet für Menschen, die schlecht schlafen, schnell gestresst oder streitsüchtig sind. Die Energie kann geistig anregen und den Verstand schärfen.

NACH SÜDWESTEN

Wenn Sie beständiger sein möchten, empfiehlt sich diese Himmelsrichtung. Vorteilhafte südwestliche Energie konzentriert sich auf die Verbesserung der Lebensqualität im Hinblick auf Beziehungen, glückliches Familienleben und Befriedigung bei der Arbeit. Sie fördert außerdem gesunden Schlaf, praktisches Denken und Realismus.

NACH WESTEN

Westliche Chi-Energie verbindet die Vorteile guten Schlafes mit Zufriedenheit. Sie wirkt sich günstig auf Romanzen und Finanzen aus. Manchmal führt Zufriedenheit auch zu Faulheit und Motivationsverlust, sodass sich diese Energie am besten für Menschen eignet, die bereits erfolgreich im Berufsleben etabliert sind.

NACH NORDWESTEN

Hier finden Sie langen, tiefen Schlaf. Auch die mit Führerschaft, Verantwortung und Selbstbeherrschung verbundene Energie ist hier anzutreffen. Sie könnte für einen jungen Menschen zu ernst sein.

NACH NORDEN

Da der Norden eine sehr friedliche Himmelsrichtung ist, eignet er sich hervorragend für Leute mit Schlafstörungen. Er kann Ihrem Leben jedoch auch zu viel Ruhe verleihen. Er stärkt inneren Frieden und bringt Sie der geistigen Welt näher. Er fördert zwar auch Vertrautheit, Zuneigung und Sexualität, trotzdem ist Energie aus dieser Richtung für einen jungen Menschen nicht geeignet.

NACH NORDOSTEN

Diese Energie kann für erholsamen Schlaf zu hart und durchdringend sein und Sie anspannen. Sie könnte auch das Auftreten von Alpträumen verstärken. Ihr Vorteil liegt in der Verbesserung von Motivation, Konkurrenzfähigkeit und Entschiedenheit. Sie unterstützt Sie bei der Suche nach einer eindeutigen Richtung in Ihrem Leben.

Vorsprünge oder rechte Winkel, die auf ein Bett gerichtet sind

Energie, die an einem Vorsprung oder rechten Winkel vorbeiströmt, beginnt Wirbel zu bilden. Der Schlaf in einem Whirlpool voller Energie kann zu Desorientierung und Verwirrung führen.

Da wir mehr Zeit im Bett als an anderen Orten verbringen, nehmen wir hier die meiste Chi-Energie aus der Umgebung auf. Während des Schlafes sind wir besonders passiv und empfänglich für äußere Kräfte. In der östlichen Medizin geht man davon aus, dass die meiste Energie durch den Kopf in Ihren Körper dringt. Die Richtung, der Ihr Kopf beim Schlafen zugewandt ist, beeinflusst die Art der Energie, die Sie aufnehmen. Aus diesem Grund bietet sich Ihnen mit der Position Ihres Bettes die Möglichkeit, Ihr eigenes Chi-Energiefeld zu stärken.

Synthetische Materialien

Diese Materialien besitzen eine eigene elektrostatische Ladung, welche die Bewegungen Ihres eigenen Energiefeldes überlagern kann. Natürliche Materialien, wie Baumwolle, Leinen, Seide oder Wolle, verhindern dieses Problem. Je näher die Stoffe Ihrer Haut sind, desto größer ist ihr Einfluss.

 **NACH OSTEN**

Östliche Energie ist ideal für junge Menschen. Sie wird mit dem Beginn des Tages verbunden und vermitteln das Gefühl, dass die Zukunft noch vor einem liegt. Sie unterstützt sowohl ehrgeizige Pläne, das Erledigen von Aufgaben und Geschäftssinn als auch den Aufbau des persönlichen Lebens und den Beginn neuer Projekte. Da diese Energie bei Tagesanbruch am stärksten wirkt, fördert sie einen schwungvollen Start in den Tag.

 NACH SÜDOSTEN

Diese Energie ist günstig für Kommunikation, Beziehungen, Fantasie und gesteigerte Aktivitäten. Sie hilft Ihnen neue Ideen zu formulieren, sich in Beharrlichkeit zu üben und auf langfristige Ziele hinzuarbeiten. Sie ist mit zukünftigem Wohlstand und Wachstum verbunden.

EMF reduzieren und die Wirkung der scharfen Ecken dämpfen

Ein elektromagnetisches Feld (EMF), das in der Nähe Ihres Bettes von einem Gegenstand erzeugt wird, der mit Elektrizität betrieben wird oder diese transportiert, ist potentiell schädlich, da Sie über größere Zeiträume diesem Feld ausgesetzt sind (siehe Seiten 26 – 27). Sie können diesem Prozess am besten entgegenwirken, wenn Sie den Gegenstand möglichst weit von Ihrem Bett wegstellen.

Das Dämpfen der Wirkung scharfer Ecken ist eine wesentliche Voraussetzung für gesunden Schlaf. Da Sie lange Zeiträume im Bett verbringen und im Schlaf negativen Einflüssen gegenüber verletzlicher sind, können Vorsprünge, spitze Ecken und rechte Winkel, die auf Ihr Bett gerichtet sind, schädliche Auswirkungen haben.

Verdecken Sie spitze Ecken

Legen Sie sich auf Ihr Bett und beobachten Sie, ob Vorsprünge oder spitze Ecken auf einen Teil Ihres Bettes zeigen. Schauen Sie sich Wände, Schränke, Regale und die Schubladen von Kommoden an. Achten Sie auch auf die Regale über Ihrem Bett. Verdecken Sie die Ecken mit Pflanzen oder Stoff.

QUELLEN VON EMF IM SCHLAFZIMMER:
Nachttischlampen, Radiowecker, Fernseher, DVD-Geräte, Videorecorder, HiFi-Anlage, Kabel, elektrische Decken und elektrische Heizgeräte

EMF reduzieren

Sie sollten Kerzen und mechanische Wecker anstelle von Lampen und elektrischen Weckern verwenden.

Vorhaben für einen halben Tag

❶ EMF vermeiden

Schalten Sie alle **elektrischen Geräte** im Schlafzimmer an und führen Sie zur groben Orientierung einen **Kompass** langsam über Ihr Bett um zu überprüfen, ob die Nadel **stehen bleibt oder zu beiden Seiten ausschwingt.** Je stärker sie ausschwingt, desto wahrscheinlicher befindet sich ein EMF oder ein elektrischer Gegenstand in der Nähe Ihres Bettes.

Entfernen Sie elektrische Gegenstände **von Ihrem Bett.** Sollte der Raum begrenzt sein, **bewirkt** schon ein kleiner Abstand eine **enorme Reduzierung** des EMF.

Sehen Sie nach, ob **Kabel in der Nähe Ihres Bettes** oder darunter **verlaufen.** Überprüfen Sie die Wände hinter dem Kopfende und an den Seiten auf Steckdosen. Befindet sich in Ihrem Schlafzimmer ein **Teppich**, sehen Sie nach, ob **darunter Kabel verlaufen.**

Benutzen Sie nach Möglichkeit weiter von Ihrem Bett entfernte Steckdosen und legen Sie die Kabel in deren Nähe, damit sie nicht in der Nähe des Bettes liegen. In einigen Fällen müssen Sie auf Verlängerungsschnüre zurückgreifen oder einen Elektriker bestellen um die Steckdosen woanders anzubringen.

Sie können das EMF weiter einschränken, indem Sie vor dem Schlafen alle Stecker ziehen.

Beleuchtung

Da Sie die meiste Zeit in Ihrem Schlafzimmer nachts verbringen, wenn kein Tageslicht eindringt, hat die Beleuchtung hier einen größeren Einfluss als in anderen Zimmern. Lassen Sie sich bei der Wahl der Beleuchtung im Schlafzimmer von funktionalen Zwecken leiten. Sie sollten alles deutlich sehen können. Gleichzeitig sollte das Licht aber für eine entspannte und romantische Stimmung sorgen.

Die Beleuchtung sollte im Schlafzimmer generell so weich wie möglich sein. Vermeiden Sie deshalb fluoreszierende Energiesparlampen, die blaues, kälteres Licht erzeugen.

Das Licht sollte größtenteils indirekt sein. An die Wand oder die Decke reflektiertes Licht verwöhnt Ihre Augen und beruhigt Sie. Benutzen Sie dort, wo Sie mehr Licht benötigen, Steh-, Wand- oder Deckenlampen, die diese Leistung erbringen.

Lampen
Verwenden Sie für Nachttischlampen Niedrigwattlampen und dicke Schirme um das Licht zu dämpfen.

Farben für Lampenschirme
Wählen Sie die Farbe nach der Stimmung aus, die Sie schaffen möchten: Rosa für Ruhe und Vergnügen, Purpur für Leidenschaft und Gelb für Gemütlichkeit.

Vorhaben für einen halben Tag

❶ Beleuchtung für jede Stimmung
Schalten Sie alle Lampen ein und **legen oder setzen Sie sich auf Ihr Bett**. Sehen Sie sich um und prüfen Sie, ob alle Bereiche **ausreichend beleuchtet** sind. Können Sie in alle Schränke, Kommoden und Regale **ohne Probleme** hineinsehen? Hat Ihr Ankleidetisch genügend Licht? Wenn es Bereiche gibt, die eine bessere Beleuchtung benötigen, denken Sie über die **Verbesserung** der Situation nach. Eine zusätzliche Stehlampe ist die **einfachste** Lösung.

Knipsen Sie jedes Licht einzeln an und testen Sie die **Atmosphäre**, die es erzeugt. Überprüfen Sie die Wirkung der einzelnen Varianten auf sich selbst. Gibt es eine Lampe, die Sie ermüdet, entspannt oder in romantische Stimmung versetzt? Wenn Sie mit den Möglichkeiten nicht zufrieden sind, **testen Sie die folgenden.**

Stellen Sie ein Paar Kerzen in den südwestlichen Teil Ihres Schlafzimmers. Sollte das nicht möglich sein, probieren Sie Osten, Südosten oder Nordosten aus. Achten Sie darauf, dass die Kerzen an einer **sicheren** Stelle stehen, weit entfernt von brennbaren Gegenständen, für den Fall, dass Sie bei brennenden Kerzen einschlafen. **Zünden Sie die Kerzen an,** wenn Sie entspannen möchten, Lust auf Romantik oder Sex verspüren. Duftkerzen werden die Atmosphäre verstärken.

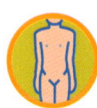

Bilder und Pflanzen

Das Schlafzimmer ist der ideale Ort für Romantik. Da es ein sehr privater Bereich ist, gehen Sie und Ihr Partner hier vertrauter miteinander um als in jedem anderen Zimmer Ihrer Wohnung. Der westliche und südwestliche Teil des Schlafzimmers sind günstige Plätze für Gegenstände, die zur Verbesserung von Beziehungen beitragen, da hier die mit Romantik und Beziehungen verbundene Energie vorherrscht.

Das von Ihnen gewählte Bildnis ist etwas sehr Persönliches. Sie sollten sorgfältig darüber nachdenken, was Sie und Ihren Geliebten dazu anregt mehr Energie in Ihre Beziehung einzubringen.

Pflanzen sorgen für ein gesundes Umfeld in Ihrem Schlafzimmer, weil sie lebendige Chi-Energie absondern und zur Trockenheit im Raum beitragen. Da Pflanzen außerdem Geräusche aufnehmen, fördern Sie die für einen erholsamen Schlaf notwendige Stille. Weitere Informationen über die Wirkung von Pflanzen auf die Atmosphäre finden Sie auf den Seiten 46 – 47.

Blumen strahlen ebenfalls lebendige Chi-Energie ab und bringen zusätzlich Farbe in Ihr Schlafzimmer. Sie können die Atmosphäre abhängig von Ihrer Stimmung gestalten: Mit den entsprechenden Blumen lässt sich die Atmosphäre auffrischen oder beruhigen (siehe Seiten 32 – 33). Blumenduft bringt Frische in Ihr Schlafzimmer und lädt zum Verweilen ein.

Bilder

Hängen Sie ein romantisches Bild in den südwestlichen Teil des Zimmers. Fotografien von Ihnen und Ihrem Partner in romantischen Posen und schönen Momenten wirken sich positiv auf die Stimmung aus.

Romantik und Leidenschaft

Wenn Sie Ihr Schlafzimmer in einen Ort verwandeln möchten, an dem Sie Leidenschaft spüren, schmücken Sie ihn mit kräftig violetten Blumen. Rosa ist der Romantik zuträglich, während Blau das Wohlbefinden steigert.

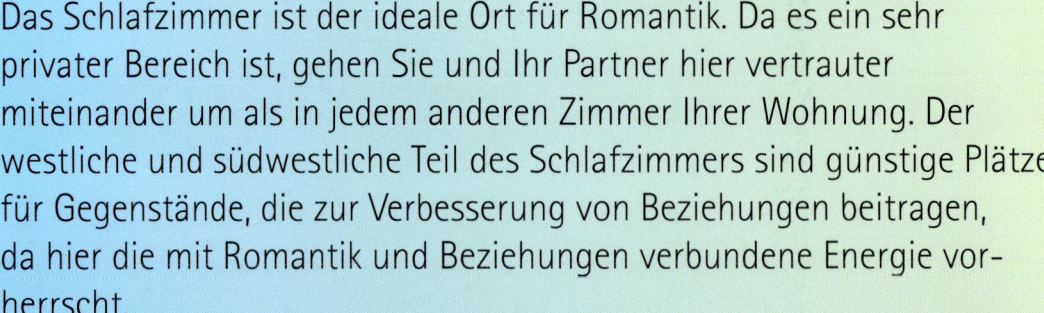

Vorhaben für einen halben Tag

❶ Romantische Bilder

Die folgenden Vorschläge sollen Sie dabei unterstützen sich auf die **Verbesserung Ihrer Beziehung** zu konzentrieren. Bestimmen Sie mit einem Kompass (siehe Seite 145) oder gemäß der auf Seite 9 beschriebenen Technik den südwestlichen Teil Ihres Schlafzimmers. Lesen Sie den Text und testen Sie verschiedene Bilder, die Sie **ansprechen**. Fordern Sie Ihren Partner auf Ihrem Beispiel zu folgen und beziehen Sie seine und Ihre Ideen mit ein.

Stellen Sie ein Paar **rote oder rosafarbene Blumen in einer silbernen Metallvase** in den westlichen Teil Ihres Schlafzimmers.

Stellen Sie die **Statue eines Paares in leidenschaftlicher Umarmung** in den Südwesten. Erzeugen Sie mit Duftölen eine entspannte Atmosphäre. Geben Sie ein paar Tropfen in eine Duftlampe.

❷ Pflanzen und Bilder

Berücksichtigen Sie bei der Auswahl der Pflanzen den **Einfall des Tageslichts** in Ihr Schlafzimmer. Vermeiden Sie Pflanzen mit spitzen Blättern wie **Yuccas oder Kakteen** in der Nähe Ihres Bettes, da sie Yang-Energie erzeugen und somit die Entspannung behindern.

Wählen Sie die Plätze für die Pflanzen mit Bedacht aus. Kümmern Sie sich regelmäßig um sie. **Sterbende Pflanzen können ungesunde Chi-Energie in** Ihr Schlafzimmer **bringen.**

Überlegen Sie, was Ihr Wohlbefinden im Schlafzimmer steigert. Schmücken Sie Ihr Schlafzimmer mit den geeigneten Blumen und Farben. Wechseln Sie das Wasser jeden Tag um die Blumen frisch zu halten und sortieren Sie welkende Blumen aus.

Lagermöglichkeiten

Von Lagermöglichkeiten, wie Schränken, Kommoden und Schubladen, hängt die Ordnung und Sauberkeit in Ihrem Schlafzimmer ab. Je aufgeräumter diese Möbelstücke sind, desto häufiger werden Sie benutzt.

Im Allgemeinen treten Probleme auf, wenn es zu viele Kleidungsstücke für die vorhandenen Schränke gibt. Sie müssen das richtige Verhältnis zwischen Hängeregalen, Kommoden und Schränken finden. Frei stehende Regale oder Schränke sind ideal, da Sie deren Position im Schlafzimmer verändern können, wenn Sie Ihr Bett umstellen möchten.

EIN AUFGERÄUMTES SCHLAFZIMMER

Ein Ankleidezimmer neben Ihrem Schlafzimmer löst Ihr Raumproblem. Dieser Raum kann offene Garderoben und Regale enthalten, damit man den Überblick behält und die Sachen wirklich trägt. Da im Ankleidezimmer alles untergebracht werden kann, was gerade nicht gebraucht wird, sieht das Schlafzimmer immer aufgeräumt aus.

Variable Lagermöglichkeiten

Sie lassen sich mit Ihren wachsenden Bedürfnissen verändern. Offene Einheiten sind leicht einsehbar, verstärken allerdings die Notwendigkeit von Ordnung.

Aufbewahrung

Vielzweck-Lager-Einheiten empfehlen sich, wenn der Platz begrenzt ist.

Vorhaben für einen halben Tag

❶ Ordnung schaffen

Entfernen Sie Ihre gesamte Kleidung aus dem Schlafzimmer. Auf Seite 42 finden Sie Vorschläge zum effektiven Sortieren. Legen Sie die Stücke, die Sie selten tragen, **zur Seite.** Suchen Sie nach Möglichkeit andere Plätze, wo Sie diese aufbewahren können, zum Beispiel **auf dem Dachboden, in der Garage** oder **dem Verschlag unter der Treppe.**

Ordnen Sie die restliche Kleidung nach Gruppen, je nachdem, ob sie aufgehängt, in Schränke oder Kommoden gelegt werden kann. Sortieren Sie die Wäsche so ein, dass **reichlich Platz** bleibt, sie leicht zugänglich und dass **zusätzlicher Platz für Neuerwerbungen** vorhanden ist. Nun wissen Sie, ob Sie mehr Platz benötigen und was für Lagermöglichkeiten Sie brauchen.

Wählen Sie das **geeignete Möbelstück** aus. Es sollte idealerweise aus Massivholz bestehen, abgerundete Kanten sowie eine Form besitzen, die Ihr Wohlbefinden im Schlafzimmer fördert.

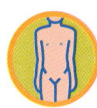 

Kinderzimmer

Die meisten Eltern finden die Atmosphäre in einem Kinderzimmer dann ideal, wenn sie den gesunden Schlaf des Kindes fördert. Gemäß Feng Shui sollte die Atmosphäre jedoch auch dem Wachstum und der Entwicklung des Kindes zuträglich sein.

VORHER

Da **ein auf das Bett gerichteter Spiegel** die Chi-Energie beschleunigt und auf das Bett richtet, steigt das Risiko unruhigen Schlafes.

Rechner und Schreibtischlampe setzen den Schlafbereich EMF aus.

Fehlende Gardinen ermöglichen **ungehinderten Energiefluss** durch das Zimmer.

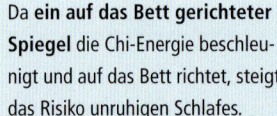
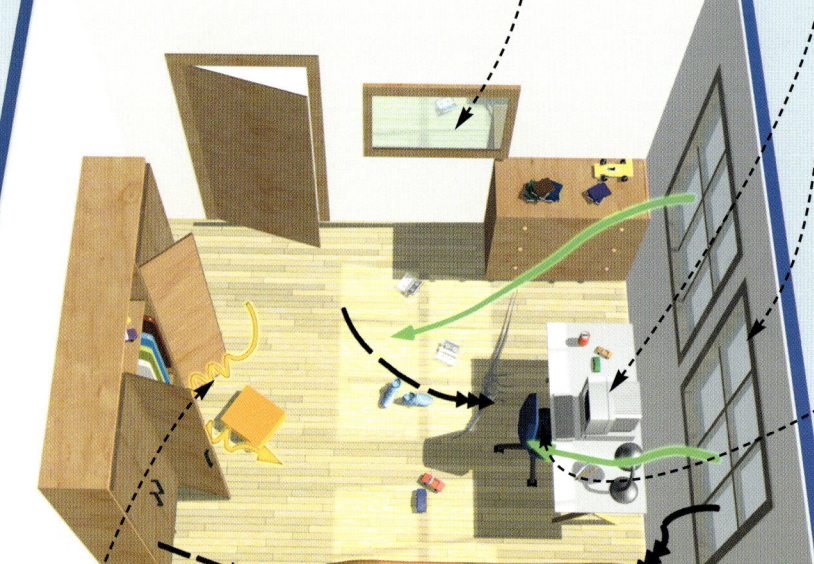

Wenn das Kind mit dem **Rücken zur Tür** sitzt, kann es unruhig werden und die **Konzentration auf die Hausaufgaben** verlieren.

Energie, die an **scharfen Kanten** vorbeiströmt, beginnt zu wirbeln und richtet **schnell fließende Chi-Energie** auf das Bett. Schlafstörungen und – auf lange Sicht – **gesundheitliche Schäden** können folgen.

Kabel **unter dem Bett** setzen den Schlafenden EMF aus.

Befindet sich das Kopfende in **Fensternähe**, strömt die eintretende **Chi-Energie** auf Ihr Kind zu und **behindert den erholsamen Schlaf**.

NACHHER

Stellen Sie Pflanzen auf um den Anteil gesunder Chi-Energie zu erhöhen. Neben dem Rechner sind sie besonders effektiv.

Liegen **Zimmer,** Tür und Fenster **im Blickfeld,** wenn man am Schreibtisch sitzt, hat man eine sicherere Position.

Stellen Sie den Spiegel an einen Platz, an dem er nicht das Bett reflektiert.

Entfernen Sie den Computer so weit wie möglich vom Bett um den Einfluss des **EMF** zu reduzieren.

Richten Sie die **Beleuchtung** auf die Wand um für ein **weiches** und entspannendes Licht zu sorgen.

Entfernen Sie die Kabel unter dem Bett um den Einfluss des EMF zu reduzieren.

Stellen Sie **große, buschige** Pflanzen vor scharfe Kanten um schnell fließende Energie vom Bett fern zu halten. Bedecken Sie die Ecken der Kommode mit einer **Hängepflanze.**

Bringen Sie schwere **Vorhänge in voller Läge** an um nachts den Fluss von Chi-Energie durch die Fenster zu unterbinden.

Rücken Sie das Bett vom Fenster **ab,** damit Ihr Kind ruhiger schläft. Bei dieser Position des Bettes sollte **die Tür nachts geschlossen** bleiben.

Ein natürliches Umfeld

Je natürlicher die Atmosphäre im Kinderzimmer ist, desto leichter können sich Ihre Kinder entspannen. Das kann zu tieferem Schlaf und besserem Verhalten führen. Vermeiden Sie künstliche Materialien, da diese feine Dämpfe abgeben und eine statische elektrische Ladung aufbauen, die der Gesundheit des Kindes langfristig schaden könnten.

Sie sollten im Kinderzimmer einen offenen Raum schaffen, damit die Chi-Energie ungehindert fließen kann und Ihre Kinder genügend Platz zum Spielen haben.

Sollte der Platz knapp sein, können Sie das Bett durch ein Futon austauschen, das Sie tagsüber zusammenrollen können um Platz zum Spielen zu schaffen.

Wenn Ihre Kinder viel elektrisches Spielzeug besitzen, könnten Sie dieses außerhalb des Raumes aufbewahren um das EMF im Kinderzimmer zu reduzieren.

Verwenden Sie natürliche Materialen
Vermeiden Sie aus Holzfaserplatten gefertigte oder mit Furnier verkleidete Möbel, da diese toxische Dämpfe abgeben können. Verwenden Sie Massivholz, weil es die Chi-Energie besser leitet.

Vorhaben für einen halben Tag

1 Natürliche Materialien
Überprüfen Sie das Material der **Polstermöbel** im Schlafzimmer Ihrer Kinder. Beziehen Sie **Bettwäsche, Vorhänge, Teppich, Läufer und Kissen** mit ein. Wenn alle diese Dinge Synthetik-fasern enthalten, sollten sie durch solche ersetzt werden, die aus reiner Baumwolle oder Leinen hergestellt sind.

Sehen Sie sich auch **die Kleidungsstücke an.** Ersetzen Sie synthetische Stücke durch Kleidung aus reiner Baumwolle, Leinen oder Wolle. Je näher sich ein Kleidungsstück an der **Haut Ihres Kindes** befindet, desto größer ist sein Einfluss auf dessen Chi-Energiefeld. **Unterwäsche, Schlafanzüge und Bettlaken** sind am wichtigsten. Ziehen Sie mehrere **gesunde Pflanzen** im Zimmer. Es ist vorteilhaft verschiedene Arten zu ziehen. Sollte Ihr Kind Schwierigkeiten beim Entspannen haben, können **neben dem Bett** befindliche oder im Zimmer verteilte Pflanzen mit **weichen Blättern** dieses Problem mildern.

Verwenden Sie dort, wo es möglich ist, Kerzen oder **Sicherheits- / Nachtlampen** anstelle von elektrischem Licht. Überprüfen Sie, ob Sie **Kabel** so **verlegen** können, dass sie genügend Abstand von den **Betten** haben.

Schauen Sie sich zuerst das Material an, bevor Sie einen neuen Gegenstand für das Kinderzimmer kaufen.

Möbel

Die Position des Bettes im Schlafzimmer Ihres Kindes kann den Schlaf beeinflussen. Die Richtung, der das Kopfende zugekehrt ist, hat dabei besondere Bedeutung, da sie bestimmt, welche Energie Ihre Kinder über Nacht aufnehmen. Diese Energie wirkt sich auch am Tag aus.

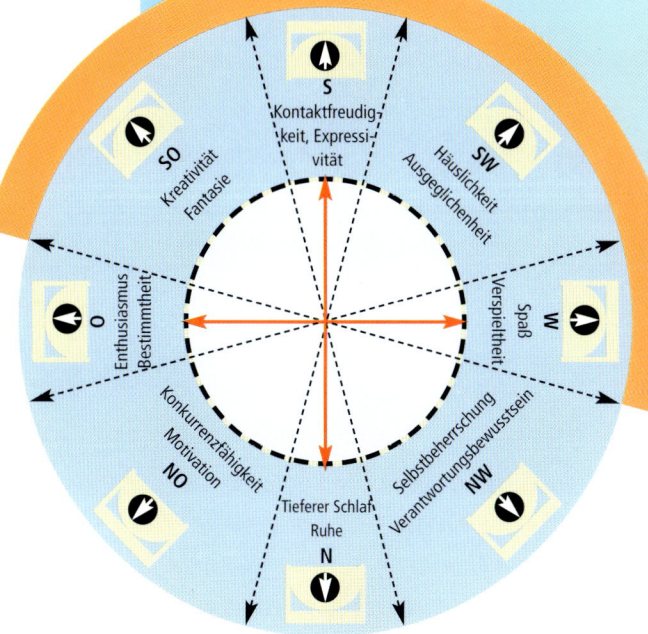

Jede Himmelsrichtung wird mit einem Familienmitglied verbunden (siehe Seite 146–147). Kinder sollten die mit Müttern und Vätern assoziierten Richtungen vermeiden.

NORDWESTEN Vater

Die Chi-Energie des Nordwestens wird mit Führerschaft, Organisationstalent und Beherrschung verbunden. Sie ist nicht für ein kleines Kind geeignet, das durch diese Art Energie dazu neigen könnte, sich nur schwer beeinflussen zu lassen und zu ernst zu werden.

NORDEN mittlerer Sohn

Da der Norden eine sehr stille Richtung ist, kann er den gesunden Schlaf von Kindern fördern. Auch ein Neugeborenes ist in einem nördlich gelegenen Raum gut aufgehoben. Sie sollten das Kopfende des Bettes jedoch nur vorübergehend dieser Richtung zukehren, da die Energie zu ruhig für ein heranwachsendes Kind ist.

NORDOSTEN jüngster Sohn

Die Energie aus dieser Himmelsrichtung ist zu hart und durchdringend zum Schlafen. Sie kann bei Ihrem Kind sogar die Neigung zu Wutanfällen fördern. Die Energie ist vorteilhaft, wenn Sie möchten, dass Ihr Kind motivierter und durchsetzungsfähiger wird.

OSTEN ältester Sohn

Der Osten gilt als die ideale Himmelsrichtung für junge Menschen. Da er die Energie des Wachstums trägt, unterstützt er Kinder am Anfang Ihres Lebens. Die Energie des Ostens ermöglicht jungen Menschen außerdem, schwungvoll in den Tag zu starten, weil sie bei Tagesanbruch am aktivsten ist.

SÜDOSTEN älteste Tochter

Ist das Kopfende des Bettes dem Südosten zugekehrt, wird die Fantasie und Kreativität gefördert. Da die südöstliche Energie sanfter ist, könnten Sie diese ausprobieren, falls die östliche Energie für Ihr Kind zu intensiv sein sollte.

SÜDEN mittlere Tochter

Ist das Kopfende des Bettes nach Süden ausgerichtet, könnte das Kind aufgrund der intensiven Energie unter Schlafstörungen leiden. Der Vorteil dieser Himmelsrichtung ist die Förderung schnellen Denkens und eines spontanen Geistes.

SÜDWESTEN Mutter

Diese Himmelsrichtung steht für Häuslichkeit und unterstützt erholsamen Schlaf. Die Energie ist allerdings zu reif und ausgeglichen für ein kleines Kind, fördert aber praktisches Handeln und vorsichtiges und bedachtes Vorgehen.

WESTEN jüngste Tochter

Diese Richtung verbindet die Vorteile erholsamen Schlafes mit einer verspielten Atmosphäre. Sie steht auch für Häuslichkeit, von der ein Kind mit Schlafproblemen profitieren kann. Zufriedenheit könnte somit erzeugt werden.

Ein Zimmer mehrfach nutzen

Dieser Raum kann nicht nur zum Schlafen, sondern auch zum Spielen genutzt werden. Daraus ergibt sich die Herausforderung tagsüber eine lebhafte und nachts eine friedliche Atmosphäre zu schaffen.

Es ist wichtig, dass das Schlafzimmer eines Kindes nicht von Plastikspielzeug überschwemmt wird, da die Atmosphäre zum Spielen und Schlafen sonst zu künstlich ist. Ein überladenes und chaotisches Zimmer kann dazu führen, dass sich das Kind nicht dort aufhalten will und den Respekt für seine Umgebung verliert.

Zeichnungen und Wandbehänge fördern eine verspielte Atmosphäre am Tag. Schablonentechniken beleben das Kinderzimmer zusätzlich. Farben und Muster heben sich von den einfachen Oberflächen ab und verleihen dem Zimmer eine anregende Atmosphäre.

Versuchen Sie Ihre Kinder zum Mithelfen beim Malern und Einrichten des Zimmers zu motivieren. Verwenden Sie Farben, Stoffe, Pflanzen, Beleuchtung und natürliche Materialien, welche die Atmosphäre sanfter gestalten, damit sich das Spielzimmer immer auch in ein friedliches Schlafzimmer verwandeln kann.

Farbeffekte und Schablonentechnik
Sie können einen Teil der Wände oder Möbel, wie Kommoden oder Tischkanten, mit Hilfe von Schablonen gestalten.

Vorhaben für einen halben Tag

❶ Schablonentechnik
Suchen Sie eine Stelle oder ein Möbelstück aus, das Sie mit **Schablonentechnik verzieren** möchten. Wählen Sie eine Farbkombination, welche die **nützlichste Atmosphäre** für Ihr Kind schafft (siehe Seiten 38 – 41). Sehen Sie sich **verschiedene Muster** für die Schablone an. **Gezackte Muster verkörpern Yang** und beleben das Zimmer, während **geschwungene oder gewellte Muster Yin** und eine ruhigere Atmosphäre erzeugen.

Es gibt eine große Auswahl an Schablonen und Bildern, die Kinder ansprechen und Ihre Fantasie anregen, wie Silhouetten von **Mond und Sternen, Blumen, Tieren** oder **Autos und Zügen.**

Sie können abhängig von dem Effekt, den Sie erzielen möchten, eine Schablone, einen kleinen Schwamm oder Farbspray verwenden um das Muster aufzutragen.

Sie können auch **einfache Emulsionsfarbe** oder **spezielle Schablonenfarbe** verwenden. Folgen Sie der Gebrauchsanweisung und tragen Sie die Farbe auf der dafür vorgesehenen Oberfläche auf.

Lagermöglichkeiten

Kinder müssen leicht zugängliche und zweckmäßige Lagermöglich-keiten haben, damit sie ihr Zimmer problemlos aufräumen können. Ermuntern Sie Ihre Kinder Ordnung zu halten und ungeliebtes Spielzeug wegzuwerfen oder wohltätigen Einrichtungen zu übergeben.

Es sollten etwas mehr Lagermöglichkeiten zur Verfügung stehen, als für die Gegenstände, die weggeräumt werden müssen, **unbedingt gebraucht werden.** Anderenfalls müssen Sie alles sortieren und Gegenstände, die nicht mehr benötigt werden, aussondern, oder selten genutzte Gegenstände an anderen Orten, wie Garage, Dachboden oder Keller, aufbewahren. Offene Lagermöglichkeiten wie Regale ermöglichen Ihren Kindern alles zu überblicken. Kisten und Körbe erleichtern das Unterbringen von Spielzeugen, die aus vielen Einzelteilen bestehen, wie Bausteine, Tiere eines Bauernhofes, Eisenbahnanlagen und Baukästen. Ein großes Baumwolltuch ist die ideale Unterlage zum Spielen mit diesen Gegenständen. Wenn Ihre Kinder mit dem Spielen fertig sind, können sie das Tuch mit dem Spielzeug darin zusammenraffen und das ganze Bündel in die entsprechende Kiste oder den Korb stecken. Kisten und Körbe lassen sich auch leichter in einen anderen Raum tragen. Versuchen Sie Ihre Kinder dadurch zu Ordnung anzuhalten, dass sie jeweils eine Zeit lang nur ein Spielzeug benutzen. Wenn sie nicht mehr damit spielen, sollten sie es wegräumen und sich dann das nächste nehmen. Farben, Stifte und Spielzeugautos können auch in Behältnisse gesteckt werden.

Die Größe machts

Berücksichtigen Sie das Alter und die Größe Ihrer Kinder, damit sie die Lagermöglichkeiten problemlos nutzen können. Wenn sie klein sind, empfehlen sich niedrig angebrachte Regale, Kisten auf dem Fußboden und Kommoden.

Vorhaben für einen halben Tag

❶ Geeignete Möbel

Räumen Sie alle Gegenstände aus und **sortieren** Sie diese nach der **Häufigkeit des Gebrauchs.** Denken Sie über die für jeden Gegenstand – Spielzeug, Bücher, Farbe oder Spiele – beste Art der Aufbewahrung nach.

Kaufen Sie bei Bedarf die **geeigneten Kisten,** Körbe, Laken, andere **Behältnisse und Regale,** damit alles seinen Platz hat.

Räumen Sie die Gegenstände vor den Augen Ihrer Kinder ein. **Gewöhnen Sie Ihre Kinder** langsam **daran,** das neue System zu benutzen.

Einfache Nutzung

Lagermöglichkeiten sollten einfach zu benutzen sein, damit die Kinder alles an den richtigen Platz stellen können.

Arbeits- und Studierzimmer

Dem Arbeitszimmer kommt eine wachsende Bedeutung zu, da immer mehr Menschen zu Hause arbeiten. Durch Computer, Internet, E-Mail, Telefon, Faxgeräte, Kopierer und Scanner ist es möglich vom eigenen Arbeitszimmer aus weltweit zu operieren.

VORHER

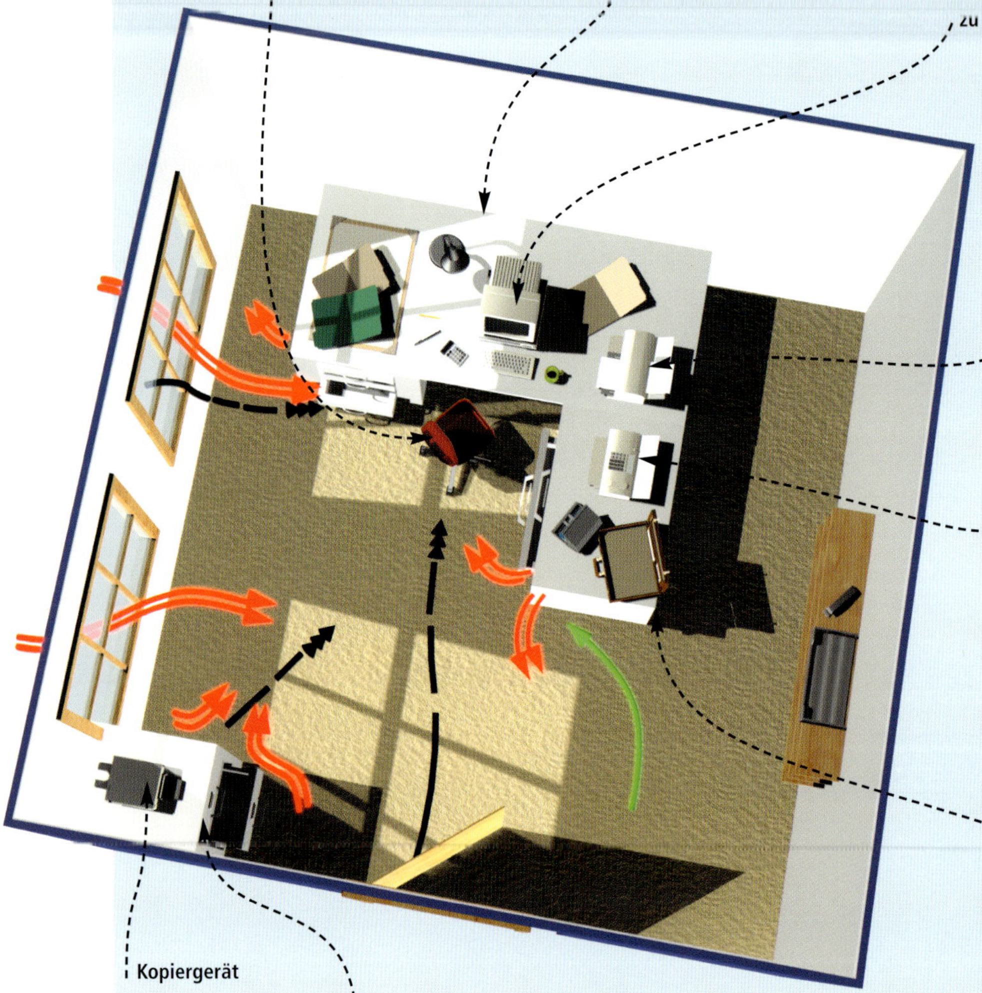

In dieser Position **blicken Sie auf die Wand** und haben **die Tür im Rücken.** Sie können außerdem kaum durch die Fenster sehen.

Der Schreibtisch ist **zu klein.**

Der Computer steht **zu nahe** am Stuhl.

Der **Drucker** ist dem Bereich, in dem Sie sitzen, **zu nahe.**

Das Faxgerät befindet sich ebenfalls zu nahe an Ihrem Stuhl.

Die Ecke dieses **Schranks** ist auf die Tür gerichtet.

Kopiergerät

Die **Ecke** dieses **Schranks ist** auf den Schreibtisch **gerichtet.**

NACHHER

Stellen Sie Faxgerät und Kopierer so weit weg von Ihrem Stuhl wie möglich.

Verwenden Sie Hängepflanzen um die Ecken der Schränke zu drapieren und elektrische Geräte zu neutralisieren.

Arbeiten Sie an einem **größeren Schreibtisch mit abgerundeten Kanten** um schnell fließende Chi-Energie zu reduzieren und den Überblick zu erweitern.

Rücken Sie den Drucker ebenfalls weiter weg.

Bewahren Sie **genügend Abstand** zwischen sich und dem Computer. Wenn Sie Platz sparen und auch in anderen Teilen Ihres Hauses arbeiten wollen, sollten Sie einen **Laptop** verwenden.

Spiegel

Die Leute neigen im Allgemeinen dazu in einem der kleineren Zimmer Ihres Hauses zu arbeiten. Unglücklicherweise besteht in kleinen Räumen das Risiko, dass die Chi-Energie sehr eingezwängt wird. Spiegel eignen sich hervorragend dafür das Arbeitszimmer scheinbar zu vergrößern. Da sie den Energiefluss außerdem beschleunigen, beleben sie den Arbeitsplatz mit Yang.

Ein langes, schmales Zimmer wirkt doppelt so groß, wenn an einer Seite **Spiegel** angebracht sind. Um die Proportionen eines L-förmigen Raumes auszugleichen, hängen Sie den Spiegel an eine der Wände, welche die Innenseite der L-Form bilden.

Da Spiegel den Energiefluss in einem Zimmer beschleunigen, verleihen sie ihm mehr Dynamik und Yang. Bringen Sie einen großen Spiegel dort an, wo er passt oder wo Sie mehr Licht benötigen.

Wenn Sie vor einer Wand sitzen, können Sie mit Hilfe des Spiegels den Raum überblicken. Hängen Sie einen Spiegel auf, damit Sie einen möglichst großen Überblick über das Zimmer haben. Im Optimalfall befinden sich die Tür und das Fenster in Ihrem Blickfeld.

Vorteile von Spiegeln

Da Spiegel Tageslicht reflektieren, können Sie dunkle Zimmer aufhellen. Hängen Sie den Spiegel an eine Wand, die sich in einem Winkel von 90° zum Fenster befindet und an dieses angrenzt. Dann wirft der Spiegel das Tageslicht ins Zimmer.

Vorhaben für einen halben Tag

❶ Anregende Spiegel

Überlegen Sie sich, ob die Atmosphäre in Ihrem Arbeitszimmer von einem Spiegel profitieren würde. Wenn Sie den Raum **mit Yang-Energie** beleben möchten, suchen Sie mit Hilfe der oben gegebenen Informationen die **geeignete Stelle für einen Spiegel.**

Messen Sie den Platz aus und wählen Sie einen passenden Spiegel. **Je größer der Spiegel, desto stärker** die Wirkung. Hängen Sie den Spiegel auf und überprüfen Sie seine Wirkung auf Sie.

GRUNDREGELN

Hängen Sie den Spiegel nicht gegenüber der Tür, dem Fenster oder einem anderen Spiegel auf.
Verwenden Sie einen großen anstelle verschiedener kleiner Spiegel und Spiegelfragmente, da diese das Spiegelbild unterbrechen und zerteilen.
Der Spiegel sollte nicht so aufgehangen werden, dass Ihr Kopf im Spiegelbild fehlt.
Halten Sie den Spiegel sauber.

Den Schreibtisch auswählen

Der Schreibtisch hat den größten Einfluss auf Sie, wenn Sie arbeiten. Er verändert Ihre eigene Chi-Energie, was nicht nur die Qualität Ihrer Arbeit, sondern auch Ihre Gefühle während der Arbeit beeinflusst.

BÜROSTÜHLE

Bürostühle müssen bequem sein, da Sie sehr viel Zeit darauf verbringen. Schlechte Haltung ist eine der Hauptursachen für Rückenschmerzen. Wenn sich der untere Teil der Wirbelsäule nicht im korrekten Winkel befindet, übernehmen die Muskeln an Rücken und Hals den Ausgleich dieser Position. Die Muskeln ermüden und beginnen zu schmerzen. Wird das zum Dauerzustand, besteht das Risiko chronischer Schmerzen. Verwenden Sie zur Reduzierung dieser Gefahr einen Stuhl mit geneigtem Sitz. Durch die Regulation der Neigung können Sie den optimalen Winkel für Ihre Wirbelsäule einstellen, sodass Rücken, Schultern und Hals sich über dem untersten Teil der Wirbelsäule befinden. Lehne und Sitzhöhe müssen sich ebenfalls einstellen lassen. In den meisten Fällen sind Stühle mit Rollen am zweckmäßigsten.

Das Material des Schreibtisches, seine Form und Größe sowie die Art, auf welche die Gegenstände darauf angeordnet sind, beeinflussen Ihre Arbeitsweise. Ein ovaler, aus Weichholz, zum Beispiel Kiefer, gefertigter Schreibtisch wirkt entspannend und eignet sich für kreative Arbeit. Ein rechteckiger, dunkler Schreibtisch aus Hartholz wie Mahagoni ist vorteilhafter in förmlicher Atmosphäre.

Ein großer Schreibtisch mit genügend freier Fläche zum Arbeiten steigert das Selbstvertrauen und ermutigt Sie mehr Aufträge anzunehmen, ohne sich gestresst zu fühlen. Langfristig könnte er Ihren Ehrgeiz fördern.

Ein aufgeräumter Schreibtisch

Halten Sie Ihren Schreibtisch von Gerümpel frei. Aufgeräumte Schubladen oder Fächer unterstützen eine effiziente Arbeitsweise.

Vorhaben für einen halben Tag

❶ Arbeitstische

Die Varianten der Arbeitstische reichen vom **traditionellen, rechteckigen Schreibtisch** bis zu speziellen modernen Büromöbel, auf dem man den Computer unterbringen kann und das sich bei Bedarf **ausbauen lässt.** Wenn Sie genügend Platz haben, gestalten Sie die Arbeitsflächen so **großzügig wie möglich.** Geschwungene Oberflächen erscheinen natürlich und reduzieren das Risiko schnell fließender Chi-Energie.

Mit einem **runden Schreibtisch kann man ebenfalls scharfes Chi** vermeiden und in einem relativ kleinen Raum eine angenehme Atmosphäre schaffen. **Zu viele scharfe Ecken nehmen dem Arbeitszimmer die Gemütlichkeit,** was dazu führt, dass Sie sich nicht längere Zeit darin aufhalten möchten.

Ein Schreibtisch aus Massivholz regt den natürlichen Fluss der Chi-Energie an. Schreibtische aus **Spanplatte,** mit Klebstoffen verbundene Holzspäne oder -partikel oder **Holzfaserplatte** neigen ähnlich wie **Plastik** dazu den **Fluss der Chi-Energie zu blockieren.** Diese Materialien sind in der Regel mit Furnier aus richtigem Holz bedeckt.

Da ein **Schreibtisch mit Glasplatte den Energiefluss** am Schreibtisch **beschleunigt,** sorgt er für eine zu **Spontanität** anregende Atmosphäre mit viel Yang. Diese Oberfläche ist empfehlenswert, wenn Sie lange Zeiträume an Ihrem Schreibtisch verbringen möchten.

Organisation auf dem Schreibtisch

Ihre Stimmung am Arbeitsplatz wird ganz entscheidend dadurch beeinflusst, wie es auf Ihrem Schreibtisch aussieht. Wenn er mit Papier überladen ist, wird organisiertes und effektives Arbeiten schwierig. Daher ist es äußerst wichtig über leicht zugängliche und zweckmäßige Lagermöglichkeiten zu verfügen. Da Computer es uns ermöglichen weniger Papier zu verwenden, sollte ein aufgeräumter und freier Schreibtisch heutzutage kein Problem sein.

Entfernen Sie alle Gegenstände von Ihrem Schreibtisch, damit die Oberfläche frei ist. Überlegen Sie sich, ob Sie alle Gegenstände dort benötigen. Sie können über einen bestimmten Zeitraum alles in eine Kiste neben Ihrem Schreibtisch stecken und testen, was Sie wirklich brauchen. Gegenstände, die Sie nicht wegwerfen möchten, allerdings auch nicht dringend benötigen, können Sie an einem anderen Ort aufbewahren. Verteilen Sie so viel wie möglich auf die Schubladen, damit die Arbeitsfläche frei bleibt.

EMF auf Ihrem Schreibtisch reduzieren

Damit Sie sich dem elektromagnetischen Feld nicht so stark aussetzen, sollten Sie sich möglichst weit weg von elektrischen Geräten befinden und eine Pflanze, zum Beispiel eine Friedenslilie oder Grünlilie, neben Ihren Computer stellen.

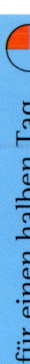

Vorhaben für einen halben Tag

❶ Arbeitsflächen frei räumen

Entscheiden Sie über die Anordnung der Gegenstände gemäß der **Lehre der Vier Tiere** (siehe Seiten 136–137). **Breiten Sie Skizzen der vier Tiere so auf Ihrem Schreibtisch aus,** dass der Phoenix am weitesten entfernt ist. Bringen Sie **die Gegenstände** in Bereichen unter, die am besten **zur Chi-Energie** der entsprechenden Himmelsrichtung **passen.**

Die **rechte Seite** Ihres Schreibtisches **repräsentiert** das **Symbol des Tigers** und dieser steht in jedem Fall für westliche Energie, die wiederum mit finanziellen Interessen assoziiert wird. Legen Sie also **Wechselgeld,** einen an Sie bezahlten Check oder einen **Gegenstand aus Gold oder Silber** auf diese Seite.

Zum vorderen, am weitesten von Ihnen entfernte Bereich gehören der **Phoenix** und der **Süden,** eine Himmelsrichtung, die für öffentliche Anerkennung steht. Das ist die ideale Stelle für erhaltene **Auszeichnungen.**

Die **linke Seite** Ihres Schreibtisches ist mit dem Symbol des **Drachens** verbunden, der mit östlicher Chi-Energie assoziiert wird. Hier können Sie einen Gegenstand aufbewahren, der Sie an Ihre **Ziele** im Geschäft oder in der Karriere **erinnert.**

Der unmittelbar vor Ihnen liegende Bereich wird mit der **Schildkröte** und dem Norden assoziiert, welcher für persönliche Entwicklung durch Lehrgänge und Erfahrungen im Berufsleben steht. Platzieren Sie in diesen Bereich eine Liste, die Möglichkeiten von Wachstum und Entwicklung aufzählt.

Blickrichtungen

Ihre Blickrichtung verbindet Sie mit einer bestimmten Energie, die Ihre Arbeitsweise entscheidend beeinflusst. Sie können die Richtung entsprechend der zu verrichtenden Arbeit auswählen.

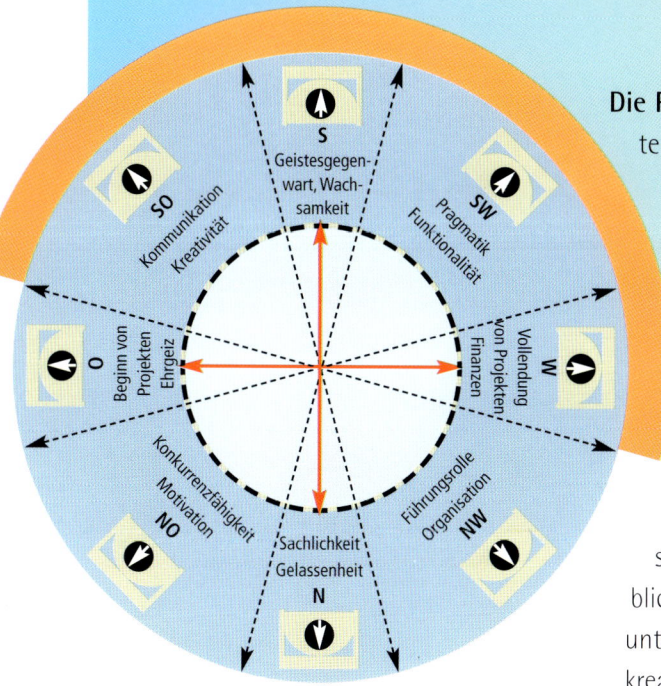

Die Position Ihres Schreibtisches zu Türen und Fenstern wirkt sich zusätzlich ganz entscheidend auf Ihre Emotionen im Arbeits- oder Studierzimmer aus. Die Tür beeinflusst auch den Eindruck, den Besucher beim Betreten ihres Arbeitszimmers haben. Sie sollte sich nach Möglichkeit vor oder im Winkel zu Ihrem Schreibtisch und nicht an der Seite oder hinter dem Schreibtisch befinden.

Ein L-förmiges, nierenförmiges oder ovales Arbeitsmöbel erlaubt Ihnen bei der Erfüllung bestimmter Aufgaben in verschiedene Richtungen zu blicken. So könnten Sie bei der Arbeit am Computer unter Umständen nach Osten und bei der Erledigung kreativer Aufgaben nach Südosten blicken.

NACH SÜDEN

Diese Position **fördert** schnelles Denken, die Fähigkeit Aufmerksamkeit auf sich zu lenken und Ausdruckskraft. **Günstig** für Tätigkeiten, die mit Verkauf, Publicrelations, Marketing und Unterhaltung verbunden sind.

NACH SÜDWESTEN

Fördert Qualität, Konsolidierung und praktisches Denken. **Günstig** für Tätigkeiten, die mit Personalwesen, Kundendienst, Gruppenarbeit und Bauwesen verbunden sind.

NACH WESTEN

Diese Position **fördert** die Fähigkeit richtig mit Finanzen umzugehen und Aufgaben zu vollenden sowie Zufriedenheit. **Günstig** für Tätigkeiten, die mit Finanzen, Buchhaltung und Investitionen verbunden sind.

NACH NORDWESTEN

Fördert organisatorische Fähigkeiten, Führungsqualitäten und Verantwortungsbewusstsein. **Günstig** für Tätigkeiten, die mit Management, Verwaltung und Planung verbunden sind.

NACH NORDEN

Fördert Objektivität, Ruhe und Flexibilität. **Günstig** für Tätigkeiten, die mit persönlicher Weiterentwicklung, Training und Cash-Flow verbunden sind.

NACH NORDOSTEN

Diese Position **fördert** Fleiß, Motivation und Wettbewerbsfähigkeit. **Günstig** für Tätigkeiten, die mit Wettbewerb, Kauf, Handel und Bauwesen verbunden sind.

NACH OSTEN

Fördert Aktivität, Ehrgeiz und Selbstvertrauen. **Günstig** für Tätigkeiten, die mit neuen Projekten, Computern und Informationstechnologie verbunden sind.

NACH SÜDOSTEN

Fördert Kreativität, Kommunikation und Ausdauer. **Günstig** für Tätigkeiten, die mit Kommunikation, Marketing, Verteilung, Reisen und Kreativität verbunden sind.

 Badezimmer

Das Badezimmer hat einen sehr großen Einfluss auf Ihre Chi-Energie.
Dort waschen Sie sich und verrichten körperliche Bedürfnisse.
Sie befreien sich auch von ungewünschter Chi-Energie durch das
Herauslassen von Emotionen und Verwerfen von alten Plänen.
Nach einer Dusche fühlen Sie sich emotional erfrischt.

NORDOSTEN, SÜDWESTEN, WESTEN ODER NORDWESTEN

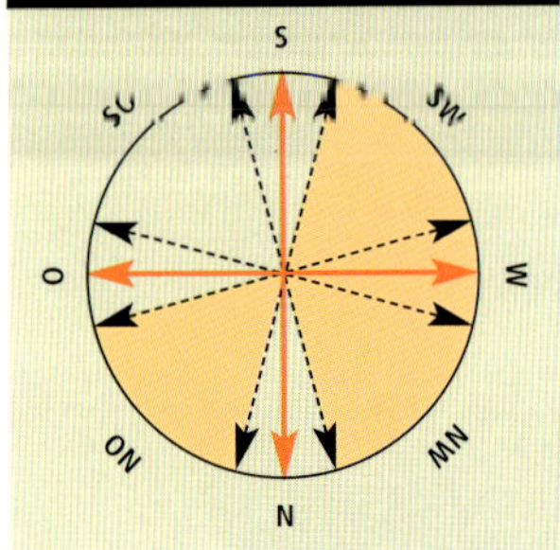

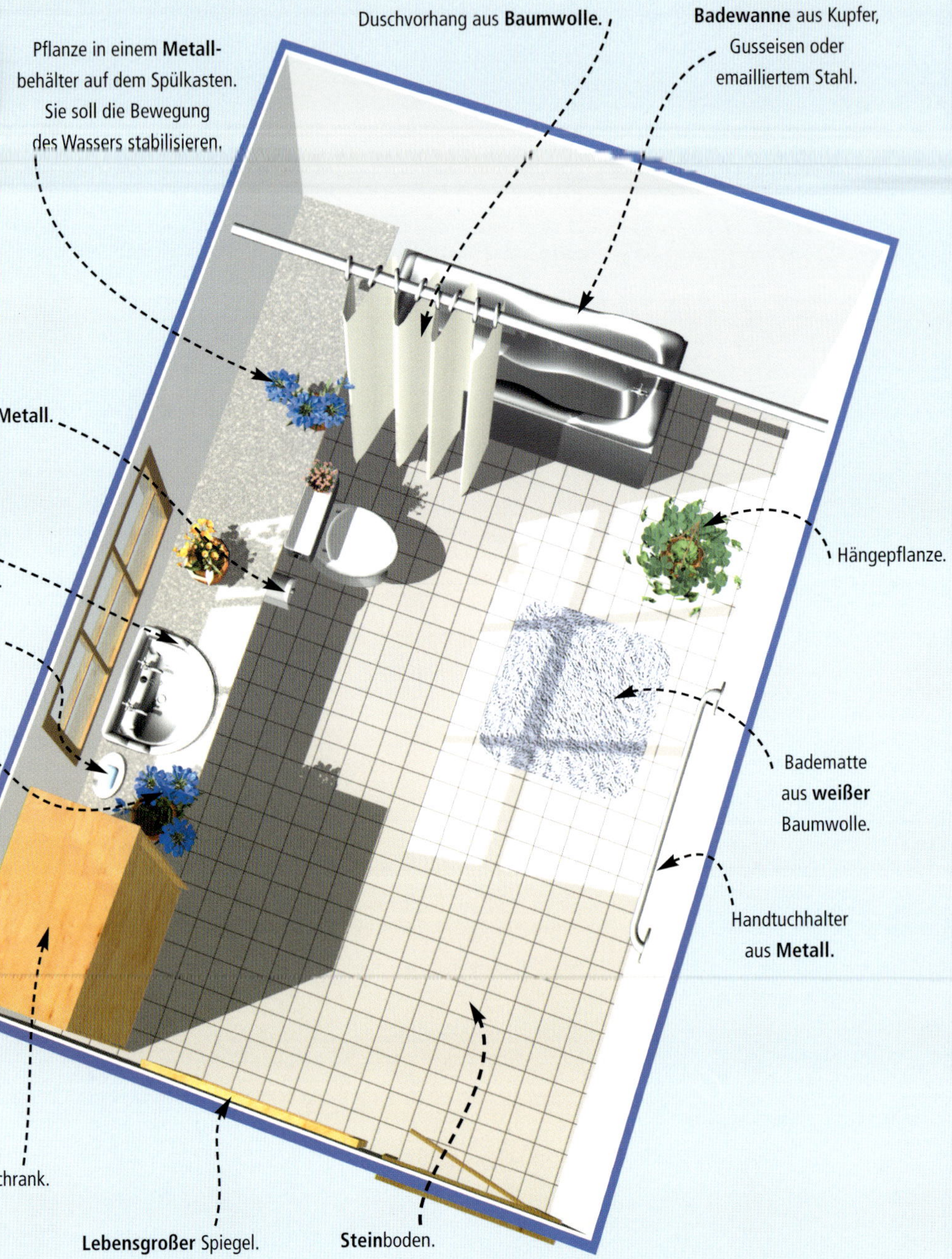

Duschvorhang aus **Baumwolle.**

Badewanne aus Kupfer, Gusseisen oder emailliertem Stahl.

Pflanze in einem **Metall-**behälter auf dem Spülkasten. Sie soll die Bewegung des Wassers stabilisieren.

Rollenhalter aus **Metall.**

Waschbecken aus Kupfer, Guss-eisen oder emailliertem Stahl.

Seifenschale aus **Metall.**

Pflanze vor einer scharfen Ecke.

Hängepflanze.

Badematte aus **weißer** Baumwolle.

Handtuchhalter aus **Metall.**

Trockenschrank.

Lebensgroßer Spiegel.

Steinboden.

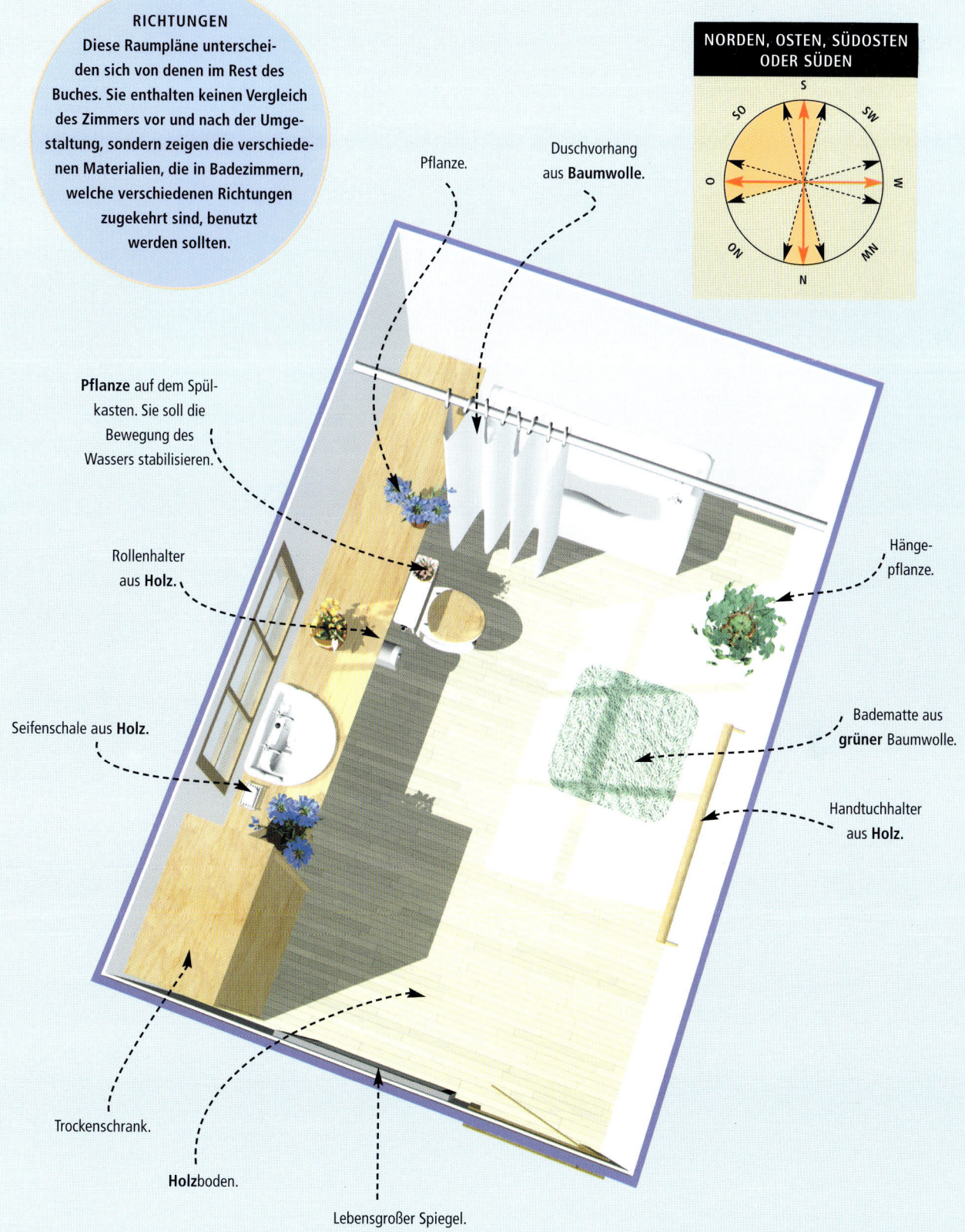

NORDEN, OSTEN, SÜDOSTEN ODER SÜDEN

Pflanze.

Duschvorhang aus **Baumwolle.**

Pflanze auf dem Spülkasten. Sie soll die Bewegung des Wassers stabilisieren.

Rollenhalter aus **Holz.**

Seifenschale aus **Holz.**

Hänge-pflanze.

Bademate aus **grüner** Baumwolle.

Handtuchhalter aus **Holz.**

Trockenschrank.

Holzboden.

Lebensgroßer Spiegel.

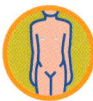

Pflanzen

Pflanzen sind das wirksamste Mittel um die Stagnation von Chi-Energie zu verhindern. Sie bringen ihre eigene lebendige Chi-Energie ein, die das Zimmer frisch und lebendig hält.

Da sie außerdem Wasserdampf aus der Luft **aufnehmen**, verbessern sie entscheidend die Atmosphäre und reduzieren das Risiko von Feuchtigkeit. Das ist einer der wichtigsten Faktoren zur Erhaltung eines gesunden Umfeldes. Im Idealfall haben Sie ein Fenster und Licht um Pflanzen in Ihrem Badezimmer zu ziehen. Heutzutage liegen die Badezimmer jedoch oft in der Mitte der Wohnung, so dass Sie mit Pflanzen vorlieb nehmen müssen, die ohne Tageslicht überleben können.

Trocken halten

In einem großen, weiten Badezimmer kann man eine gesunde Atmosphäre leichter erhalten und freien Energiefluss gewährleisten. Dieses Badezimmer sorgt in Kombination mit Tageslicht und Pflanzen für hilfreiche Chi-Energie.

Vorhaben für einen halben Tag

❶ Vitalität durch Pflanzen

Pflanzen, die sich in feuchter Umgebung wohl fühlen, eignen sich ideal für Ihr Badezimmer, da sie den **Wasserdampf** von Bädern und Duschen aufnehmen.

Suchen Sie Plätze für Pflanzen aus. Wenn Sie Regale anbringen müssen, messen Sie den vorhandenen Platz aus, besorgen Sie das geeignete Material und befestigen Sie das Regal sicher an der günstigsten Stelle. Informationen über die besten Materialien für Regale und Blumentöpfe finden Sie auf den Seiten 46 – 47.

Überprüfen Sie den Einfall von Tageslicht und kaufen Sie die für die Situation in Ihrem Bad geeignetsten Pflanzen. Topfen Sie die Pflanzen in die **neuen Blumentöpfe** um und stellen Sie diese ins Badezimmer. Kümmern Sie sich regelmäßig um Ihre Pflanzen, damit sie gesund bleiben.

Beim Duschen oder Baden sorgt der Dampf für **Kondensation** auf den meisten Oberflächen im Badezimmer. Das kann über einen längeren Zeitraum zu **Schimmelbildung** und **Fäulnis** führen. Die Chi-Energie dieser Prozesse gilt als besonders **schädlich**. Um diese Prozesse und die Anstauung alter Chi-Energie zu verhindern sollten Sie das **Badezimmer aufräumen**, lüften und trocknen. Je mehr Pflanzen Sie haben, desto besser ist die Atmosphäre.

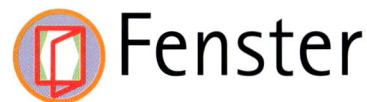

Fenster

Da das Badezimmer unbedingt frisch und sauber gehalten werden sollte, ist die ungehinderte Zirkulation von Chi-Energie durch die Fenster sehr wichtig. Ein heller, sonniger Raum schafft eine lebendige, trockene Atmosphäre. Das Sonnenlicht lädt die Chi-Energie im Zimmer auf, die den Energiefluss anregt und das Risiko von Stagnation reduziert.

Große Fenster
Je größer das Fenster und je stärker der Einfall von Tageslicht, desto geringer die Gefahr ungesunder Energie.

Aus diesem Grund sollten Sie keine Gardinen vor dem Badezimmerfenster haben. Im Allgemeinen empfehlen sich Holzjalousien, besonders wenn sich das Badezimmer im Norden, Osten, Südosten oder Süden Ihres Hauses befindet. Gemäß der Lehre der fünf Elemente (siehe Seiten 138–143) nimmt Holz die Energie des Wassers auf. Sollte Ihr Badezimmer in einer der anderen Richtungen liegen, können Sie Holz- oder Metalljalousien anbringen. Vorhänge sind akzeptabel, wenn Ihr Badezimmer sehr groß ist.

Wandschirme

Trennen Sie die Badewanne mit Wandschirmen vom Fenster ab, damit Sie problemlos über eine längere Zeit darin entspannen können. Entfernen Sie die Wandschirme nach dem Baden.

Vorhaben für einen halben Tag

❶ Jalousien für die Privatsphäre

Messen Sie zuerst das Fenster **aus.** Sie sollten eine **Skizze anfertigen** und die wichtigsten Maße hineinschreiben. **Nehmen** Sie die Skizze zum Kauf der Jalousien **mit.** Sehen Sie sich die **verschiedenen Formen hölzerner Jalousien** an. Am gebräuchlichsten sind Jalousien mit **horizontalen Lamellen.** In manchen Fällen müssen Sie sich die Jalousien anfertigen lassen, obwohl die meisten Hersteller verschiedene Standardmaße anbieten. Die Jalousien **können so eingestellt werden,** dass das Tageslicht eindringt, die Sonne jedoch nicht blendet. Holzjalousien sind entweder unbehandelt oder in verschiedenen Farben erhältlich. Sie können auch Jalousien aus **dünnen Holz- oder Bambusstreifen** verwenden, die sich einrollen lassen. (**Jalousien mit vertikalen Streifen aus gestärktem Stoff** sind ebenfalls erhältlich und zu empfehlen, wenn Sie möchten, dass Ihr Badezimmer größer wirkt.) Bringen Sie die Jalousien so an, dass sie das ganze Fenster freigeben, wenn sie hochgezogen werden, damit das **Tageslicht ungehindert** eindringen kann. Sorgen Sie außerdem dafür, dass Sie das Fenster öffnen können und das Badezimmer **ausreichend frische Luft** erhält.

☯ Farben

Bei der Einrichtung Ihres Badezimmers sollten Sie anders vorgehen als in den übrigen Zimmern. Hauptanliegen ist das harmonische Verhältnis der Wasser-Chi-Energie zu der Energie, die sich in Abhängigkeit von der Himmelsrichtung in Ihrem Badezimmer befindet.

Farbenfrohe Details

Pflanzen, Beleuchtung und Accessoires bringen zusätzlich Farbe ins Badezimmer. Kerzen schaffen weicheres, orangefarbenes Licht. Holz harmonisiert die Feuer-Energie der Kerzen mit dem Wasser.

Die folgenden Abschnitte enthalten die idealen Farben für jede Himmelsrichtung, in der ein Badezimmer liegen kann:

NORDEN

Nutzen Sie die in der Farbe Grün enthaltene Baum-Chi-Energie um das im Badezimmer erzeugte Übermaß an Wasser-Chi-Energie aufzunehmen.

NORDOSTEN UND SÜDWESTEN

Die Boden-Fünf-Elemente-Chi-Energie des Nordostens wirkt zerstörend auf das Wasser und verunreinigt die Atmosphäre des Badezimmers. Das führt zur Entstehung potentiell ungesunder Chi Energie. Metall Chi Energie unterstützt die Schaffung größerer Harmonie Verwenden Sie die folgenden Farben, die mit Metall-Chi-Energie verbunden werden: gebrochenes Weiß, Grau, Rosa und Silber.

OSTEN UND SÜDOSTEN

Da die Wasser-Chi-Energie mit der Baum-Chi-Energie des Ostens und Südostens harmoniert, sind Grün und Blau die geeigneten Farben.

SÜDEN

In einem nach Süden gelegenen Badezimmer wirkt sich Wasser-Chi-Energie zerstörend auf die Feuer-Chi-Energie des Südens aus. Das kann zu einem Mangel an Leidenschaft, karrierefördernden Gelegenheiten und Geselligkeit führen. Die mit der Farbe Grün verbundene Baum-Chi-Energie sorgt für Harmonie zwischen diesen beiden Energien.

WESTEN UND NORDWESTEN

Die Metall-Chi-Energie des Westens und Nordwestens wird durch die Wasser-Chi-Energie des Badezimmers aufgezehrt. Das könnte sich wiederum verheerend auf Ihre Fähigkeiten auswirken sich auf Ihr Einkommen zu konzentrieren. Verstärken Sie die Metall-Chi-Energie durch die mit Ihr assoziierten Farben, zum Beispiel gebrochenes Weiß, Grau, Rosa und Silber.

Vorhaben für zwei Tage

❶ Das Badezimmer schmücken

Bestimmen Sie die Richtung Ihres Badezimmers mit dem Kompass (siehe Seite 145) oder mit Hilfe der auf Seite 9 beschriebenen Methode. Entscheiden Sie sich gemäß den **oben aufgeführten Informationen** für eine **Farbe.** Malen Sie **Farbproben** auf die Wand um die passende Farbe zu ermitteln. Verwenden Sie eine für das Badezimmer geeignete Farbe.

Bereiten Sie die Wände zum Streichen vor. Entfernen Sie gesprungene oder abblätternde Farbe. Sollten Sie Anzeichen von Feuchtigkeit finden, müssen Sie den Gips trocknen lassen und entsprechend behandeln, bevor Sie fortfahren. **Tragen Sie die Farbe auf** und lassen Sie das Badezimmer auf sich wirken.

# Materialien

Harte, flache und glänzende Materialien erlauben einen schnelleren Energiefluss. Da das Badezimmer in den meisten Fällen relativ klein ist und dessen Atmosphäre aufgrund der Feuchtigkeit zur Stagnation neigt, empfiehlt sich hier der Gebrauch von harten Yang-Oberflächen.

Liegt Ihr Badezimmer im **nördlichen, östlichen, südöstlichen oder südlichen** Teil Ihres Hauses, unterstützt Holz den Ausgleich der Chi-Energien. Befindet sich das Badezimmer im **südwestlichen, nordöstlichen, westlichen oder nordwestlichen** Teil Ihres Hauses, tragen Stein oder Metall zur Harmonisierung der Chi-Energien bei.

Aufgrund seiner Größe hat der Boden die stärkste Auswirkung auf den Energiefluss in Ihrem Badezimmer. Das folgende Feng Shui-Prinzip können Sie jedoch auch auf alle anderen Oberflächen in ihrem Badezimmer anwenden.

Bestimmte Materialien eignen sich dafür, die im Badezimmer vorherrschende Wasser-Chi-Energie mit der in diesem Teil des Hauses dominanten, von der Himmelsrichtung bestimmten Energie auszugleichen.

MATERIALIEN

Hier finden Sie verschiedene Materialien und ihre Wirkung auf den Fluss von Chi-Energie:

Holz hat eine neutrale Wirkung auf Ihr Badezimmer und sorgt für eine warme und behagliche Atmosphäre. Weichholz wie Kiefer verkörpert Ying und wirkt entspannend, während Hartholz wie Mahagoni mit Yang verbunden ist und Dynamik verbreitet.

Marmor ermöglicht einen schnelleren Energiefluss. Dadurch kann eine anregende Atmosphäre entstehen, die gleichzeitig der Stagnation vorbeugt.

Stein- und Keramikfliesen haben zwar ähnliche Eigenschaften wie Marmor, sind sie aber uneben und zerstreuen die Energie stärker. Möchten Sie die Stagnation von Energie vermeiden, ist das von Vorteil. Badezimmer ohne Tageslicht profitieren besonders von dieser Eigenschaft.

Synthetische Materialien, darunter Teppiche, erzeugen ihre eigene statische elektrische Ladung, die den Energiefluss negativ beeinflussen kann. Vermeiden Sie das!

Stoffe bremsen die Geschwindigkeit der Chi-Energie ab und sorgen somit für eine entspanntere Atmosphäre. Sie sollten aber so beschaffen sein, dass sie aus dem Badezimmer entfernt, gewaschen und getrocknet werden können. Das betrifft Duschvorhang, Badematte und Handtücher.

Vorhaben für einen halben Tag

❶ Badezimmermaterialien

Bestimmen Sie mit dem Kompass (siehe Seite 145 oder die auf Seite 9 beschriebene Methode) die Himmelsrichtung Ihres Badezimmers.

Entscheiden Sie an Hand der Ausführungen, welche Materialien am besten für Ihr Badezimmer geeignet sind.

Wenn Sie den **Fußbodenbelag** Ihres **Badezimmers** auswechseln möchten, messen ihn aus, zeichnen Sie einen Plan des Bodens und vergleichen Sie die verschiedenen Materialien für Fußbodenbeläge. **Nehmen Sie mehrere Muster mit nach Hause** und legen Sie diese in ihr Badezimmer um das am besten geeignete Material herauszufinden.

Bodenbeläge

Testen Sie zunächst, welche Atmosphäre verschiedene Muster von Bodenbelägen erzeugen, bevor Sie sich für ein Material entscheiden.

Wintergärten

Da ein Wintergarten sowohl Teil Ihres Gartens als auch Ihres Hauses ist, hat er eine einzigartige Atmosphäre. Er bildet eine sehr natürliche Umgebung. Sie sollten diesen Aspekt in jeder Phase des Entwurfs und der Gestaltung berücksichtigen, wenn Sie einen Wintergarten einrichten. Benutzen Sie möglichst natürliche Materialien und schaffen Sie viel Raum für Pflanzen.

Die meisten Wintergärten sind so angelegt, dass viel Tageslicht eindringen kann. Sie liegen in einem sonnigen Teil des Hauses. Die Sonne sollte den größten Teil des Tages in Ihren Wintergarten scheinen, damit Sie ihn lange nutzen können. Da er sich jedoch auch stark aufheizen kann, sollte ein Teil des Wintergartens im Schatten liegen.

Die hier verwendeten Materialien beeinflussen die Atmosphäre des Wintergartens. Liegt er im Osten, Südosten oder Süden, sollten Sie viel Holz verwenden, während sich Metall und Stein für den Südwesten oder Westen empfehlen.

Wenn Sie einen Wintergarten an Ihr Haus anbauen, müssen Sie den Grundriss Ihres Hauses

Ein ruhiges Eckchen
Üppige Bepflanzung und natürliche Materialien geben diesem Wintergarten eine natürliche Atmosphäre, in der Sie entspannen und Frieden finden können.

Vorhaben für einen halben Tag

❶ Sitzmöglichkeiten
Sie **sollten** dieses Projekt testen, **bevor** der Entwurf für einen neuen Wintergarten **abgeschlossen** ist, da sich dessen Realisierung **schwierig gestalten könnte.**

Zeichnen Sie einen Grundriss Ihres vorhandenen oder geplanten Wintergartens mit einem angemessenen Maßstab wie 1 Meter : 4 Zentimeter.

Zeichnen Sie nach denselben Maßen **Stühle** und andere Möbel und **schneiden Sie diese aus.** Schneiden Sie auch andere Gegenstande, zum Beispiel Pflanzen, aus, damit Sie einen Überblick über die nutzbare Fläche des Raumes bekommen. **Stellen Sie die Sitzgelegenheiten so auf,** dass Sie günstigen Himmelsrichtungen zugekehrt sind.

Eine anregende Erfahrung
Klare Linien und eine dezente Bepflanzung verleihen diesem Wintergarten eine offene und lebendige Atmosphäre.

ändern. Der ideale Grundriss ist quadratisch, damit jede der acht Richtungen ausreichend repräsentiert ist. Manche Grundrisse sind so beschaffen, dass das Haus nicht allen der acht Himmelsrichtungen zugewandt ist.

Das gilt für schmale oder L-förmige Häuser. Es empfiehlt sich deshalb, den Wintergarten so anzubauen, dass er die Form des Grundrisses ausgleicht. Versuchen Sie zu vermeiden, dass die bestehende Situation durch den Anbau verschärft wird.

Sitzgelegenheiten

Ein Wintergarten gibt Ihnen die Möglichkeit mehr Zeit in einem natürlichen Umfeld zu verbringen, auch wenn Sie in einem Klima leben, das es nicht gestattet sich lange Zeit im Freien aufzuhalten.

Wintergärten können zu verschiedenen Gelegenheiten genutzt werden, beispielsweise um die Mahlzeiten einzunehmen, um zu arbeiten oder zum geselligen Beisammensein. Die Sitzgelegenheiten können so angeordnet werden, dass man immer so bequem wie möglich sitzt. Wenn Sie die Stühle zusammenstellen und Pflanzen um sie herum gruppieren, welche die Chi-Energie zurückhalten, kann eine sehr entspannte Atmosphäre entstehen.

DIE BESTE POSITION FÜR IHREN WINTERGARTEN

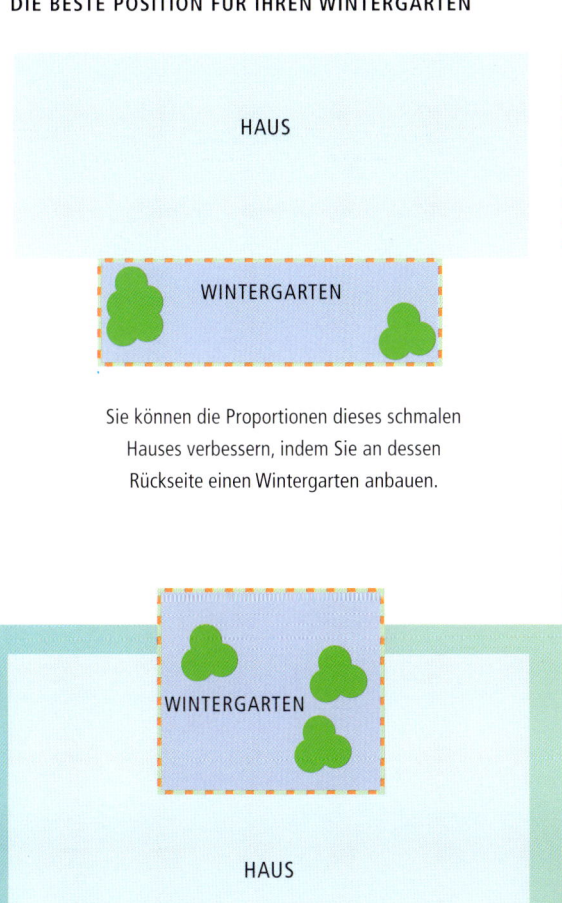

Sie können die Proportionen dieses schmalen Hauses verbessern, indem Sie an dessen Rückseite einen Wintergarten anbauen.

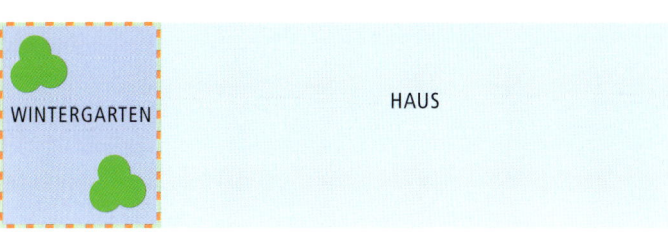

Dieser Wintergarten verlängert den Grundriss und verzerrt die Proportionen zusätzlich.

Die L-Form wird betont und die offene Fläche vergrößert.

Sie können die leere Fläche an diesem Haus mit einem Wintergarten ausfüllen.

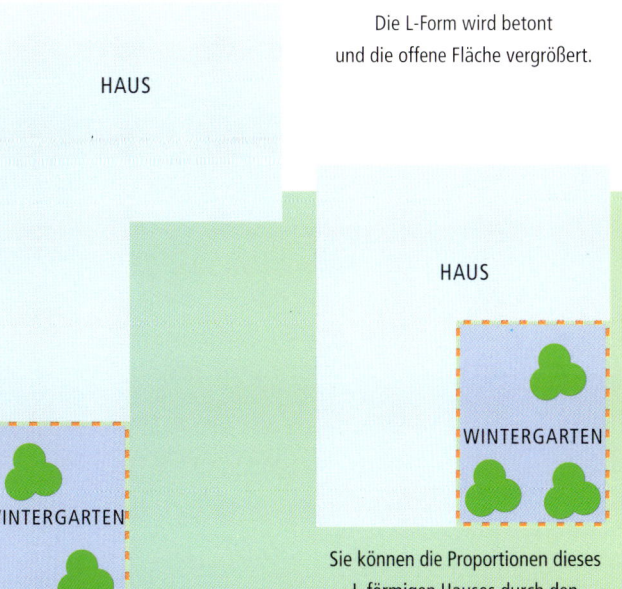

Sie können die Proportionen dieses L-förmigen Hauses durch den Anbau eines Wintergartens im offenen Bereich ausgleichen.

Pflanzen

Ein Wintergarten bietet die Möglichkeit die Natur ins Haus zu holen. Sie sitzen im Warmen und genießen die natürliche Chi-Energie von Pflanzen.

GEEIGNETE PFLANZEN

Bei der Gestaltung Ihres Wintergartens können Sie mit dem Kompass oder gemäß der Lehre der Vier Tiere vorgehen um die harmonischsten Stellen zu ermitteln.

Hinweise zum Umgang mit dem Kompass finden Sie auf Seite 145 oder auf Seite 9. Zeichnen Sie einen Grundriss Ihres Wintergartens und halten Sie darauf die verschiedenen Himmelsrichtungen fest. Die folgende Übersicht zeigt Ihnen die geeignetsten Himmelsrichtungen für Wasser, Gestein und Pflanzen.

GEGENSTAND	HARMONIE BEWIRKENDE HIMMELSRICHTUNGEN
Wasser	Osten oder Südosten
Gestein	Südwesten, Nordosten, Westen, Nordwesten oder Norden
Hohe Pflanzen	Nordwesten, Norden oder Nordosten

Gemäß der Lehre der Vier Tiere (siehe Seite 136) können Sie davon ausgehen, dass zum hinteren Teil Ihres Wintergartens, der mit Ihrem Haus verbunden ist, das Symbol der Schildkröte gehört, während der vordere Teil mit dem Phoenix verbunden ist. Sie sollten also den vorderen Teil möglichst frei und offen gestalten und den Bereich hinter allen Sitzgelegenheiten mit großen Pflanzen abschirmen. Fertigen Sie verschiedene Gestaltungsentwürfe an, bevor Sie Ihren Wintergarten einrichten.

Pflanzliche Vielfalt

Stellen Sie viele verschiedene Pflanzenarten in den Wintergarten, die an den unterschiedlichsten Stellen gedeihen. Ein kleines Gebirge, Wasser und große tropische Pflanzen bilden ein interessantes und einzigartiges Umfeld.

Vorhaben für einen halben Tag

❶ Pflanzen und Blumentöpfe

Abhängig von der **Lage Ihres Wintergartens** sollten Sie entweder ausgleichende oder beruhigende Pflanzen aussuchen. Bevor Sie über die Bepflanzung sowie die **Größe und Form** der einzelnen Pflanzen nachdenken, sollten Sie sich überlegen, wie Sie die **Grundausstattung** Ihres Wintergartens, wie Sitzgelegenheiten, **Gestein und Wasser**, anordnen wollen.

Abstellräume

In Allzweckräumen, Garagen oder Dachböden sammelt sich schnell jede Art von Gerümpel an. Viele Leute bewahren dort Gegenstände auf, über deren weiteren Gebrauch sie sich nicht im Klarem sind.

Es ist sinnvoll diese Gegenstände in den genannten Räumen aufzubewahren, damit sie in den aktiv genutzten Bereichen des Hauses nicht stören. Im Laufe der Zeit kann die Anzahl dieser Gegenstände jedoch Ausmaße annehmen, die sich negativ auf Ihr gesamtes Haus auswirken.

Bestimmen Sie zuerst die Richtung Ihres Allzweckraumes, Dachbodens oder Ihrer Garage und lesen Sie anschließend auf den Seiten 146 – 147 nach, welche Aspekte Ihres Lebens mit dieser Himmelsrichtung verbunden sind. So können Sie mögliche Auswirkungen einkalkulieren.

Gerümpel entfernen

Gerümpel kann eine negative Atmosphäre im Haus erzeugen, auch wenn es sich in der Garage, auf dem Dachboden oder im Allzweckraum befindet. Die Anschaffung von Lagermöglichkeiten wirkt sich vorteilhaft aus. Sie bringen ungenutzte Gegenstände nicht nur in einem aufgeräumten Bereich unter, was Ihnen die Hausarbeit erleichtert, sondern könnten gleichzeitig die Gelegenheit wahrnehmen einige dieser Gegenstände wegzugeben oder wegzuwerfen.

Vorhaben für zwei Tage

❶ Die Atmosphäre reinigen

Räumen Sie Ihre Garage, Ihren Dachboden oder Allzweckraum **leer. Werfen oder geben** Sie alles weg, was Sie nicht länger benötigen oder aufbewahren möchten. Wenn Sie Gegenstände jahrelang nicht benutzt worden sind und auch **keinen ideellen Wert** haben, ist es vielleicht an der Zeit **sich davon zu trennen.** Nutzen Sie die Gelegenheit, um **gründlich sauber zu machen** und die Energie **aufzufrischen.**

Nachdem Sie nutzlose Gegenstände aussortiert haben, trennen Sie die Dinge, die Sie **längere Zeit nicht brauchen,** von denen, zu denen Sie Zugang haben müssen. **Richten**

Sie diesen Bereich so ein, dass er ordentlich und sauber ist. Stecken Sie Gegenstände, die Sie längere Zeit nicht brauchen, in **Kartons** und **beschriften Sie diese deutlich.** Stapeln Sie die Kartons so, dass man die Aufschrift problemlos lesen kann. Beschäftigen Sie sich mit **verschiedenen Lagermöglichkeiten.** Bestimmte Gegenstände müssen leicht zugänglich sein. Regale ermöglichen einen **Überblick** über alle Gegenstände. Sie müssen diese allerdings so anordnen, dass die Kartons dort **sicher** stehen.

Gärten

Ein Garten ermöglicht Ihnen eine Luftveränderung direkt hinter Ihrem Haus, sodass Sie auftanken und Ihre Chi-Energie verändern können. Sollten Sie genügend Platz haben, lohnt es sich verschiedene Bereiche mit einer jeweils eigenen Atmosphäre zu schaffen.

YIN-PFAD-LAYOUT

Mittelpunkt

Holzpfad – Ein Weg aus Holz oder Mulch ist weich und schafft eine leichte Atmosphäre. Er eignet sich hervorragend als Pfad um einen Gegenstand herum oder zwischen Bäumen hindurch. Umschließt der Weg eine **ovale** oder **runde** Fläche, dann verbleibt die Energie in deren Mitte und der Gegenstand, der sich dort befindet, wird stärker hervorgehoben.

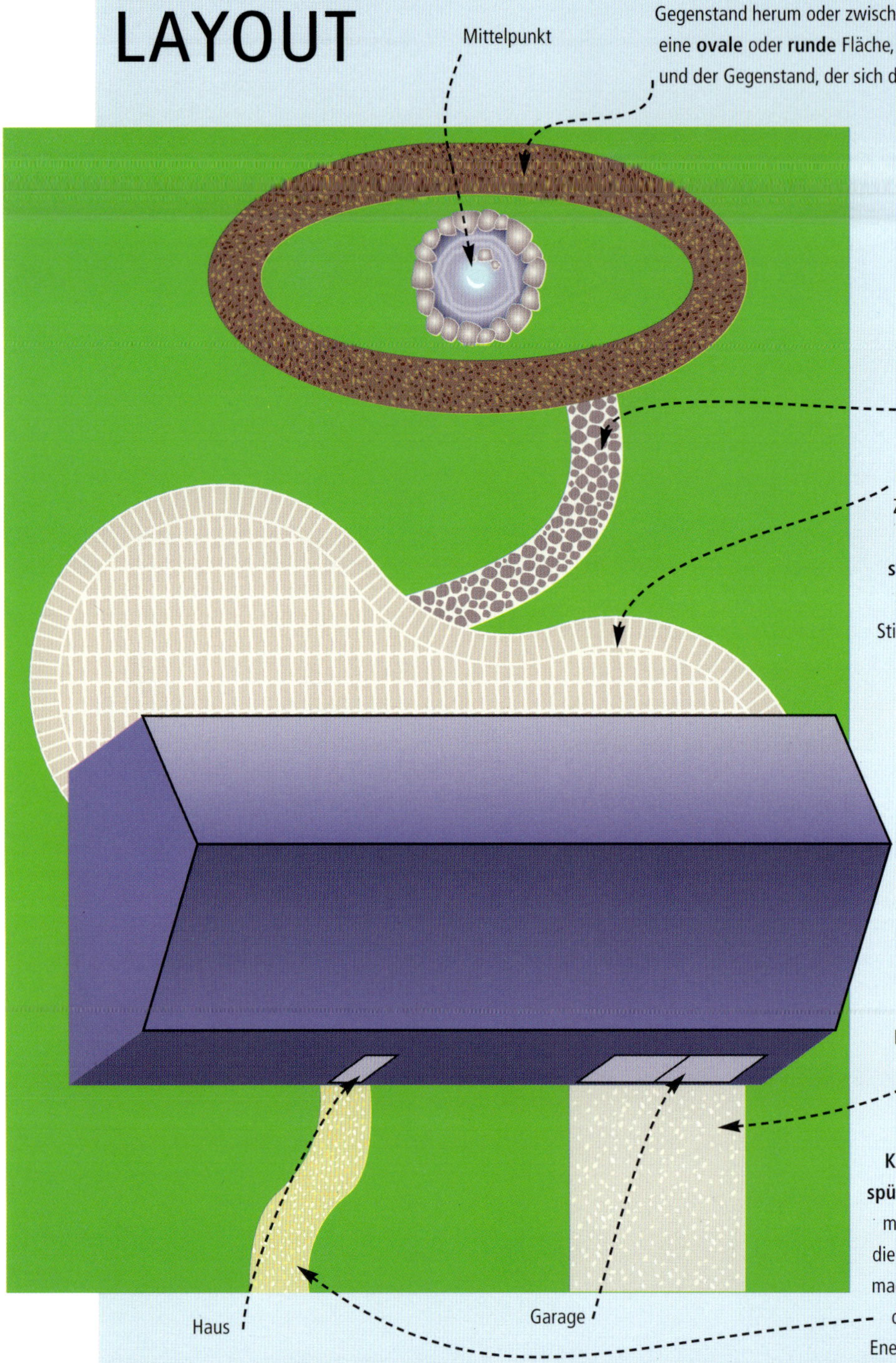

Kopfsteinpfad – ideal zum Bummeln, regt zum Schlendern durch den Garten an. Schafft eine **friedliche** Atmosphäre. Ein gewundener Pfad macht die Entdeckungsreise interessanter und bremst den Energiefluss auf dem Weg.

Veranda aus roten Ziegeln – Ziegel haben wärmere Farben als Steine. Da ihre Oberfläche **viel stärker strukturiert** ist, verleihen Sie dem Bereich eine behagliche Stimmung. Mit ihren geschwungenen Kanten fügt sich die Veranda harmonisch in den Garten ein.

Auffahrt aus **Beton** oder **Asphalt** – praktisch zum Fahren. Da Wasser problemlos abläuft, wird die **Feuchtigkeit reduziert**. Ein leichter Abhang ist optimal.

Kiespfad – die kleinen Steine sind **spürbar** und verursachen ein angenehmes Knacken, das Sie auf Besucher, die zur Haustür kommen, aufmerksam macht. Ein gewundener Pfad reduziert das Risiko, dass schnell fließende Energie auf die Haustür gerichtet wird.

Haus

Garage

YANG–PFAD–LAYOUT

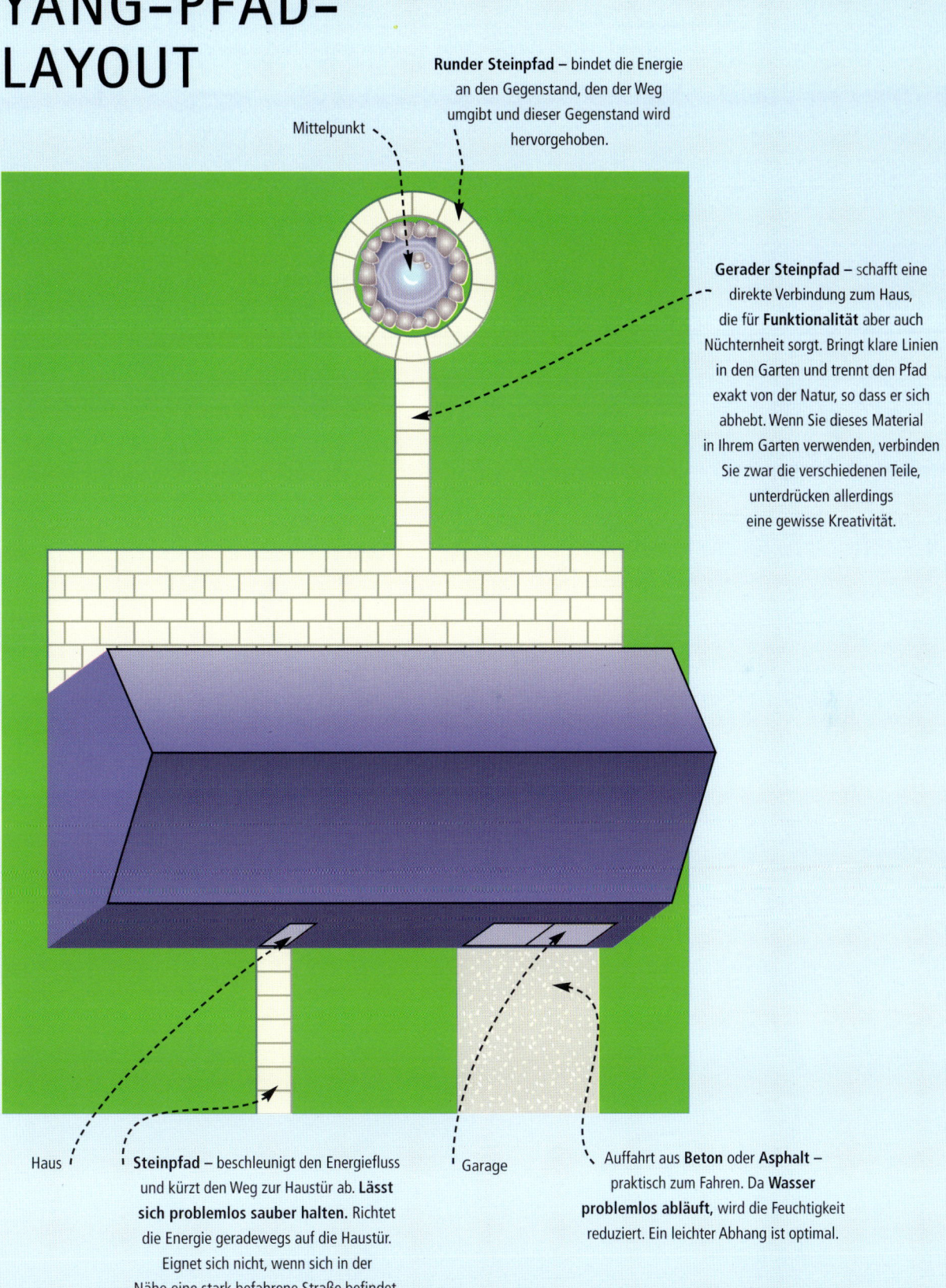

Mittelpunkt

Runder Steinpfad – bindet die Energie
an den Gegenstand, den der Weg
umgibt und dieser Gegenstand wird
hervorgehoben.

Gerader Steinpfad – schafft eine
direkte Verbindung zum Haus,
die für **Funktionalität** aber auch
Nüchternheit sorgt. Bringt klare Linien
in den Garten und trennt den Pfad
exakt von der Natur, so dass er sich
abhebt. Wenn Sie dieses Material
in Ihrem Garten verwenden, verbinden
Sie zwar die verschiedenen Teile,
unterdrücken allerdings
eine gewisse Kreativität.

Haus

Steinpfad – beschleunigt den Energiefluss
und kürzt den Weg zur Haustür ab. **Lässt
sich problemlos sauber halten.** Richtet
die Energie geradewegs auf die Haustür.
Eignet sich nicht, wenn sich in der
Nähe eine stark befahrene Straße befindet.

Garage

Auffahrt aus Beton oder **Asphalt** –
praktisch zum Fahren. Da **Wasser
problemlos abläuft**, wird die Feuchtigkeit
reduziert. Ein leichter Abhang ist optimal.

⚡ Vogelbad

Ein Vogelbad ist die einfachste Möglichkeit Wasser in den Garten zu integrieren. Weder Klempnerarbeiten noch elektrische Installationen sind notwendig. Sie müssen lediglich die geeignete Stelle dafür finden.

Stilles Wasser

Ein mit stillem Wasser gefüllter Behälter trägt zur ruhigen Stimmung eines Gartens bei.

In jedem Fall sollte das Wasser, also auch das Vogelbad, im Osten oder Südosten liegen. Entfällt diese Möglichkeit, bewahren Sie genügend Abstand zwischen Ihrem Haus und dem Vogelbad. Sorgen Sie dafür, dass das Wasser im Vogelbad sauber ist und regelmäßig gewechselt wird.

Der Anblick von Vögeln in Ihrem Garten kann sehr zufrieden stimmen. Stellen Sie das Vogelbad also in einen Bereich, der von den Fenstern aus deutlich sichtbar ist.

GEGENSTÄNDE IM GARTEN

Statuen Metallstatuen konzentrieren und bündeln Energie. Der Südwesten, der Nordosten, Westen, Nordwesten und Norden sind die besten Bereiche dafür.

Steinplastiken verleihen der Atmosphäre Beständigkeit. Sie wirken im südlichen, südwestlichen, nordöstlichen, westlichen und nordwestlichen Teil des Gartens harmonisierend.

Holz- oder Korbstatuen tragen zu einer leichten Atmosphäre bei. Die idealen Richtungen sind Norden, Osten, Südosten und Süden.

Wasser erfüllt einen Raum mit lebendiger Energie. Das Wasser muss unbedingt frisch und sauber sein. Wasser sollte sich östlich und südöstlich von Ihrem Haus befinden. Wenn Sie es nicht in diese Richtung integrieren können, sollten Sie auf eine gewisse Distanz zu Ihrem Haus achten. Bewegliches Wasser, etwa ein **Springbrunnen oder ein Wasserfall,** erzeugt lebendige,

aktive Energie. Stilles Wasser wie ein Teich hat entspannenden Charakter. In einem Teich sind Lebewesen äußerst wichtig, damit keine Stagnation entsteht.

Steine Steingärten und Statuen erzeugen eine solide, sichere Atmosphäre. Sie sind im Nordosten, Westen, Nordwesten, Südwesten und in der Mitte Ihres Gartens am wirksamsten.

Bäume Hohe Bäume wie die Weißbirke pflanzt man am besten im Norden und Nordwesten. In diesen Bereichen werfen sie keinen Schatten auf den Garten und befinden sich in Harmonie mit der natürlichen Energie in diesem Teil des Gartens.

Wege Das Material des Weges bestimmt den Fluss der Chi-Energie. Ein Pfad aus glatten, flachen Pflastersteinen sorgt für den schnelleren Fluss von Chi-Energie. Ein Pfad aus Kieseln, losen Steinen oder Mulch bremst den Energiefluss und trägt zur Entspannung bei.

Vorhaben für einen halben Tag

❶ Ein Vogelbad einrichten

Bestimmen Sie mit dem Kompass den östlichen und südöstlichen Teil des Gartens. Sie können auch den **Sonnenaufgang** unmittelbar über dem Horizont **beobachten** um den Osten zu ermitteln. Wenn die Sonne am Himmel aufsteigt, befindet sie sich im Südosten.

Überprüfen Sie, ob sich diese Bereiche für ein **Vogelbad** eignen. Ist das nicht der Fall, müssen Sie einen anderen Bereich finden. Sorgen Sie jedoch dafür, dass dieser sich **nicht zu nahe an Ihrem Haus** befindet. **Schauen Sie sich unterschiedliche Vogelbäder an** und entscheiden Sie sich für eines, das Sie anspricht. Bereiten Sie die Stelle vor, indem Sie den Boden ebnen, damit das Vogelbad **fest steht**.

Stellen Sie das Vogelbad auf und füllen Sie es mit Wasser.

Fließendes Wasser

Fließendes Wasser bleibt frisch und bringt Leben in einen Bereich.

 # Wege

MATERIAL FÜR WEGE

YIN

Mulch

Holz

Bahnschwellen

Kies

Ziegel

Raue Pflastersteine

Glatte Pflastersteine

YANG

Wege beeinflussen sowohl die Erscheinung Ihres Gartens als auch Ihr Gefühl, wenn Sie durch ihn hindurchlaufen. Denken Sie bei der Gestaltung darüber nach, wie Sie Ihren Garten wahrnehmen möchten. Schaffen Sie Bereiche, in denen Sie entspannen und sich langsam bewegen können, und Bereiche, die praktischen Zwecken dienen.

Bevor Sie das Material für einen Weg aussuchen, sollten Sie sich das Gefühl vorstellen, das Sie haben würden, wenn Sie darauf laufen. Eine Auswahl verschiedener Materialien macht Ihren Garten interessanter. Ein Weg mit einer harten, glatten Oberfläche, wie sie Pflastersteine haben, sorgt für einen schnelleren Energiefluss. Ist der Weg gerade, bewegt sich die Energie noch schneller.

Material für Steinwege
Graues Kopfsteinpflaster erzeugt im Gegensatz zu gelblichem Kies eine solide Stimmung mit Yang. Cremefarbene Steine fördern, verglichen mit dunkelgrauem und blauem Schiefer, eine leichte Atmosphäre mit Yin.

Formen
Ein gewundener Pfad stimuliert die Zirkulation der Chi-Energie durch den Garten und bremst gleichzeitig deren Geschwindigkeit.

Vorhaben für zwei Tage

 ❶ Der richtige Weg

Zeichnen Sie einen Plan von Ihrem Garten und markieren Sie die Bereiche, die Sie für verschiedene Zwecke nutzen möchten. Möchten Sie eine interessante Herangehensweise ausprobieren, beschreiben Sie, wie Sie sich in jedem Bereich gern **fühlen** möchten. Entsprechend sollten Sie **die einzelnen Bereiche** Ihres Gartens **gestalten.** Vergegenwärtigen Sie sich, wie Sie **die verschiedenen Bereiche** Ihres Gartens **miteinander verbinden** möchten. Lassen Sie sich durch die Materialliste anregen. Nehmen Sie Ihren Plan zur Hand und **markieren Sie** anschließend mit Stöcken **den Weg** in Ihrem Garten. Lassen Sie die Stöcke einige Tage stecken, damit Sie den Verlauf des Weges **verändern** können, bis Sie vollkommen zufrieden sind. Legen Sie die Wege an und lassen Sie diese auf sich wirken.

⚡ Wasser

WASSER

YIN entspannend
Stiller Teich
Teich mit Abfluss
Strom
Fluss
Kaskade
Wasserfall
Springbrunnen
YANG anregend

Dem Wasser kommt im Feng Shui eine ganz besondere Bedeutung zu, da es eine entscheidende Essenz menschlichen Lebens ist. Etwa 70 Prozent des menschlichen Körpers bestehen aus Wasser.

Wasser hat für viele Menschen eine starke Anziehungskraft. Urlaub, Picknick oder Sport werden oft am Wasser organisiert, sei es am Meer, an einem Fluss, See, Kanal, Wasserfall oder im Freibad.

Das Wasser, das sich im Umfeld Ihres Hauses befindet, beeinflusst die Chi-Energie Ihres Hauses. Sind die Bedingungen günstig, trägt es sogar zur Steigerung der Vitalität bei. Im Feng Shui repräsentiert Metall-Energie Geld, während Wasser den Fluss des Geldes symbolisiert. Ob das Wasser in der Nähe Ihres Hauses positive Energie ausstrahlt, hängt von seiner Lage und seinem Verlauf und deren Beziehung zu Ihrem Haus ab.

Das Wasser sollte sauber, frisch und rein sein. Stagnierendes Wasser erzeugt ungesunde, schale Chi-Energie, die sich schädlich auf die Chi-Energie in Ihrem Haus auswirken kann, wenn das Wasser nahe an Ihrem Haus ist. Schmutziges, verunreinigtes Wasser beeinträchtigt die Fähigkeit Ihre Lebenskraft zu steigern.

Fließendes Wasser erzeugt mehr Yang-Energie als stilles Wasser. Ein Wasserfall hat eine belebendere Wirkung als ein Teich. Die Abwärtsbewegung des Wassers sorgt gleichzeitig für eine solidere Atmosphäre, im Gegensatz zu einer sprudelnden Quelle, die ein erhabenes Gefühl hervorruft.

Schnell fließendes Wasser, das sich geradeaus bewegt, hat mehr Yang als langsam fließendes Wasser, das sich durch sanfte Kurven schlängelt. Teiche und Sümpfe erzeugen das meiste Yin, unterliegen allerdings auch der Gefahr zu stagnie-

„Yang-Einflüsse"
Wenn zum Gartenteich ein Wasserfall gehört, dann sorgt das abwärts fließende Wasser für mehr Yang in Ihrem Garten.

Vorhaben für zwei Tage

❶ Wasser

Entscheiden Sie anhand der oben aufgeführten Informationen, in welcher Form und in welchem Bereich Sie Wasser in Ihren Garten integrieren möchten. Überprüfen Sie die **entsprechende Stelle** in Ihrem Garten. Wenn Sie in die Gestaltung des Gewässers auch Gestein und anderes einbeziehen möchten, müssen Sie Ihre Planung entsprechend erweitern.

Da Wasser verdampft, benötigt das Gewässer einen **Zufluss.** Viele Teiche oder Springbrunnen arbeiten mit einem **Ausgleichs-**

tank, durch dessen Ventil Wasser abgegeben wird, wenn es eine **bestimmte Höhe** erreicht hat. Der Tank, der gewöhnlich unter der Erde ist, sorgt dafür, dass **ständig frisches und sauberes Wasser vorhanden ist.**

Schaffen Sie Platz für Ihre Wasserquelle und **legen** Sie diese gemäß der Gebrauchsanleitung **an. Schmücken Sie diese mit Pflanzen** und anderen geeigneten Dingen. Sorgen Sie dafür, dass das Wasser **frisch und sauber** bleibt.

ren. Sie sollten mit einer Vielzahl prächtig gedeihender Lebewesen bereichert werden um Stagnation zu verhindern.

Da schnell fließendes Wasser, das Yang enthält, den Energiefluss beschleunigt, wirkt Ihr Haus frisch, sauber und lebendig. Langsames Wasser, das Yin enthält, führt zu einem sanfteren, friedlichen Fluss von Chi-Energie.

Wasser, das auf Ihre Haustür zufließt, besitzt die Fähigkeit Chi-Energie ins Haus zu tragen, während von der Haustür wegströmendes Wasser die Chi-Energie in Ihrer Wohnung reduzieren kann. Sie könnten das Gefühl haben, dass Ihnen das Geld zwischen den Fingern zerrinnt.

Die Himmelsrichtung, in der sich das Wasser – von Ihrem Haus aus gesehen – befindet, hat ebenfalls Bedeutung, besonders wenn das Wasser in den Wintermonaten im Schatten Ihres Hauses liegt. Befindet sich das Wasser östlich oder südöstlich von der Mitte Ihres Hauses, wirkt sich das vorteilhaft aus, da Wasser die Baum-Chi-Energie dieser Himmelsrichtungen stärkt.

Wasser beruhigen
Die um das Wasser gruppierten Pflanzen beeinflussen dessen harmonisierende Qualitäten.

☀ Statuen und Steingärten

Metallgegenstände und Steine tragen dazu bei die Energie in Ihrem Garten festzuhalten und zu beruhigen. Sie können ins Zentrum der Aufmerksamkeit rücken und zu charakteristischen Kennzeichen Ihres Gartens werden. Diese Materialien harmonieren sehr gut mit den südwestlichen, westlichen, nordwestlichen, nördlichen oder nordöstlichen Bereichen Ihres Hauses, besonders in großer Nähe. Eine Holzstatue sollte am besten nördlich, östlich, südöstlich oder südlich von Ihrem Haus stehen.

Ein harmonischer Steingarten
Yin und Yang werden miteinander kombiniert und bilden einen interessanten Kontrast, wenn man große und kleine Steine vermischt.

In einem Steingarten zieht eine Statue die Aufmerksamkeit auf sich und hebt sich von ihrer Umgebung ab. Nordosten ist die ideale Himmelsrichtung für einen Steingarten. Sie können ihn auch im Südwesten, Westen, Nordwesten oder Norden anlegen, da er mit diesen Himmelsrichtungen ebenfalls harmoniert.

Die Art des Einflusses der Statue auf den Energiefluss wird hauptsächlich von ihrer Form und ihrem Material bestimmt. Außerdem haben viele Formen in der Bildhauerei symbolische Bedeutung und können Ihren eigenen Chi-Energiefluss beeinflussen. Die Plastik eines sich umarmenden Paares weckt in Ihnen romantische Gefühle.

Wenn Sie die Gestaltung eines Gartens planen, können Sie Statuen benutzen um einen Bereich besonders zu betonen. Eine Plastik in der Mitte eines Kreises lenkt die Aufmerksamkeit auf diesen Bereich. Sie kann auch eine Aussicht vervollkommnen oder das Ende eines Weges markieren. Eine Plastik kann für Überraschungen sorgen, indem sie teilweise zwischen Pflanzen versteckt wird oder plötzlich hinter einer Ecke auftaucht.

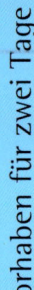

Vorhaben für zwei Tage

❶ Einen Steingarten anlegen
Legen Sie vor dem Bau **die geeignete Himmelsrichtung fest.** Die ideale Lage für einen Steingarten ist der Nordosten. Südwesten, Westen, Nordwesten und Norden sind allerdings auch **geeignet.** Denken Sie über die gewünschte Form des Steingartens nach. Holen Sie sich in **Büchern** und Zeitschriften zum Thema **Garten** Anregungen. Bereiten Sie die Stelle vor und bauen Sie Ihren Steingarten.

Farbkontraste
Sie können im Garten aufregende Farbkombinationen erzeugen, indem Sie den Steingarten mit stahlgrauem, gehauenem Schiefer und sattem grünem Laubwerk einfassen.

Den Steingarten bepflanzen

Da Pflanzen den idealen Kontrast zu hartem Gestein liefern, entsteht ein Ausgleich der Extreme. Diese etwas offenere und saubere Gestaltung sorgt für Dynamik und Yang.

DIE CHI-ENERGIE VON PLASTIKEN

Um der Romantik in Ihrem Leben mehr Gewicht zu verleihen stellen Sie eine romantische Metallplastik auf einen runden Sockel in den westlichen Teil Ihres Gartens. In der Plastik sollten sich rote Elemente befinden oder Sie sollten rote Blumen rundherum pflanzen.

Zur Stärkung der mit Ihrer Karriere verbundenen Chi-Energie sollten Sie eine hohe, von Grünpflanzen umgebene Holzplastik in den östlichen Teil Ihres Hauses stellen.

Unterstützen Sie die Chi-Energie, die zu größerer Harmonie in der Familie führt, indem Sie eine flache Ton- oder Gipsstatue in den südwestlichen Teil Ihrer Wohnung stellen. Gruppieren Sie Pflanzen oder Blumen mit gelben Blütenblättern darum.

Frieden und Ruhe können Sie fördern, wenn Sie eine Glasstatue mit fließenden Formen in den nördlichen Teil Ihres Gartens stellen. Eine Statue aus Eis hat ähnliche Wirkung.

Zur Anregung der mit Anerkennung, öffentlichem Ansehen und Leidenschaft **verbundenen Feuer-Chi-Energie** stellen Sie eine sternenförmige Plastik oder eine Pyramide in den südlichen Teil Ihres Gartens. Lilafarbene, um die Statue gepflanzte Blumen verstärken diese Wirkung.

Die Hintergründe des Feng Shui

Die Geschichte des Feng Shui

Feng Shui, was Wind und Wasser bedeutet, ist die Kunst ein Haus so zu gestalten, dass dessen Bewohner Erfolge erzielen. Die Geschichte des Feng Shui soll bis etwa 4000 vor Christus an die Ufer des Flusses Lo in Nordchina zurückreichen, wo alte Kulturvölker siedelten.

Die Geschichte und verschiedenen Arten des Feng Shui

Ein Mann namens Fu Hsi wurde sehr bekannt, weil er Dämme hatte errichten lassen, die alljährlich das Hochwasser zurückhielten. Als Fu Hsi später am Flussufer des Lo meditierte, sah er eine Schildkröte aus dem Wasser kriechen. Auf ihrem Panzer entdeckte er ein Muster aus Wassertropfen, das die Grundlage des magischen Quadrats bildete.

Die verschiedenen Arten des Feng Shui

Feng Shui durchlief viele Veränderungen. Verschiedene Systeme entwickelten sich. Das ist nicht verwunderlich, weil die Kunst des Feng Shui schon sehr alt ist und noch heute in einem großen Teil der Welt angewendet wird. Für den Anfänger kann das Verwirrung bedeuten, besonders wenn man sich mit mehr als einer Art beschäftigt. Teilweise scheinen die Arten zueinander im Widerspruch zu stehen, denn in verschiedenen Abschnitten der Geschichte des Feng Shui fanden radikale Veränderungen statt, zum Beispiel der Austausch der Positionen der Trigramme, der zu einer früheren und einer späteren Himmelssequenz führte. Außerdem ist die Anwendung der Grundprinzipien nicht festgeschrieben, sondern wurde von verschiedenen Leuten im Verlauf der Jahrtausende weiterentwickelt.

Die im Westen bekannten Arten sind die Japanische-Kompass-Methode, die Acht-Häuser-Methode, die Methode des Fliegenden Sterns, die Formen-Schule und die Drei-Tore-Methode. Die Japanische-Kompass-Methode, die Acht-Häuser- Methode und die Methode des Fliegenden Sterns verwenden den Kompass als Grundlage der Entscheidung, wie die Energie in jedem Teil des Hauses dessen Bewohner beeinflusst. Bei diesen Methoden geht man davon aus, dass das Magnetfeld der Erde, die Sonnenenergie und der Einfluss der anderen Planeten sich am stärksten auf die Art des Energieflusses durch ein Gebäude auswirken. Die Formen-Schule benutzt keinen Kompass, sondern die Landschaft der Umgebung und die Tiere des Feng Shui um die verschiedenen Chi-Energien einzuordnen. Die Drei-Tore-Methode ist eine jüngere Methode, bei welcher der Eingang zu einem Haus oder Zimmer zur Bestimmung der acht Energien ausschlaggebend ist. Die Methode des Fliegenden Sterns, die Acht-Häuser-Methode und die Formen-Schule werden oft miteinander kombiniert und der Praktiker spricht seine Empfehlung gemäß verschiedener Aspekte der einzelnen Methoden aus.

Die unterschiedlichen Schulen des Feng Shui gehen von den gleichen Grundprinzipien der Energiebewegung aus: Yin und Yang, die fünf Elemente und die acht Trigramme. Der Unterschied liegt in der Anwendung dieser Prinzipien auf das Leben. Dieses Buch arbeitet mit der Japanischen-Kompass-Methode.

DER CHINESISCHE KALENDER

Der alte chinesische Kalender war ein Sonnenkalender mit Zehntagewoche, die aus Yin- und Yang-Paaren der fünf Elemente bestand. Der Kalender richtete sich nach der Winter- und Sommersonnenwende und den Tagundnachtgleichen. Er basierte auf einem genauen Wissen um die verschiedenen Phasen von Sonne, Mond und anderen Planeten. Die astronomische Kenntnis ist äußerst beeindruckend, wurde der Kalender doch vor mehreren tausend Jahren entwickelt. Die Chinesen verlegten sich später auf einen Mondkalender, der noch heute in Gebrauch ist.

Chi-Energie

Chi-Energie ist kaum wahrnehmbare elektromagnetische Energie, die durch alles fließt. Sie fließt in unserem Körper und trägt unsere Gedanken, Ideen und Gefühle, so dass jede Zelle unseres Körpers mit vom Blut transportiertem Sauerstoff und mit Nährstoffen versorgt wird.

Wenn sich Ihre Gedanken oder Gefühle verändern, verändert sich Ihre Chi-Energie. Deshalb können dauerhafte negative Gefühle Ihre Gesundheit beeinträchtigen. Besitzen Sie in Ihren vier Wänden Bilder, die Sie zufrieden stimmen oder positive Gedanken in Ihnen wecken, verändert sich Ihre Chi-Energie. Diese veränderte Energie zirkuliert in Ihrem Körper.

Gleichzeitig wird Ihre Chi-Energie durch Ihre Gedanken und Gefühle verändert. Wenn Sie niedergeschlagen sind (was bedeutet, dass Ihre Chi-Energie zu langsam und verstreut ist), plötzlich aber von gegenteiliger, extremer Chi-Energie durchflutet werden, zum Beispiel einer heftigen Gefühlsaufwallung, wird die Niedergeschlagenheit sicher weichen. Ihre eigene Chi-Energie reagiert mit einer Beschleunigung auf diese Situation. Wenn Sie ärgerlich sind, Ihre Chi-Energie zu intensiv und geballt ist, können Sie leichter entspannen, wenn Sie langsam und tief durchatmen und sich strecken, damit Ihre Chi-Energie gebremst wird und sich ausdehnt.

Ihr Chi-Energiefeld befindet sich nicht nur unter der Haut, sondern reicht etwa 10 Zentimeter bis 1 Meter über Ihre Haut hinaus. Sie kann also leicht von der Sie umgebenden Chi-Energie beeinflusst werden. Die Atmosphäre eines Zimmers kann Ihre Gefühle und Gedanken verändern. Einer der großen Vorteile von Feng Shui liegt darin, dass Sie einen Raum so gestalten können, dass er die von Ihnen gewünschten Gedanken und Emotionen fördert. Die Einrichtung eines Raumes kann Ihre Gedanken und Gefühle so beeinflussen, dass Sie im Leben vorankommen.

Ein Teil Ihrer eigenen Chi-Energie vermischt und verändert sich mit der Sie umgebenden Chi-Energie. Da diese Energie auch Chi enthält, das Informationen von weit

CHI-ENERGIE IN IHREM KÖRPER

Ihre persönliche Chi-Energie bewegt sich auf Bahnen durch Ihren Körper. Die längste von ihnen befindet sich vor Ihrer Wirbelsäule. Dort sind die sieben Chakras. Die Chi-Energie fließt in diesen als Meridiane bezeichneten Bahnen durch Ihren Körper und nährt schließlich jede Zelle. Wenn Sie geistig angeregt sind, fließt mehr Chi-Energie durch Ihren Kopf, während sich in Momenten körperlicher Betätigung mehr Chi-Energie in den unteren Bereichen Ihres Körpers konzentriert. Wenn Sie entspannt, kontaktfreudig und gesellig sind, dehnt sich Ihre Chi-Energie horizontal aus, während sich beim Alleinsein oder geistigem Arbeiten das Chi-Energiefeld vertikal ausrichtet. Richten Sie Ihr Chi-Energiefeld auf die eigene Person um Selbstbestimmung zu fördern und die Beeinflussung durch andere zu vermeiden. Die Konzentration Ihres Chi-Energiefeldes unterstützt Ihre Ausstrahlung.

Krone
Mittelhirn
(Hirnanhangdrüse)
Hals
Herz
Bauch, (Solarplexus)
Hara, (Nabel)
Fortpflanzungsorgane, (Steißbein)

entfernten Orten in sich trägt, werden Sie kontinuierlich von einer großen Auswahl an Informationen aus dem ganzen Universum beeinflusst, vom Wetter, den Mondphasen, der Jahreszeit und dem Sonnenstand. Durch statistische Erhebungen ist bekannt, dass sich diese Aspekte auf unser Verhalten und unsere Gefühle auswirken. Feng Shui berücksichtigt auch die Stellung der Planeten und die Erdbewegung in Beziehung zur Galaxis.

Die Lehre von **Yin** und **Yang**

Das Konzept von Yin und Yang ermöglicht Ihnen konkrete Beziehungen zwischen sich und Ihrer Umwelt herzustellen. Wenn Sie ein Problem haben, sollten Sie ermitteln, ob das Yin oder Yang in Ihnen überwiegt. Sobald Sie wissen, ob Sie das Yin oder Yang stärken müssen um Ihr Wohlbefinden wieder herzustellen oder Erfolge zu erzielen, können Sie dieses Wissen als Unterstützung zur Veränderung Ihrer Chi-Energie heranziehen.

Mit Hilfe der unten abgebildeten Listen können Sie Ihren momentanen Zustand ermitteln. Sie führen allgemeine seelische und körperliche Leiden auf, die entweder mit einem Yin- oder Yang-Überschuss verbunden sind. Schauen Sie sich anschließend die Vorschläge zur Stärkung von Yin und Yang in Ihrem Haus an und versuchen Sie Elemente einzuführen, die Ihrem Zustand entgegenwirken. Sollten Sie oft niedergeschlagen sein, bestimmt Yin Ihren Zustand und Sie müssen das Yang in Ihrem Haus betonen (siehe Seiten 134 – 135).

NEGATIV		POSITIV	
GEFÜHLE	**KÖRPERLICHE SYMPTOME**	**GEFÜHLE**	**KÖRPERLICHE MERKMALE**
Yin-Überschuss	**Yin-Überschuss**	**Yin-Betont**	**Yin-Betont**
Niedergeschlagenheit	Lethargie, Frieren	Entspanntheit	Geschmeidig
Unsicherheit	Häufige Infektionskrankheiten	Ruhe, Fantasie	Entspannt
Einsamkeit	Diarrhö	Kreativität	Locker
Besorgtheit	Schwellungen / Blähungen und	Kunstsinn	Flexibel
Pessimismus	überschüssige Flüssigkeit	Sinnlichkeit	
Hilflosigkeit	Feuchte Haut	Einfühlsamkeit	
Opfergefühl	Kopfschmerzen an der Stirn	Empfänglichkeit	
Yang-Überschuss	**Yang-Überschuss**	**Yang-Betont**	**Yang-Betont**
Aggressivität	Steifheit	Enthusiasmus	Stärke
Gewalttätigkeit	Erkältung	Wachsamkeit	Durchhaltevermögen
Anspannung	Bluthochdruck	Schnelligkeit	Widerstandsfähigkeit
Frustration	trockener Mund	Konzentration	gute Reaktionsfähigkeit
Ärger	trockene Haut	Präzision, Genauigkeit	
Ungeduld	Kopfschmerz im Hinterkopf	Selbstvertrauen	
Unruhe	Neigung zu kleinen Unfällen	Bestimmtheit	

Alles besitzt entweder mehr Yin oder Yang

Jedes Element in unserem Universum besitzt mehr oder weniger Yin beziehungsweise Yang als ein anderes Element. Yin und Yang sind Beziehungswörter, die dem Vergleich dienen. Ausruhen bedeutet eher Yin als Arbeiten. Gleichzeitig bedeutet Ausruhen aber eher Yang als Schlafen. Yin und Yang lassen sich auf materielle Dinge, wie Häuser, Nahrung oder Körper, beziehen. Sie können aber auch geistige Prozesse, wie Gefühle, Vorstellungen und Gedanken, beschreiben.

Alles strebt nach Ausgeglichenheit

Obwohl jedes Element entweder mehr Yin oder mehr Yang besitzt, streben sie in der Gesamtheit einen Ausgleich an. Keine Sache befindet sich in perfekter Ausgewogenheit oder kann sich in diesem Zustand befinden, da immer jeweils ein Aspekt überwiegt. Etwas, das mehr Yin besitzt, kann im Zusammenspiel mit einem Element, in dem das Yang überwiegt, größere Harmonie bewirken. Wir nähern uns oft der Mitte zwischen beiden und sind ausgeglichener. Für einen Moment überwiegt jedoch das Yin, so dass wir etwas verändern müssen um das Yang zu stärken. Es handelt sich um einen kontinuierlichen Balanceakt, mit dessen Hilfe wir uns der Welt anpassen und auf sie reagieren können.

Yin und Yang ziehen sich an

Dort, wo das Yin überwiegt, wird Yang angezogen. Je größer der Unterschied, desto stärker die Anziehung. Das Prinzip funktioniert ähnlich dem der Magnetpole: Plus und Minus ziehen einander an. Überwiegt in Ihrem Leben das Yin, werden Sie spüren, das Sie Yang in allen Formen anziehen und umgekehrt. Wenn Sie etwas essen, dass viel Yang enthält, wie trockenes Salzgebäck, verspüren Sie das Bedürfnis nach Flüssigkeiten, in denen wiederum das Yin überwiegt.

Nichts ist ausschließlich Yin oder Yang

Alles besitzt sowohl Yin als auch Yang, doch ein Element überwiegt jeweils. Anstatt sich Yin und Yang in Begriffen wie Schwarz und Weiß vorzustellen, sollte man sich zwei verschiedene Grautöne vergegenwärtigen, von denen jedes sein Gegenstück enthält – alles hat zwei Seiten. Ein Lottogewinn ermöglicht Ihnen zum Beispiel die Erfüllung aller materiellen Wünsche, könnte aber auch zum Verlust Ihrer Familie und wirklicher Freunde führen. Auf der anderen Seite könnte der Verlust Ihres Arbeitsplatzes Sorgen und finanzielle Engpässe mit sich bringen, langfristig aber auch zu einer besseren Karriere führen. Eine negative Situation hat immer auch etwas Positives, genau wie positive Momente etwas Negatives in sich bergen.

Alles fließt

Alles fließt ständig von einem Zustand, in dem das Yin überwiegt, in einen Zustand, der mehr Yang aufweist, und umgekehrt. In einem Menschen kann das Yang überwiegen, er oder sie ist gereizt, frustriert und penetrant. Doch im Laufe der Zeit wächst das Yin, so dass er oder sie entspannt, friedfertig und ruhig wird. Auch das Gegenteil kann eintreten. Jemand, der niedergeschlagen, lustlos und still ist, könnte sich in einem Prozess befinden, in dem das Yang wächst und für Tatendrang, Dynamik und Schnelligkeit sorgt. Es ist wichtiger sich seine künftige Entwicklung vor Augen zu führen, als sich über die Gegenwart zu sorgen.

Wir alle sollten danach streben, unser Leben bewusst zu gestalten. Das Konzept von Yin und Yang kann uns dabei helfen herauszufinden, wo wir das Gleichgewicht verloren haben und wie wir es wieder herstellen können. Alles, was uns widerfährt, trägt Yin und Yang in sich. Das erlaubt uns einerseits, Positives aus schmerzvollen Erfahrungen zu ziehen, andererseits aber auch Fallstricke in guten Erfahrungen zu entdecken. Alles in der Welt ist ständig im Fluss; mit Hilfe unseres Wissens um Yin und Yang können wir uns selbst und unsere Wahrnehmung der Welt verändern.

Yin und Yang **im Alltag**

So wie die scheinbare Bewegung der Sonne am Himmel unseren individuellen Fluss von Chi-Energie verändert, beeinflusst sie den Energiefluss im Haus.

Bei Sonnenaufgang werden die östlichen und südöstlichen Bereiche Ihres Hauses von der Sonnenenergie belebt. Da das Aufsteigen der Sonne vom Morgen zum Mittag von Yang geprägt ist, werden die östlichen und südlichen Bereiche jeden Tag mit Yang-Chi-Energie aufgeladen. In der südlichen Hemisphäre sind es die östlichen bis nördlichen Bereiche.

Am Nachmittag, wenn die Sonne langsam sinkt, werden die westlichen bis nördlichen Teile Ihres Hauses von Energie durchströmt, in der Yin dominiert. Auf der Südhalbkugel sind es die westlichen bis südlichen Bereiche.

Die Sonnenseite Ihres Hauses eignet sich besser für Aktivitäten, die Yang erfordern, während die Schattenseite Tätigkeiten fördert, die von Yin bestimmt sind. Wenn Sie glauben, dass entweder Yin oder Yang in Ihrem Körper überwiegt, sollten Sie sich in Bereichen aufhalten, in denen die entgegengesetzte Energie dominiert, um Ausgleich zu finden. Finden Sie beispielsweise keine Entspannung, können Sie davon ausgehen, dass Sie einen Yang-Überschuss besitzen. In diesem Fall sollten Sie mehr Zeit auf der Yin-Seite Ihres Hauses verbringen um Ausgleich zu finden. Wenn Sie auf dieser Seite schlafen, nehmen Sie friedliche Yin-Chi-Energie auf.

Wenn Sie sich schwach fühlen, dominiert eindeutig Yin. Aktivitäten auf der Sonnenseite Ihres Hauses unterstützen die Aufnahme von Yang.

Stärken Sie das Yin durch folgende Maßnahmen:

- Stellen Sie mehr Polstermöbel, wie bequeme Sessel und Sofas, auf
- Bringen Sie lange Vorhänge aus natürlichen Materialien, zum Beispiel Baumwolle oder Leinen, an
- Legen Sie Läufer und Teppiche aus Naturfaser wie reine Wolle aus
- Schaffen Sie sich große Kissen an
- Bedecken Sie glänzende Oberflächen mit Tischdecken oder Baumwollservietten
- Verwenden Sie Pastelltöne und greifen Sie auf Farbkombinationen mit zartem Grün, Blau, Crème, Rosa oder Schwarz zurück
- Indirektes, an die Wand oder Decke gerichtetes Licht ist weicher und entspannt
- Verwenden Sie Lampen, an denen Sie die Helligkeit regulieren können
- Erhellen Sie Ihre Zimmer nach Möglichkeit mit Kerzen
- Die Tischlampen sollten Stoffschirme besitzen
- Schließen Sie die Türen um den Energiefluss zu bremsen
- Spielen Sie entspannende Musik, damit sich der Raum mit Yin-Klangwellen füllt
- Auf einen Stein tropfendes Wasser wirkt sehr erholsam

- Das Kopfende Ihres Bettes sollte dem Norden, Westen, Südwesten oder Südosten zugekehrt sein
- Geschwungene oder gewellte Muster und Gegenstände zerstreuen Chi-Energie
- Gesprenkelte Muster, unregelmäßige Linien, mit Schwammtechnik oder durch grobes Streichen gestaltete Wände beziehungsweise Gipsoberflächen sorgen für mehr Yin
- Verdecken Sie scharfe Ecken oder Kanten mit Pflanzen oder Stoffen
- Ziehen Sie viele Pflanzen mit großen, weichen Blättern
- Ordnen Sie Ihre Möbel so an, dass sich kaum gerade Linien ergeben
- Bremsen Sie den Energiefluss in Korridoren oder Bereichen, in denen Türen auf einer Linie liegen, mit üppigen Pflanzen

Stärken Sie das Yang durch folgende Maßnahmen:

- Schaffen Sie sich Metallgegenstände an, vor allem glänzende
- Bevorzugen Sie lackierte Oberflächen, zum Beispiel bei Holztischen oder -böden
- Spiegel reflektieren Chi ins Zimmer, so dass es sich schneller bewegt
- Verwenden Sie Holzjalousien anstelle von Vorhängen
- Holz-, Fliesen- oder Steinböden erzeugen härtere Chi-Energie, die schneller fließt

- Trennen Sie sich von unnötigen Gegenständen, damit die Energie nicht stagniert
- Offene Räume ermöglichen ungehinderten Energiefluss
- Geben Sie kräftigen Farben, beispielsweise Rot, Orange und Gelb, den Vorzug
- Weiße Wände und Decken reflektieren die vorhandene Chi-Energie in das Zimmer
- Rhythmische Musik erzeugt aktive Klangwellen, die viel Yang besitzen
- Ziehen Sie Pflanzen mit spitzen Blättern oder Stacheln
- Beleuchten Sie Ihre Zimmer mit Lampen, die helles Licht geben, wie Halogenlampen oder Scheinwerfer
- Scheinwerfer verleihen einem bestimmten Bereich besonders viel Energie
- Ordnen Sie Ihre Möbel strukturiert und streng an
- Spärlich eingerichtete Zimmer ermöglichen einen schnelleren Energiefluss und unterstützen Aktivitäten
- Große einfarbige Abschnitte stärken Yang
- Das Kopfende Ihres Bettes sollte nach Osten, Süden, Nordwesten oder Nordosten ausgerichtet sein
- Halten Sie die Fenster offen und unbedeckt, damit ausreichend Chi-Energie in das Zimmer hinein- und wieder herausfließen kann
- Farbenfrohe Blumen (rot, lilafarben oder gelb) kräftigen das Yang
- Richtiges Feuer unterstützt die Feuer-Chi-Energie

Die himmlischen **Tiere**

Die Tiere symbolisieren den Energiefluss in unserer Umgebung. Man geht davon aus, dass jeder Mensch ein Energiemuster in seinem Energiefeld hat, das von fünf Tieren repräsentiert werden kann.

Zwei von ihnen, der Drachen und der Phönix, sind mystische Tiere, die anderen hingegen existieren wirklich: der Tiger, die Schildkröte und die Schlange. Deren Energien haben ähnliche Eigenschaften wie die des Ostens, Südens, Westens und Nordens, die der Kompass-Methode zu Grunde liegen. Die Tiere sind in diesem Zusammenhang jedoch nicht an eine bestimmte Himmelsrichtung gebunden und verändern ihren Standort gemäß der Bewegung eines Menschen oder der Gestaltung eines Raumes. Nur wenn Sie dem Süden zugewandt sind beziehungsweise eine Ihrer Zimmer nach Süden ausgerichtet ist, stimmen die Energien überein.

Die Rolle der Tiere lässt sich am besten am Beispiel der Schildkröte und des Phönix verdeutlichen. Die Schildkröte symbolisiert mit ihrem harten Panzer die Rückseite eines Objekts. Sie wird oft mit den Teilen des Hauses oder Gartens verbunden, die Schutz bieten können, zum Beispiel feste Mauern, Hügel, Berge oder Bäume. Der Phönix ist ein legendärer Vogel, der bereit ist, vor Ihnen aufzufliegen. Er repräsentiert die Vorderseite. In Ihren vier Wänden könnte das ein Bereich sein, in dem die Chi-Energie expandieren kann – der Eingangsbereich, die Fenster oder eine andere Öffnung.

Stellen Sie sich einen großen Sessel vor. Der Rücken entspricht der Schildkröte, der offene Vorderteil dem Phönix, die linke Armlehne dem Drachen, die rechte dem Tiger und die Sitzfläche der Schlange.

Die Verwendung dieser Symbolik bietet sich an, wenn man sich für eine bestimmte Position im Zimmer entscheiden muss. Suchen Sie zuerst die Schildkröte. Das ist gewöhnlich eine feste Wand oder ein schweres Möbelstück. Finden Sie anschließend den Phönix, also ein großes Fenster, eine Zimmertür oder einen Kamin.

Versuchen Sie sich so zu setzen, dass Sie sowohl von der beschützenden Energie der Schildkröte in Ihrem Rücken als auch von der des Phönix vor Ihnen profitieren. Die Seiten können teilweise offen sein. Eine Lampe oder Kerze zu Ihrer Linken wird von der östlichen Chi-Energie des Drachens genährt. Ein Tisch zu Ihrer Rechten symbolisiert die Energie des Tigers.

Diese Herangehensweise empfiehlt sich in Restaurants oder Versammlungen, wo Sie sich einen Überblick über die Möglichkeiten verschaffen und anschließend den Platz aussuchen können, der diesem Schema am nächsten kommt. Suchen Sie sich in einem Restaurant einen Tisch, an dem Sie mit dem Rücken zur Wand sitzen und viel vom Restaurant sehen können. Sie fühlen sich sicherer und geborgener.

MERKMALE DER TIERE				
Tier	**Himmelsrichtung**	**Element**	**Jahreszeit**	**Tageszeit**
Drachen	Osten	Baum	Frühling	Morgen
Phönix	Süden	Feuer	Sommer	Mittag
Tiger	Westen	Metall	Herbst	Nachmittag
Schildkröte	Norden	Wasser	Winter	Nacht
Schlange	Zentrum	Erde	Alle	Alle

Jedes Tier ist eine mythische Persönlichkeit,
die Ihnen das Verständnis der Sie umgebenden Energien erleichtert.

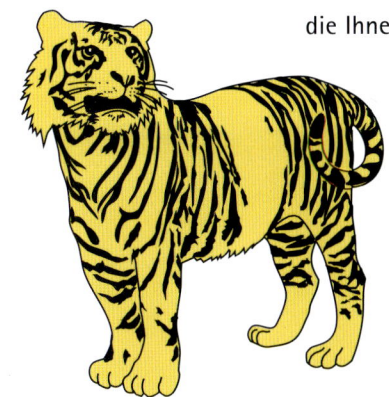

Schlange

Die Schlange befindet sich im Zentrum.
Sie hat die Aufgabe die Koordination
der anderen Tiere zu unterstützen.
Aufgeweckt und konzentriert nimmt Sie
die Informationen der anderen Tiere
auf und sorgt für die Orientierung.

Tiger

Des Tigers Aggressivität und
Stärke symbolisieren Energie,
die auf die Sicherung unserer
Grundbedürfnisse ausgerichtet
ist. Er hat die Kraft zu
verteidigen und anzugreifen,
wenn unser Wohlergehen
bedroht ist. Die Energie
konzentriert sich auf den
Erhalt des bereits Vorhandenen.

Schildkröte

Der kräftige Panzer der
Schildkröte ist ein Symbol
von Sicherheit und Stärke.
Die Energie verleiht langfristig
Ausgeglichenheit und ist
mit Langlebigkeit verbunden.

Phönix

Der Phönix fliegt weit voraus
und sucht nach neuen Zielen und
Visionen. Die Energie ist schnell
und weckt Begeisterung
den Wunsch nach Aktivitäten.
Dieser strahlende und farbenfrohe Vogel ist weithin sichtbar
und projiziert unsere
Energie auf unser Umfeld.

Drachen

Dieses weitblickende Tier unterstützt uns bei der
Formulierung unserer Lebensziele. Es repräsentiert
die Zukunft und kann in uns Ehrgeiz und den Wunsch
nach Weiterentwicklung wecken. Diese entscheidende
Energie erzeugt den Sinn für Dringlichkeit
und Begeisterung.

Die **fünf Elemente**

Den fünf Elementen – Holz, Feuer, Erde, Metall, Wasser –
entsprechen fünf Arten von Chi-Energie. Sie werden mit den Tages-
und Jahreszeiten assoziiert. Vergegenwärtigen Sie sich die Atmosphäre
dieser Naturphänomene, damit Sie ein Gefühl für jedes Element
bekommen. Die fünf Elemente sind auf einzigartige Weise miteinander
verbunden.

In einem System, das an einen Kreis erinnert, ergänzt und nährt jedes Element das ihm im Uhrzeigersinn folgende. Dadurch verliert es einen Teil seiner eigenen Chi-Energie. Diese wird jedoch wieder von der Chi-Energie des vorangehenden Elements ergänzt.

Ist eine der Chi-Energien der fünf Elemente schwach, springt das vorangehende Element auf das dem schwachen folgende Elemente über und zerstört es. Wenn die Holz-Chi-Energie schwach ist, wirkt sich Wasser zerstörend auf die Feuer-Chi-Energie aus. Diese Beziehungen werden oft untersucht um festzustellen, ob es zwischen den verschiedenen Energien in einem Haus Konflikte gibt, die Probleme im Leben der Bewohner verursachen.

Machen Sie sich mit jedem der fünf Elemente vertraut, damit Sie die verschiedenen Formen in Ihrem Haus erkennen können. Suchen Sie anhand der Tabelle auf der gegenüberliegenden Seite in allen Zimmern nach Farben, Materialien oder Gegenständen, welche die Elemente symbolisieren. Sie könnten Holzmöbel, Lampen, gelbe Wände, einen Steinboden und eine Wasserquelle

JEDES ELEMENT IST MIT DEN ANDEREN VIER VERBUNDEN

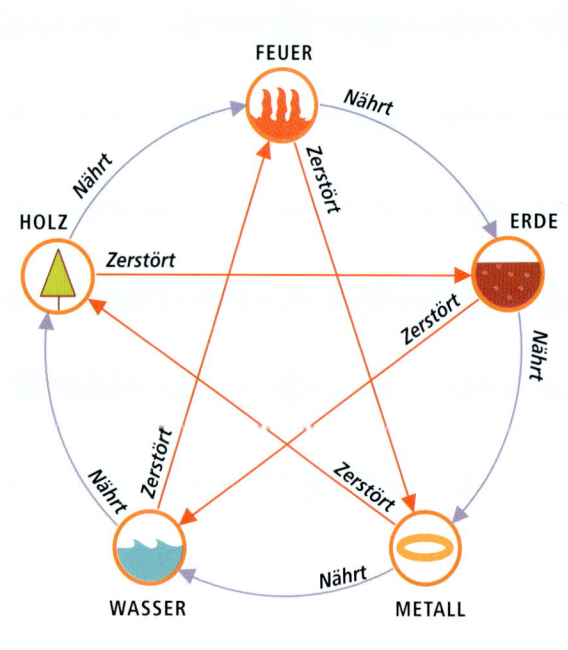

1 Das vorangehende Element nährt und stärkt die Chi-Energie.

2 Das folgende Element schwächt und beruhigt die Chi-Energie.

3 Das Element vor dem vorangehenden Element hat zerstörerischen Einfluss auf die Chi-Energie.

4 Das Element nach dem nachfolgenden Element wird von dieser Chi-Energie zerstört.

Die unter den Punkten 1 und 2 beschriebenen Prozesse werden als harmonisch betrachtet, während die unter 3 und 4 beschriebenen als störend gelten.

in Ihrem Haus haben, die Holz, Feuer, Erde, Metall und Wasser repräsentieren.

● Die Elemente bestimmen, wie die Chi-Energie durch Ihr Haus fließt. Eine hohe Pflanze unterstützt das Aufwärtsstreben der Chi-Energie. Sie sollte unter einen schweren Balken gestellt werden, der die Energie unterdrückt.

● Ein Element dominiert abhängig von der Himmelsrichtung in jedem Teil Ihres Hauses. Das entspricht der Bewegung der Sonne: Sie geht im Osten auf, strahlt mit voller Kraft im Süden, geht im Südwesten unter, verschwindet im Westen und ist im Norden nicht sichtbar.

● Zu jedem Element gehören eine oder mehrere Farben, die das Element im Zimmer stärken.

● Jede Form und jedes Muster symbolisiert ein Element. Die Elemente werden durch Muster auf Stoffen und Tapeten sowie die Form von Möbeln und Kunstgegenständen repräsentiert. Um den Einfluss eines Elements in Ihrem Haus zu kräftigen oder zu reduzieren, sollten Sie überprüfen, ob Sie etwas verändern können.

● Jedes Element wird mit spezifischen Materialien verbunden. Sie unterstützen das Element, wenn Sie das entsprechende Material im Zimmer integrieren.

● Die Lehre der fünf Elemente stellt eine wirkungsvolle Methode dar, die Energie in einem Raum zu verändern ohne ihn renovieren zu müssen.

EIGENSCHAFTEN DER ELEMENTE

Element	Holz	Feuer	Erde	Metall	Wasser
Bewegung der Chi-Energie	Aufwärts	Nach außen	Abwärts	Nach innen	Fließend
Richtung	Osten	Süden	Zentrum und Südwesten	Westen	Norden
Farbe	Grün	Rot und Lila	Gelb und Braun	Weiß, Rosa und Grau	Schwarz
Form	Groß und rechteckig	Gezackt, spitz und dreieckig	Niedrig, flach und rechteckig	Rund, bogenförmig und oval	Unregelmäßig, wellenformig und gebogen
Material	Holz, Bambus, Papier	Plastik (sollte gemäß Feng Shui jedoch auf ein Minimum reduziert werden)	Ton, Keramik, Baumwolle, Wolle, weicher Stein, Ziegel	Metall, harter Stein	Glas
Mächtige Wasser	Große Pflanzen	Lampen, Kerzen Kamin	Zeichenkohle in Tontöpfen	Metallgegenstände und mechanische Uhren	Gegenstände

IHRE EIGENE CHI-ENERGIE

Mit jedem der fünf Elemente sind verschiedene Charaktereigenschaften verbunden. Wenn eine der unten aufgelisteten Eigenschaften bei Ihnen besonders ausgeprägt ist, überprüfen Sie, zu welchem der fünf Elemente sie gehört. Denn das bedeutet, dass dieses Element in Ihrem Umfeld absolut dominiert oder dass es Teil einer zerstörerischen Beziehung ist. Sie können diese Energie reduzieren, indem Sie die Chi-Energie des im Zyklus folgenden Elements stärken. Unterstützen Sie auch das vorangehende Element um einen Ausgleich zu den anderen Chi-Energien zu schaffen und eine zerstörerische Beziehung zu vermeiden. Wenn Sie also niedergeschlagen sind, sollten Sie die Erd- und die Wasser-Chi-Energie in Ihrem Umfeld kräftigen.

Holz	**Feuer**	**Erde**	**Metall**	**Wasser**
Wütend	Hysterisch	Abhängig	Deprimiert	Besorgt
Ungeduldig	Überempfindlich	Vorsichtig	Introvertiert	Ängstlich
Enttäuscht	Dramatisch	Langsam	Stagnierend	Verantwortungslos
Überstürzt	Streitlustig	Unentschlossen	Pessimistisch	Einsam
Unachtsam	Explosiv	Eifersüchtig	Empfindlich	Isoliert
Ausgleich durch Stärkung von Wasser und Feuer	*Ausgleich durch Stärkung von Holz und Erde*	*Ausgleich durch Stärkung von Feuer und Metall*	*Ausgleich durch Stärkung von Erde und Wasser*	*Ausgleich durch Stärkung von Metall und Holz*

Wenn Sie über Ihr Leben meditiert, die Gestaltung Ihres Hauses nachgedacht und entschieden haben, welches Element Sie in Ihrem Haus verstärken möchten, suchen Sie mit Hilfe der folgenden Liste nach Möglichkeiten zur Umsetzung Ihrer Ideen. Sie können beispielsweise Blumen, Bilder, Skulpturen, Wasser und Pflanzen in die Räume integrieren um das entsprechende Element zu betonen.

Die fünf Elemente benutzen

Stellen Sie anhand der Tabellen auf dieser Seite und auf den Seiten 138 – 139 fest, von welchem Element Sie in Ihrem Haus mehr benötigen.
Fühlen Sie sich verärgert oder enttäuscht, kann es schon helfen, wenn Sie im Haus oder davor Wasser aufstellen.

Die fünf Elemente in **Ihrem Haus**

Es gibt zwei Ansätze, mit deren Hilfe Sie die Lehre der fünf Elemente zur Lösung von Problemen einsetzen können. Beim ersten bestimmen Sie eine Eigenschaft, die Sie an sich selbst ändern möchten, beim zweiten erkennen Sie mit Hilfe der Chi-Energie ein Problem in Ihrem Haus.

Ein anderer, einfacherer Ansatz besteht darin, dass Sie versuchen in allen Zimmern mindestens einen Gegenstand aller fünf Elemente zu finden. Im Idealfall besteht eine gewisse Harmonie aller Elemente. Die mit den fünf Elementen verbundenen Farben unterscheiden sich von denen des in diesem Buch beschriebenen Neun-Ki-Systems und der Kompass-Methode. In der folgenden Tabelle und auf den Seiten 138–139 finden Sie Anregungen zur Verstärkung eines der fünf Elemente.

MIT DEN FÜNF ELEMENTEN VERBUNDEN

 **Holz**	 **Feuer**	 **Erde**	 **Metall**	 **Wasser**
Gegenstände oder Oberflächen aus Holz, wie hölzerner Fußboden, Anrichten oder andere Möbel	Brennende Kerzen oder Kaminfeuer	Ton, weicher Stein oder weiche Materialien, wie Töpferware, Terrakottafliesen oder Kalkstein	Oberflächen aus Metall, wie rostfreier Stahl, Eisen, Messing, Kupfer oder Aluminium	Wasser im östlichen oder süd-östlichen Bereich eines Zimmers
	Helle Leuchter			
	Sonnenlicht			Glänzendes Schwarz oder glänzende Creme
Die Farbe Grün	Kräftiges Rot oder Lila	Die Farbe Grün, Braun oder Beige	Die Farben Weiß, Rosa, Grau oder Silber	
Schlanke Formen, wie bei einem Garderobenständer	Spitz, sternenförmige dreieckige, pyramidenförmige oder Zick-Zack-Muster beim Gegen-	Niedrige, in die Breite wachsende Pflanzen in Tontöpfen	Runde oder kuppelförmige Muster oder Gegenstände	Spiegel oder verglaste Bilder
Pflanzen, besonders Muster oder hohe Pflanzen	stände mit dieser Form	Horizontale Formen oder Linien	Pflanzen mit runden Blättern	Tischplatten aus Glas
Senkrechte Linien, wie bei einer gestreiften Tapete	Pflanzen mit Spiegel oder spitzen Blättern	Niedrige, breite Möbel, wie Truhen, Couchtische oder Futons	Hartes Gestein, wie Schiefer, Granit oder Marmor	Wellenlinien, gesprenkelte Muster, geschwungene Möbel oder unregelmäßige Anordnung
Nach oben gerichtete Strahler		Stoffe in allen Formen zum Beispiel Läufer Teppiche, Gardinen oder Kissen	Metallmöbel besonders in runder Form	Kletterpflanzen, wie Efeu oder Wein

Die **fünf Elemente** Ihres Hauses

Die Chi-Energie in Ihrem Haus wird wahrscheinlich gestört, wenn Wasser oder Feuer in einem Bereich vorherrscht, in dem keine ausgleichende Energie besteht.

Ein Badezimmer im südlichen Teil Ihres Hauses verbindet Wasser und Feuer, eine Beziehung, die bei fehlender Holz-Chi-Energie zerstörend wirkt.

Holz gleicht Feuer und Wasser aus

Jalousien oder Fensterläden aus Holz, Holztäfelung oder ein hölzerner Wandschirm sowie andere Holzgegenstände eignen sich zum Ausgleich der gegensätzlichen Kräfte der Feuer- und Wasser-Chi-Energie.

Badezimmer, Toiletten und Mehrzweckräume

Jedes Haushaltgerät, das mit Wasser arbeitet, zum Beispiel Waschmaschine, Spüle, Badewanne oder Toilette, verbindet Wasser-Chi-Energie mit der in diesem Teil des Hauses vorherrschenden Energie. Sie können gemäß der Methode der fünf Elemente in ein harmonisches Verhältnis gebracht werden (siehe Glossar, Seite 155), wenn man eine dritte Energie zwischen die beiden potentiell zerstörerischen Elemente stellt. Der Gegensatz zwischen Feuer und Wasser wird zum Beispiel durch Holz-Energie ausgeglichen.

NORDEN

Zusätzliches Wasser in einer bereits mit Wasser-Chi-Energie assoziierten Richtung birgt das Risiko, dass zu viel Wasser-Chi-Energie entsteht, was in Ihnen Ängste sowie Gefühle der Einsamkeit und Isolation auslösen könnte. Der nötige Ausgleich durch mehr Holz-Chi-Energie kann mit Hilfe von Pflanzen, Holzgegenständen und der Farbe Grün erfolgen.

NORDOSTEN, SÜDWESTEN ODER ZENTRUM

Erd-Chi-Energie kann sich zerstörend auf Wasser-Chi-Energie auswirken und Vitalitätsverlust, schwache Gesundheit und vermindertes sexuelles Verlangen zur Folge haben. Harmonisieren Sie die Wasser- und die Erd-Chi-Energie mit Metall-Chi-Energie. Verwenden Sie dazu Metallgegenstände, runde Formen, Fliesen sowie die Farben Silber und Grau.

OSTEN UND SÜDOSTEN

Da Wasser-Chi-Energie die Holz-Chi-Energie nährt, passen diese Elemente zusammen. Dennoch empfiehlt es sich die Holz-Chi-Energie durch Pflanzen zu unterstützen um das Risiko der Abnahme der Holz-Chi-Energie zu reduzieren.

SÜDEN

Wasser-Chi-Energie kann die Feuer-Chi-Energie des Südens zerstören und der Kontaktfreudigkeit, Leidenschaft oder Ausdrucksfähigkeit schaden, sollte nicht genügend Holz-Chi-Energie vorhanden sein. Schaffen Sie hier mit vielen Pflanzen, Holzobjekten und der Farbe Grün einen Ausgleich.

WESTEN UND NORDWESTEN

Wasser-Chi-Energie wirkt potentiell schädlich auf die Metall-Chi-Energie dieser Richtung. Darunter können der Sinn für Geldangelegenheiten, das Vergnügen oder Romantik leiden. Vermindern Sie dieses Risiko durch eine Stärkung der Metall-Chi-Energie mit Hilfe von Metallgegenständen, runden Formen, Fliesen und den Farben Silber und Grau.

Küchen, Kamine und Heizkörper

Die Lehre der fünf Elemente kann im gleichen Maße auf das Feuer, das heißt auch auf einen Herd, Gasherd, Ofen, Kamin, Gaserhitzer oder auf Kerzen, angewendet werden.

NORDEN

Die Wasser-Energie des Nordens hat zerstörerischen Einfluss auf das Feuer, wenn nicht genügend Holz-Chi-Energie vorhanden ist. Das kann sich in verminderter Leidenschaft und Ausdruckskraft sowie der Unfähigkeit neue Freundschaften zu schließen äußern. Pflanzen, Holzgegenstände und die Farbe Grün sorgen für Ausgleich.

NORDOSTEN, SÜDWESTEN ODER ZENTRUM

Da die Feuer-Chi-Energie die Erd-Chi-Energie dieser Richtungen nährt, besteht eine harmonische Beziehung zwischen beiden Elementen.

OSTEN UND SÜDOSTEN

Die Feuer-Chi-Energie wird von der Holz-Chi-Energie dieser Richtungen genährt. Zur Stärkung der Holz-Chi-Energie können Sie Pflanzen, Holzgegenstände und die Farbe Grün einsetzen.

SÜDEN

Hier kann ein Überschuss an Feuer-Chi-Energie entstehen, der zu verstärkter Hysterie, Überempfindlichkeit und Streitlust führt. Erd-Chi-Energie in Gestalt von Ton, Terrakotta und den Farben Gelb, Beige oder Braun wirken diesen Tendenzen entgegen.

WESTEN UND NORDWESTEN

Die Feuer-Chi-Energie kann der Metall-Chi-Energie dieser Himmels-richtungen schaden. Das erschwert Zufriedenheit, Romantik, Verspielt-heit und Genussfähigkeit und beeinflusst den Sinn für Geldangelegen-heiten negativ. Beugen Sie dieser Tendenz vor, indem Sie einem Tonbehälter mit Zeichenkohle in die Nähe einer Heizquelle stellen. Die am besten geeigneten Farben sind Gelb, Schwarz oder Braun.

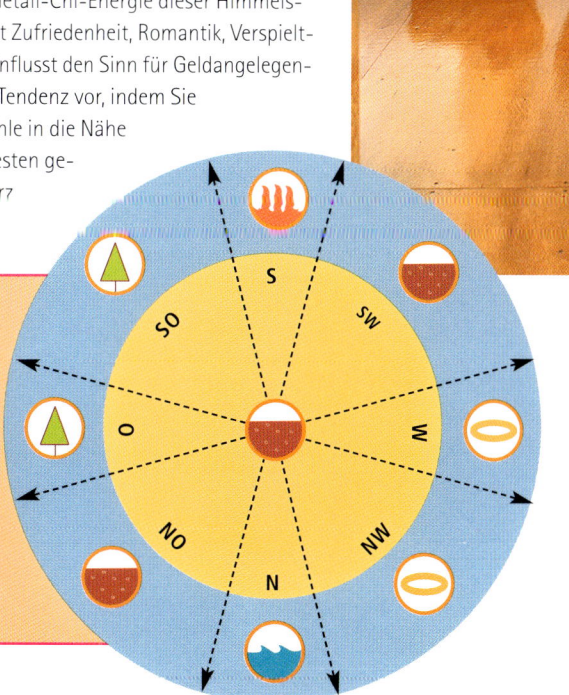

Jede Richtung hat ihre eigene Fünf-Elemente-Chi-Energie.
Das sind: N Wasser
- **NO** Erde • **O** Holz
- **SO** Holz • **S** Feuer
- **SW** Erde • **W** Metall
- **NW** Metall
- **Zentrum** Erde

Feuer- und Holzenergie harmonisieren

Der dominante Herd ist ein starkes Feuerelement, das von der Holz-Chi-Energie des Holzbodens, des Korbs mit Holzscheiten und des beruhigenden braunen Sofas genährt wird.

Mit **Kompass** und **Grundriss** arbeiten

Erforderliche Gegenstände

- **Kompass – Bandmaß – 360° Winkelmesser – Lineal – Bleistift – Papier**

Der Kompass muss einen drehbaren äußeren Zeiger besitzen, der die Richtung feststellen kann. Außerdem muss man den Kompass nach dem Haus ausrichten können. Diese Kompasse sind in Sport- und Trekkingläden erhältlich. Einen Winkelmesser findet man in Schreibwarengeschäften.

DEN GRUNDRISS IHRES HAUSES ANFERTIGEN

„Ihr Haus" bezieht sich auf den Bereich, den Sie besitzen oder gemietet haben und bewohnen. In einem Wohnblock interessieren nur die Bereiche, die Sie selbst bewohnen.

1. Messen Sie mit einem Stahlbandmaß die Länge und Breite jedes Fußbodens Ihres Hauses, anschließend jedes Zimmers und aller Treppen sowie Korridore.

2. Übertragen Sie die Maße auf einen geeigneten Maßstab, zum Beispiel 1 Meter = 1 Zentimeter. Wenn Ihr Zimmer 5,2 x 3,5 Meter misst, müsste das Rechteck auf Ihrem Plan 5,2 x 3,5 Zentimeter betragen.

3. Übertragen Sie die Maße auf die entsprechenden Positionen im Grundriss. Verzeichnen Sie alle Fenster, Türen sowie befestigte Regale, Schränke und Kücheneinheiten auf dem Grundriss. Zeichnen Sie ein, in welche Richtung sich die Türen öffnen.

4. Kennzeichnen Sie im Grundriss alle Einzelheiten, die im Hinblick auf Feng Shui wichtig sind. Markieren Sie feste Gegenstände in einer Farbe, bewegliche in einer zweiten und Problembereiche in einer dritten Farbe.

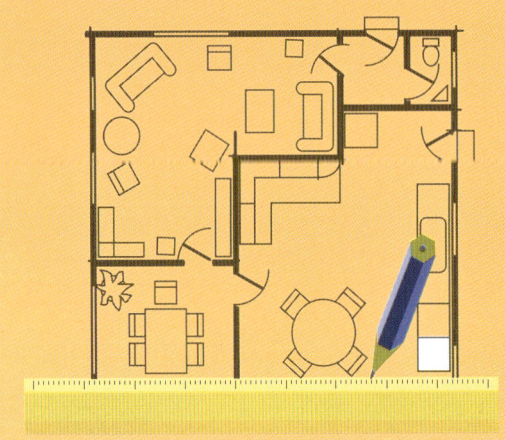

Die acht Richtungen Ihres Hauses bestimmen

Ermitteln Sie in Ihrem Haus einen Bereich, in welchem sich die Kompassnadel ausschließlich nach dem Magnetfeld der Erde ausrichtet. Halten Sie den Kompass dabei stets in eine Richtung. Eisen- oder Stahlgegenstände sowie angeschlossene elektrische Geräte verzerren das Magnetfeld. Träger, Rohre oder Wasserbehälter aus Stahl können in einem Gebäude versteckt sein und die Nadel ablenken. Bestimmen Sie mit Hilfe der folgenden Schritte die acht Himmelsrichtungen Ihres Hauses.

1 Legen Sie Ihre Zeichnung entsprechend dem Grundriss Ihres Hauses in einen Bereich, in dem die Kompassnadel nicht abgelenkt wird.

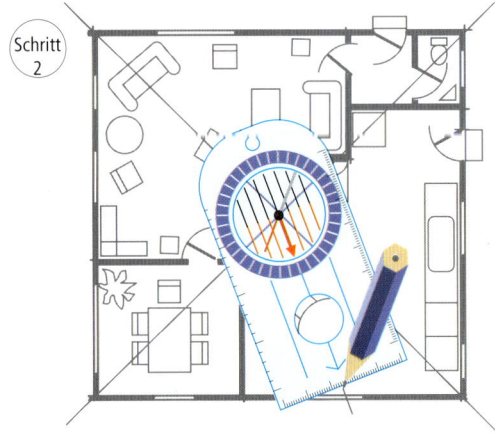

Schritt 2

2 Legen Sie nun den Kompass auf die Zeichnung, so dass die Mitte des Kompasses auf der Mitte Ihres Grundrisses liegt (siehe Abbildung Seite 144).

3 Markieren Sie mit einem Bleistift die Richtung, in welche die Nadel zeigt. Ziehen Sie von der Mitte Ihres Grundrisses eine Linie zu diesem Punkt. Diese Linie zeigt in den magnetischen Norden.

4 Kopieren Sie die acht Himmelsrichtungen im rechten Kasten auf eine Folie. Legen Sie die Folie so auf Ihren Grundriss, dass deren Mitte über der Mitte des Grundrisses liegt. Drehen Sie die Folie, bis die nach Norden gerichtete Linie auf der Folie über der Linie auf Ihrem Grundriss liegt (siehe Abbildung unten).

5 Markieren Sie nun die Enden der Linien der Folie auf dem Grundriss. Entfernen Sie die Folie und ziehen Sie Linien durch die Punkte und die Mitte des Grundrisses. Zeichnen Sie diese Linien mit einem Buntstift, um Sie zu verdeutlichen.

Wenn Sie die Folie auf Ihren Grundriss **legen,** können Sie nützliche Informationen über Ihr Haus gewinnen. Das folgende Beispiel verdeutlicht dies:

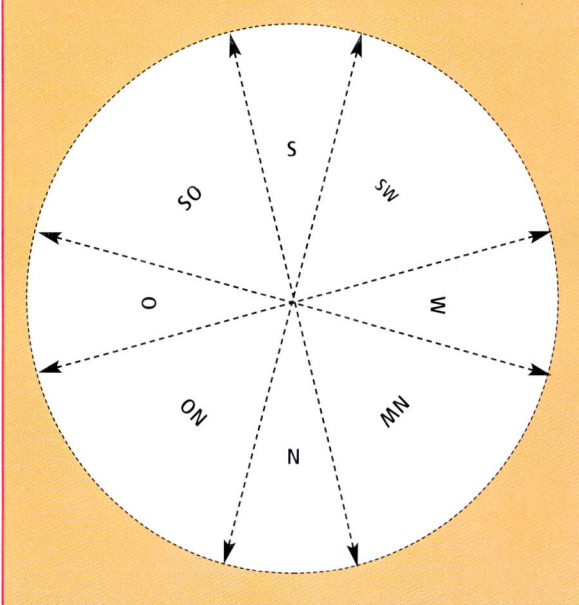

FENG-SHUI-KOMPASS

Kopieren Sie diese Seite auf eine Folie (in Kopierläden erhältlich). Legen Sie die Folie mit der Mitte des Kreises auf die Mitte Ihres Hauses und drehen Sie die Folie, bis die nach Norden ausgerichteten Linien übereinander liegen. Damit Plan und Folie nicht verrutschen, können Sie eine Nadel durch die beiden Blätter stechen.

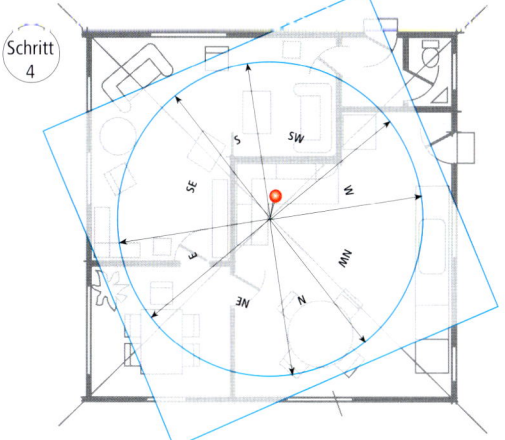

● Sehen Sie durch die Folie auf Ihren Grundriss um zu ermitteln, in welcher der acht Himmelsrichtungen der größte und welcher der kleinste Bereich liegt. Die Richtung, die den kleinsten Bereich in Ihrem Haus abdeckt, könnte unzureichend repräsentiert sein. Wenn der auf Ihrem Grundriss nach Osten liegende Raum nur knapp ist, könnte es für Sie schwerer sein, Ehrgeiz und Enthusiasmus zu entwickeln sowie neue Projekte zu beginnen. In diesem Fall könnten Sie in diesem Teil Ihres Hauses Wasser, Pflanzen, die Farbe Grün sowie Holzgegenstände integrieren, um die mangelnde östliche Chi-Energie zu stärken. Siehe Informationen auf der Folie.

● Überprüfen Sie, in welchen Richtungen Badezimmer, Toiletten, Mehrzweckräume, Spüle, Herd, Heizquelle und Kamin liegen. Schaffen Sie anhand der Ausführungen auf den Seiten 142 – 143 Abhilfe.

Die **Eigenschaften** aller **Richtungen**

Es gibt acht unterschiedliche Arten Chi-Energie, von denen jede mit einer der acht Richtungen Ihres Hauses verbunden ist. Jede Richtung wird mit einer Tageszeit, Jahreszeit, einem der fünf Elemente und einem Trigramm assoziiert.

Die Trigramme bestehen aus einer Reihe paralleler Linien, die entweder durchgehend oder gebrochen sind. Die durchgehenden Linien bedeuten Yang, die gebrochenen Yin. Jedes der Trigramme ist mit einem Familienmitglied verbunden. Diejenigen, die eines der fünf Elemente teilen, haben ein eigenes natürliches Symbol. Diese Aspekte verbinden sich um jeder Energie eine spezifische Eigen-schaft zu verleihen, die für bestimmte Momente Ihres Lebens nützlich sein kann. Die Listen unten und auf der rechten Seite enthalten die wichtigsten Informationen über jede Richtung. Einige der in diesem Neun-Ki-System (siehe Seiten 148–149) verwendeten Farben unterscheiden sich von den in den fünf Elementen üblichen.

DIE CHI-ENERGIE JEDER RICHTUNG

OSTEN
Chi-Energie aus dem Osten unterstützt Enthusiasmus, Selbstvertrauen und Entschiedenheit, allerdings auch Frustration und Ärger. Sie stärkt den Wunsch neue Projekte zu beginnen, wachsam zu sein, sich auf Details zu konzentrieren, Dinge zu ordnen, zu analy-sieren sowie nach Genauigkeit und Konzentration zu streben. Das Symbol des Donners verleiht dieser Energie eine laute und kraftvolle Komponente.

SÜDOSTEN
Diese Energie fördert Beharrlichkeit, Sinnlichkeit und Wohlbefinden, aber auch Gereiztheit und Ungeduld. Sie nährt den Wunsch nach Kreativität, Fantasie, neuen Ideen, Harmonie, Verständigung und fördert die Ausbreitung neuer Ideen, die, unterstützt durch das Symbol des Windes, verstreut werden wie Samen.

SÜDEN
Diese Energie eignet sich um Leidenschaft und Erre-gung zu spüren sowie großzügig, extravagant und dramatisch zu sein. Sie steigert allerdings auch Stolz, Hysterie und Egozentrik. Sie intensiviert den Wunsch nach Ausdruckskraft, Geselligkeit, Spontanität, fördert Kontaktfreudigkeit, Geltungsdrang und schnelles Denken. Diese feurige Chi-Energie strahlt, ist farben-prächtig und sprüht vor Energie.

SÜDWESTEN
Diese Energie unterstützt Einfühlungsvermögen, Ge-duld und Verständnis, allerdings auch Abhängigkeit und Neid. Sie nährt den Wunsch nach Pragmatik, Erdverbundenheit, Konsolidierung, Qualitätssteige-rung, der Schaffung langfristiger Beziehungen und Sicherheit. Der Spätsommer ist die mit dieser Energie verbundene Jahreszeit. Die Früchte wachsen nicht mehr, sondern reifen. Sie ist ideal für die Verbesserung der Gesamtsituation.

WESTEN
Diese Energie fördert Romantik, Zufriedenheit und Verspieltheit, allerdings auch Niedergeschlagenheit und Pessimismus. Sie stärkt den Wunsch die schönen Seiten des Lebens zu genießen, Wohlstand zu mehren, neue Beziehungen einzugehen, Stil zu pflegen und Projekte zu vollenden.

NORDWESTEN
Unterstützt Führungsaufgaben, Würde und Verant-wortungsbewusstsein, aber auch Autorität und Arro-ganz. Sie kräftigt sowohl den Wunsch nach Selbst-kontrolle, Organisation, Vorausplanung als auch das Bemühen einen Mentor zu finden, ein Mentor zu sein, respektiert zu werden und Integrität auszustrahlen.

NORDEN
Diese Energie nährt sexuelles Verlangen, Spiritualität und fördert Unabhängigkeit, allerdings auch Isolation und Unnahbarkeit. Sie intensiviert den Wunsch nach Flexibilität, Ruhe, Studium, Weiterentwicklung, Kräf-tigung der Gesundheit, Sachlichkeit und das Bemühen sich von anderen abzuheben.

NORDOSTEN
Diese Energie fördert Motivation, Tatendrang und Kontaktfreudigkeit, aber auch Gier und Raffiniert-heit. Sie nährt den Wunsch Chancen zu nutzen, zu gewinnen, zu kämpfen, zu lernen, entschlossen, scharfsinnig und abenteuerlustig zu sein.

ZENTRUM
Diese Energie verbindet alle acht Himmelsrichtungen. Sie besitzt kein eigenes Trigramm und keine eigene Tages- oder Jahreszeit. Sie repräsentiert sie alle. In dieser Eigenschaft kann sie Menschen in den Mittelpunkt der Aufmerksamkeit stellen und für andere Leute an-ziehend machen. Sie ist die kräftigste aller Chi-Energien und wird mit Respekt behandelt.

DIE BEZIEHUNGEN DER RICHTUNGEN

OSTEN
Trigramm **Yin / Yin /Yang**
Fünf Elemente **Holz**
Symbol **Donner**
Familienmitglied **Ältester Sohn**
Neun-Ki-Zahl **3**
Farbe **Kräftiges Grün, wie das eines frischen Blattes**
Tageszeit **Morgen**
Jahreszeit **Frühling**

SÜDWESTEN
Trigramm **Yin / Yin / Yin**
Fünf Elemente **Erde**
Symbol **Erde**
Familienmitglied **Mutter**
Neun-Ki-Zahl **2**
Farbe **Mattes Schwarz oder Braun, ähnlich wie Kohle oder fetter Boden**
Tageszeit **Nachmittag**
Jahreszeit **Spätsommer**

NORDEN
Trigramm **Yin / Yang / Yin**
Fünf Elemente **Wasser**
Symbol **Wasser**
Familienmitglied **Mittlerer Sohn**
Neun-Ki-Zahl **1**
Farbe **Cremefarben, am besten Hochglanzlack, durchsichtiger Lack oder andere durchsichtige Polituren**
Tageszeit **Nacht**
Jahreszeit **Winter**

SÜDOSTEN
Trigramm **Yang / Yang / Yin**
Fünf Elemente **Holz**
Symbol **Wind**
Familienmitglied **Älteste Tochter**
Neun-Ki-Zahl **4**
Farbe **Dunkelgrün wie ein reifes Blatt und Azurblau**
Tageszeit **Vormittag**
Jahreszeit **Frühsommer**

WESTEN
Trigramm **Yin / Yang / Yang**
Fünf Elemente **Metall**
Symbol **See**
Familienmitglied **Jüngste Tochter**
Neun-Ki-Zahl **7**
Farbe **Die Farben des Sonnenuntergangs, darunter Rostrot, Kastanienbraun und Rosa**
Tageszeit **Früher Abend**
Jahreszeit **Herbst**

NORDOSTEN
Trigramm **Yang / Yin / Yin**
Fünf Elemente **Boden**
Symbol **Berg**
Familienmitglied **Jüngster Sohn**
Neun-Ki-Zahl **8**
Farbe **Strahlendes Weiß wie das der schneebedeckten Spitze eines Berges**
Tageszeit **früher Morgen**
Jahreszeit **Vorfrühling**

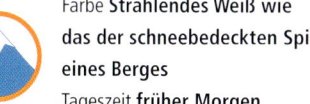

SÜDEN
Trigramm **Yang / Yin / Yang**
Fünf Elemente **Feuer**
Symbol **Feuer**
Familienmitglied **Mittlere Tochter**
Neun-Ki-Zahl **9**
Farbe **Feuriges, kräftiges Weinrot**
Tageszeit **Mittag**
Jahreszeit **Hochsommer**

NORDWESTEN
Trigramm **Yang / Yang / Yang**
Fünf Elemente **Metall**
Symbol **Himmel**
Familienmitglied **Vater**
Neun-Ki-Zahl **6**
Farbe **Silbergrau oder mattes Weiß, metallische Farben**
Tageszeit **Später Abend**
Jahreszeit **Spätherbst**

ZENTRUM
Trigramm **Keins**
Fünf Elemente **Erde**
Symbol **Keins**
Familienmitglied **Keins**
Neun-Ki-Zahl **5**
Farbe **Gelb oder Orange**
Tageszeit **Keine**
Jahreszeit **Keine**

Neun-Ki-Astrologie

Alles im Universum ist an Zeit und Raum gebunden. Kein Element kann ohne das andere existieren. Die erfolgreichen Karrieren von vielen Menschen begannen, als sie zur rechten Zeit am rechten Ort auftauchten.

Deshalb ist es wichtig nicht nur auf das Feng Shui des Ortes zu achten, an dem Sie leben und arbeiten, sondern auch auf das Feng Shui der Zeitpunkte, die für Veränderungen in Ihrem Leben günstig sind. Im Feng Shui findet dabei gewöhnlich eine von zwei Möglichkeiten Anwendung: Die hier vorgestellte ist das Neun-Ki-System, die andere die Vier-Säulen-Methode. Für das Neun-Ki-System gelten dieselben Grundlagen wie für Feng Shui.

Zum Zeitpunkt Ihrer Geburt und der Trennung von der Chi-Energie Ihrer Mutter haben Sie begonnen, Ihr eigenes Muster persönlicher Chi-Energie zu entwickeln. Diese Chi-Energie bleibt Ihnen ein ganzes Leben lang erhalten und beeinflusst Ihre Gefühle Jahr für Jahr. Mit Hilfe des Neun-Ki-Systems lassen sich Voraussagen in Bezug auf Ihre Gefühle in bevorstehenden Jahren treffen. Diese Information kann Sie dabei unterstützen Ihre Ziele zu einem Zeitpunkt zu verfolgen, der für Ihr Vorankommen äußerst günstig ist.

Ihre Neun-Ki-Zahl

In diesem Abschnitt lernen Sie, wie Sie Ihre Neun-Ki-Zahl ermitteln können. Nutzen Sie diese um mehr Informationen über Ihre Beziehungen und Ihre Situation zu einem bestimmten Zeitpunkt zu bekommen. So können Sie herausfinden, wann die Zeit zur Umsetzung von Vorhaben günstig ist. Manchmal werden Sie bemerken, dass sich gewünschte Veränderungen nicht einstellen wollen, obwohl Sie eifrig daran arbeiten. Der Grund kann die Neun-Ki-Phase sein, in der Sie sich gerade befinden. In diesem Fall sollten Sie entspannen um erst dann konzentriert zu handeln, wenn Sie in einer besseren Phase sind. Es geht darum mit weniger Aufwand mehr zu erreichen. Wenn die Kräfte der Natur für anstatt gegen Sie arbeiten, wird alles einfacher.

Zur Bestimmung Ihrer eigenen Neun-Ki-Zahl schreiben Sie zunächst Ihr Geburtsjahr auf. Addieren Sie die letzten beiden Ziffern. Ist das Ergebnis eine zweistellige Zahl (die Zahlen von 11 – 18), dann addieren Sie die letzten Ziffern erneut. Sie erhalten eine Zahl von eins bis neun. Subtrahieren Sie die einstellige Zahl von Zehn, wenn Sie zwischen 1900 und 1999, von neun, wenn Sie 2000 oder später geboren wurden.

Beispiele

1961 geboren $6 + 1 = 7$	$10 - 7 = 3$		**Neun-Ki-Zahl Drei**
1989 geboren $8 + 9 = 17$	$1 + 7 = 8$	$10 - 8 = 2$	**Neun-Ki-Zahl Zwei**
2001 geboren $0 + 1 = 1$	$9 - 1 = 8$		**Neun-Ki-Zahl Acht**

Neun-Ki-Zahlen

Diese Übersicht enthält die Neun-Ki-Zahlen, ihre Elemente und die mit ihnen verbundenen Farben. Die oberste Farbe ist Ihre unterstützende Farbe, die mittlere die stärkende und die unterste die beruhigende Farbe.

	8 Feuer		**6 Metall**		**4 Holz**		**2 Erde**
	Lila / Rot		Gelb		Cremefarben		Lila / Rot
	Weiß		Silber / Grau		Blau / Grün		Schwarz
	Rosa		Cremefarben		Zartlila		Rosa

	9 Feuer		**7 Metall**		**5 Erde**		**3 Holz**		**1 Wasser**
	Grün		Gelb		Lila / Rot		Cremefarben		Rot / Rosa
	Lila / Rot		Rot / Pink		Gelb		Grün		Cremefarben
	Blassgelb / Beige		Cremefarben		Rosa		Blasslila		Zartgrün

Das Neun-Ki-Jahr beginnt am 3., 4. oder 5. Februar. Wenn Sie im Januar oder an den ersten drei Tagen im Februar geboren wurden, müssen Sie Ihre Berechnungen auf das vorangegangene Jahr gründen.

Wenn Sie am 1. Februar 1971 geboren wurden, müssten Sie von 1970 ausgehen und Ihre Neun-Ki-Zahl wäre drei. Wurden Sie am 3., 4. oder 5. Februar geboren, müssen Sie Ihr genaues Geburtsdatum in der unten abgebildeten Tabelle suchen (und finden dann auch Ihre Neun-Ki-Zahl).

Es ist üblich, bei der Ermittlung der Neun-Ki-Zahl anders zu verfahren, wenn es sich um Frauen handelt. In dem hier beschriebenen System geht man aber davon aus, dass die Energie des Geburtsjahres Männer und Frauen in ähnlicher Weise beeinflusst.

Neun-Ki-Zahl	9	8	7	6	5	4	3	2	1
Symbol	Feuer	Berg	See	Himmel	Erde	Wind	Donner	Erde	Wasser
Element	Feuer	Erde	Metall	Metall	Erde	Holz	Holz	Erde	Wasser
Jahr	1910	1911	1912	1913	1914	1915	1916	1917	1918
Beginn	4. Feb	5. Feb	5. Feb	4. Feb	4. Feb	5. Feb	5. Feb	4. Feb	4. Feb
Uhrzeit (WEZ)	23:41	05:33	11:11	17:01	22:53	04:34	10:31	16:18	22:06
Gebrauch der	1919	1920	1921	1922	1923	1924	1925	1926	1927
Tabelle	5. Feb	5. Feb	5. Feb	4. Feb	5. Feb	5. Feb	4. Feb	4. Feb	5. Feb
	04:00	09:43	15:34	21:28	03:13	09:06	14:58	20:49	02:46
Suchen Sie das	1928	1929	1930	1931	1932	1933	1934	1935	1936
Jahr, an dem Sie	5. Feb	4. Feb	4. Feb	5. Feb	5. Feb	4. Feb	4. Feb	5. Feb	5. Feb
interessiert sind,	08:31	14:19	20:11	01:53	07:42	13:28	19:13	01:03	06:47
sowie Datum und	1937	1938	1939	1940	1941	1942	1943	1944	1945
Uhrzeit seines	4. Feb	4. Feb	5. Feb	5. Feb	4. Feb	4. Feb	4. Feb	5. Feb	5. Feb
Beginns. Wenn	12:36	18:32	00:20	06:15	12:07	17:57	23:51	05:39	11:26
Sie nach diesem	1946	1947	1948	1949	1950	1951	1952	1953	1954
Zeitpunkt geboren	4. Feb	4. Feb	5. Feb	4. Feb	4. Feb	4. Feb	5. Feb	4. Feb	4. Feb
wurden, steht	17:18	23:03	04:50	10:40	16:29	22:29	04:07	09:52	15:42
Ihre Neun-Ki-Zahl	1955	1956	1957	1958	1959	1960	1961	1962	1963
ganz oben in der	4. Feb	5. Feb	4. Feb	4. Feb	4. Feb	5. Feb	4. Feb	4. Feb	4. Feb
betreffenden	21:29	03:15	09:07	14:57	20:47	02:38	08:29	14:24	20:17
Spalte. Wurden	1964	1965	1966	1967	1968	1969	1970	1971	1972
Sie vorher gebo-	5. Feb	4. Feb	4. Feb	4. Feb	5. Feb	4. Feb	4. Feb	4. Feb	5. Feb
ren, stimmt Ihre	02:08	07:57	13:46	19:32	01:19	07:04	12:50	18:37	00:23
Neun-Ki-Zahl mit	1973	1974	1975	1976	1977	1978	1979	1980	1981
der des vorange-	4. Feb	4. Feb	4. Feb	4. Feb	4. Feb	4. Feb	4. Feb	4. Feb	4. Feb
gangenen Jahres	06:13	12:08	17:56	23:48	05:38	11:28	17:21	23:10	04:59
überein und steht	1982	1983	1984	1985	1986	1987	1988	1989	1990
ganz oben in	4. Feb	4. Feb	4. Feb	4. Feb	4. Feb	4. Feb	4. Feb	4. Feb	4. Feb
der Spalte, die	10:53	16:83	22:27	04:18	10:05	15:57	21:42	05:28	09:20
sich links neben	1991	1992	1993	1994	1995	1996	1997	1998	1999
ihrem Geburtsjahr	4. Feb	4. Feb	4. Feb	4. Feb	4. Feb	4. Feb	4. Feb	4. Feb	4. Feb
befindet.	15:04	20:51	02:42	08:27	14:18	20:10	02:00	08:01	13:51
	2000	2001	2002	2003	2004	2005	2006	2007	2008
	4. Feb	4. Feb	4. Feb	4. Feb	4. Feb	4. Feb	4. Feb	4. Feb	4. Feb
	19:39	01:35	07:20	13:08	18:57	00:38	06:31	12:16	17:59
	2009	2010	2011	2012	2013	2014	2015	2016	2017
	3. Feb	4. Feb	4. Feb	4. Feb	3. Feb	4. Feb	4. Feb	4. Feb	3. Feb
	23:55	05:40	11:31	17:28	23:05	05:05	10:55	16:40	22:37

Beziehungen

Sie können mit Hilfe Ihrer Neun-Ki-Zahl versuchen im voraus Aussagen über bestimmte Beziehungen zu machen. Gehen Sie nach der folgenden Methode vor: Sehen Sie nach, welches der fünf Elemente mit einer bestimmten Zahl verbunden ist, und ermitteln Sie deren Beziehung zueinander.

• Gehen zwei Menschen mit dergleichen Chi-Energie eine Beziehung ein, verstehen sie sich vermutlich besser und erreichen eine engere Beziehung als Menschen mit unterschiedlicher Chi-Energie. Die Beziehung könnte jedoch stagnieren, wenn sie sich zu gut kennen.

• Eine Beziehung zwischen zwei Menschen, deren Elemente im Zyklus der fünf Elemente aufeinander folgen, ist potentiell harmonisch und hilfreich. Menschen spüren oft instinktiv, dass sie von anderen Menschen angezogen werden, deren Energie die eigene entweder unterstützt oder beruhigt.

• Zwei Menschen mit einander entgegengesetzten Elementen im Zyklus der fünf Elemente finden den anderen schwierig und aufregend. In diesen Beziehungen existiert eine starke Anziehungskraft, obwohl die Partner Schwierigkeiten haben den anderen zu verstehen.

WASSER UND WASSER
Die Menschen in dieser Beziehung werden sich miteinander identifizieren, da sie dieselbe Energie besitzen. Unabhängig davon sollten sie jedoch den Wunsch des anderen respektieren Zeit allein zu verbringen. Metall-Energie, die in der Farbe Rosa enthalten ist oder die man aufnimmt, wenn das Kopfende des Bettes nach Westen beziehungsweise Nordwesten ausgerichtet ist, sorgt dafür, dass sich diese Menschen noch näher kommen.

WASSER UND HOLZ
Diese Beziehung ist harmonisch, wenn der Partner mit Wasser-Energie den Partner mit Holz-Energie unterstützt. Unabhängigkeit ist das Merkmal der Wasser-Energie, während die Holz-Energie mit Geschäftstüchtigkeit und Erfolgsorientiertheit verbunden ist. Ein Mensch mit Wasser-Energie, der sich ausgelaugt fühlt, sollte versuchen Rosa, Rot oder Grau zu tragen und das Kopfende seines Bettes nach Westen oder Nordwesten auszurichten.

WASSER UND FEUER
Die kontaktfreudige Natur der Feuer-Energie verträgt sich nicht mit der unabhängigeren, vergeistigten Wasser-Energie. Dieser Gegensatz kann durch Holz-Energie ausgeglichen werden. Die Partner könnten das Kopfende ihres Bettes dem Osten oder Südosten zukehren, Zimmerpflanzen ziehen und die Farbe Grün in Ihrem Umfeld stärken.

WASSER UND ERDE
Menschen mit Erd-Energie sind mitfühlender und erdrücken trotzdem den unabhängigen Geist der Menschen mit Wasser-Energie. Der Wunsch des Menschen mit Wasser-Energie nach ständiger Weiterentwicklung könnte Unsicherheit im anderen auslösen. Ein größerer Anteil Metall-Chi-Energie, der durch materiellen Wohlstand entstehen kann, würde für mehr Harmonie in dieser Beziehung sorgen. Man kann es auch damit versuchen das Kopfende des Bettes nach Westen oder Nordwesten auszurichten.

WASSER UND METALL
Ein Mensch mit Metall-Energie festigt und unterstützt die Energie des Menschen mit Wasser-Energie. Er neigt dazu die Liebe und Zuneigung zu genießen, die ihm der Mensch mit Wasser-Energie anbietet. Die Metall-Energie kann gestärkt werden, wenn die Partner den Kopf nachts dem Westen oder Nordwesten zukehren. Rosa, Silber oder Grau reduzieren das Risiko, dass sich der Partner mit Metall-Energie zu sehr beansprucht fühlt.

HOLZ UND HOLZ
Partner mit Holz-Energie haben viel Verständnis füreinander und sind beide in der Lage ihre Karriere aktiv zu verfolgen. Da sich die Beziehung an der Karriere orientiert, besteht das Risiko mangelnder Leidenschaft, Vertrautheit und Zuneigung und die Gefahr ungeduldig miteinander umzugehen. Die Partner sollten versuchen die ruhige Wasser-Chi-Energie zu stärken, indem Sie die Farbe Creme verwenden und Wasser in den südlichen oder südöstlichen Bereich des Hauses integrieren.

HOLZ UND FEUER

Der Mensch mit Holz-Energie unterstützt den Mensch mit Feuer-Energie. Die Partner werden ein kontaktfreudiges, geselliges Leben führen. Der Mensch mit Holz-Energie regt den Ehrgeiz und den Wunsch nach beruflichem Vorankommen bei dem Menschen mit Feuer-Energie an, während der Mensch mit Feuer-Energie soziale Verbindungen aufbaut und ein aktives geselliges Leben organisiert. Die Partner sollten die Kopfenden ihrer Betten nach Osten oder Südosten ausrichten und die Farbe Grün verwenden.

HOLZ UND ERDE

Holz-Energie neigt dazu, die Erd-Energie zu überfluten. Der Partner mit Holz-Energie will unbedingt im Leben vorankommen und könnte wegen der vorsichtigeren Herangehensweise des Partners mit Erd-Energie frustriert sein. Dieser wiederum könnte sich unter diesen Umständen bedrängt fühlen. Wenn beide besonders freundlich sind, stellt sich mehr Feuer-Energie ein, welche die Situation verbessert. Die Partner sollten Kerzen im Süden aufstellen und die Feuer-Energie durch die Farbe Lila verstärken.

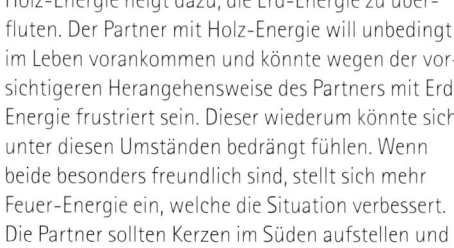

HOLZ UND METALL

Hier besteht die Gefahr, dass die Metall-Energie den Enthusiasmus des Menschen mit Holz-Energie erstickt. Ein Mensch mit Metall-Energie kann zu organisiert und methodisch für die vorwärtsstrebende, leichtsinnigere Art des Menschen mit Holz-Energie sein. Ein aktives Liebesleben erhöht auch den Anteil an Wasser-Energie. Auch sollte man das Kopfende des Bettes nach Norden ausrichten.

FEUER UND FEUER

Beide Partner sind gefühlsbetont, leidenschaftlich und genießen Geselligkeit. Schon kleine Auseinandersetzungen können jedoch sehr explosiv sein und regelmäßig zu Trennungen führen. Diese Stürme legen sich aber, obwohl die Beziehung hitzig bleibt. Auf eine solche Beziehung hat die Erd-Energie beruhigenden Einfluss und diese kann dadurch intensiviert werden, dass das Kopfende des Bettes nach Südwesten ausgerichtet wird und im Haus der Anteil der Farbe Gelb zunimmt.

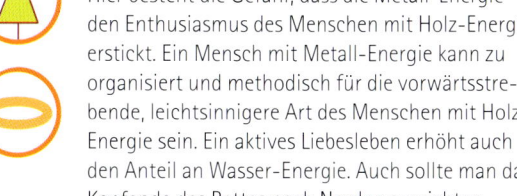

FEUER UND ERDE

Diese Beziehung ist harmonisch. Der Partner mit Feuer-Energie bringt Glanz, Spontanität und Leidenschaft in das Leben des Partners mit Erd-Energie, während dieser wiederum die hitzige, überemotionale Seite des Partners mit Feuer-Energie beruhigt. Beide gehen warmherzig und einfühlsam miteinander um.

Der Mensch mit Feuer-Energie schafft einen Freundeskreis, während der Mensch mit Erd-Energie dafür sorgt, dass die Freundschaften lange erhalten bleiben.

FEUER UND METALL

Der hitzige, leidenschaftliche und spontane Mensch mit Feuer-Energie kann den Menschen mit Metall-Energie zu reserviert und organisiert finden, während er oder sie selbst zu extravagant ist und sich nicht bändigen lässt. Wenn diese Beziehung Bestand haben soll, müssen die Partner die Erd-Energie kräftigen, indem sie ein gemeinsames Heim und eine Familie aufbauen. Man sollte die Kopfenden der Betten nach Südwesten ausrichten und im Haus die Farbe Gelb betonen.

ERDE UND ERDE

Diese Menschen haben viele gemeinsame Eigenschaften und verstehen einander gut. Die Gefahr liegt darin, dass die Partner sich in solch einer Beziehung langweilen könnten und sich nach einer aufregenderen Begleitung sehnen. Weinrot, Kerzen im Süden und ein aktives geselliges Leben unterstützen hier die Feuer-Energie.

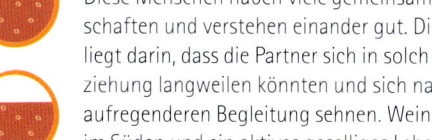

ERDE UND METALL

Hier besteht eine harmonische Beziehung, in welcher der Mensch mit Metall-Energie die mitfühlende Natur des Menschen mit Erd-Energie schätzt. Beide lieben es zu planen und ihre Beziehung dauerhaft zu gestalten. Sie können eng zusammenwachsen. Fühlt sich der Partner mit Erd-Energie verbraucht, kann Abhilfe geschaffen werden, wenn beide Partner mehr Erd-Energie aufnehmen, indem sie die Kopfenden ihrer Betten nach Südwesten ausrichten und mehr Gelb in ihr Haus bringen.

METALL UND METALL

Das kann eine ausgeglichene Beziehung sein, in der gemeinsames Interesse an materiellem Wohlstand, Stil und Vergnügen herrscht. Ein größerer Anteil an Erd-Energie bringt mehr Vertrauen und Beständigkeit in die Beziehung. Die Kopfenden der Betten von Menschen in dieser Beziehung sollte man nach Südwesten oder Westen ausrichten und die Farbe Gelb im Haus betonen.

Der richtige Zeitpunkt

Beim Neun-Ki-System geht man davon aus, dass die während eines wichtigen Ereignisses vorhandene Energie Sie viele Jahre begleiten wird. Wenn Sie zu einem günstigen Zeitpunkt eine romantische Beziehung begonnen haben, stehen die Chancen für eine erfolgreiche Entwicklung gut. Die Muster, die zu Beginn einer Beziehung festgelegt werden, können zum Fels in der Brandung werden, an den Sie sich in schwierigen Zeiten klammern.

Beginnen Sie eine Beziehung jedoch zu einem Zeitpunkt, an dem Sie oder Ihr Partner eine schwierige Phase durchlaufen, könnten Sie destruktive Verhaltensmuster etablieren, die im Verlauf der Beziehung immer wieder thematisiert werden.

Wenn Sie eine geschäftliche Unternehmung zu einem günstigen Zeitpunkt beginnen und Erfolg haben, überwinden Sie später problemlos alle Hindernisse aufgrund des Zeitpunktes des frühen Erfolges. Starten Sie Ihr Geschäftsleben in einer Phase, in der Sie verletz-

Die folgende Tabelle enthält Informationen über Gefühle / Eigenschaften, die Sie durchleben werden, und die Tätigkeiten, die Ihnen in einer entsprechenden Phase leicht fallen werden. Sie finden ebenfalls die neun Phasen der Beziehung und einen Geschäftszyklus.

HIMMELSRICHTUNG	EMOTIONEN / EIGENSCHAFTEN	PHASEN EINER BEZIEHUNG	GESCHÄFTSZYKLUS
OSTEN Holz	Enthusiasmus, Ehrgeiz, Aktivitäten, Selbstvertrauen und Konzentrationsfähigkeit. Mut zu neuen Projekten und zum Aufbau einer Karriere..	Sie sind aktiver und Ihrem Partner gegenüber liebevoller, allerdings auch reizbarer, unbeständiger und weniger geneigt zuzuhören.	Günstig für den Beginn neuer Projekte.
SÜDOSTEN Holz	Kreativität, Fantasie, Beharrlichkeit und Bereitschaft zur Kommunikation. Lust auf Reisen, Musik, Kunst, Lust zu schreiben.	Sie streben in der Beziehung nach Harmonie und möchten Auseinandersetzungen vermeiden. Sie könnten beständiger sein und sich In der Beziehung wohler fühlen.	Günstig für Expansion. Marketing unterstützt internationale Aktivitäten. Reisen und Vertrieb stehen unter einem guten Stern.
ZENTRUM Erde	Stärke, Unbeständigkeit, Überzeugungskraft, Fähigkeit auf sich aufmerksam zu machen. Bereitschaft Chancen wahrzunehmen.	Sie genießen es im Zentrum der Aufmerksamkeit zu stehen. Sie sind sich nicht im Klaren über die Gefühle für Ihren Partner und könnten mit anderen flirten.	Eine Phase der Veränderungen, die Flexibilität fördern könnte. Es ergeben sich interessante Chancen.
NORDWESTEN Metall	Würde, Selbstdisziplin, Weisheit, Organisationstalent, Selbstbeherrschung, Führungsqualitäten.	Sie entwickeln gegenseitigen Respekt und schaffen ein solides und beständiges Fundament für Ihre Beziehung. Sie könnten zu herrschsüchtig sein.	Bessere Führungsqualitäten unterstützen die Entwicklung langfristiger Pläne. Vertrauen und Anerkennung sind schneller zu gewinnen.

lich sind, kann es passieren, dass Sie niemals das Selbstvertrauen, die Überzeugung und den Schwung besitzen, mit denen Sie mögliche Probleme lösen können. Deshalb sollten die Ereignisse, die in Ihrem Leben eine große Rolle spielen, die stärkste Berücksichtigung bei der Anwendung des Neun-Ki-Systems finden.

Suchen Sie zuerst in der Tabelle auf Seite 154 das Jahr, das Sie interessiert, und anschließend Ihre Neun-Ki-Zahl in der entsprechenden Spalte. Wenn Sie wissen möchten, in welcher Phase Sie sich 2005 befinden werden, schauen Sie in der Spalte mit dem Jahr 2005 in der obersten Zeile nach.

Suchen Sie anschließend Ihre Neun-Ki-Zahl in der Jahresspalte. Schauen Sie nach der entsprechenden Himmelsrichtung. Ist die Sieben Ihre Neun-Ki-Zahl, befindet sich Ihre Zahl in der Reihe, die 2005 dem Nord-

osten entspricht. Deshalb werden Sie im Jahr 2005 von der Chi-Energie des Nordostens beeinflusst.

Da die Tabelle auf einem Neunjahreszyklus basiert, lässt sich die Reihe der Jahre problemlos fortführen, so weit, wie Sie Ihre Neun-Ki-Zahl zur Ermittlung bestimmter Phasen verfolgen möchten. Sie werden feststellen, dass die Jahre 2002 bis 2010 diesem Neunjahreszyklus vollständig folgen. Ab 2011 werden sich die Zahlen wiederholen. Sie können auf einem Blatt Papier Spalten anfügen und weiter vorgreifen, indem Sie die Zahlen in jeder Spalte um Eins **verringern.**

Sie können die Tabelle auch nach links erweitern und vergangene Jahre überprüfen – so weit zurück, wie Sie möchten. Das empfiehlt sich, wenn Sie eine Phase ermitteln möchten, in der Sie sich zu einem Zeitpunkt befunden haben, an dem ein wichtiges Ereignis in Ihrem

HIMMELSRICHTUNG	EMOTIONEN / EIGENSCHAFTEN	PHASEN EINER BEZIEHUNG	GESCHÄFTSZYKLUS
WESTEN Metall	Zufriedenheit, Vergnügen, Romantik und Genuss. Stärkeres Interesse an Finanzangelegenheiten.	Sie sind zufrieden, romantisch, vergnügen sich und genießen das Leben. Sie bauen neue Beziehungen auf.	Gewinne können gesteigert und das Vermögen vermehrt werden. Erfolgreicher Abschluss von Projekten.
NORDOSTEN Erde	Motivation, Schnelligkeit, Entschlossenheit, Wettbewerbsfähigkeit und gedankliche Klarheit.	Sie befinden sich in einer verspielten und wilden Phase, in der Sie viel zusammen unternehmen. Sie möchten mit Ihrem Partner diskutieren und sind in der Lage Ihre Position zu verteidigen.	Sie sind wettbewerbsfähiger und reagieren schneller auf Chancen.
SÜDEN Feuer	Ausdruckskraft, Gefühl, Großzügigkeit, Geselligkeit, Auffälligkeit. Fähigkeit Aufmerksamkeit auf sich zu ziehen und Ansehen zu gewinnen.	Sie durchlaufen eine leidenschaftliche, warme und großzügige Phase. Sie könnten Streitlust entwickeln und heftig reagieren, wenn Ihr Stolz verletzt wird. Heftige Auseinandersetzungen gefolgt von Versöhnungen sind möglich.	Verkaufserfolge können durch wirkungsvolles Marketing problemlos gesteigert werden. Sie finden mehr Beachtung.
NORDEN Wasser	Unabhängigkeit, innerer Frieden, Spiritualität, Flexibilität und Sachlichkeit. Bereitschaft ein neues Lebenskonzept zu entwickeln, ein Studium zu beginnen, Gesundheit.	Die ideale Zeit für Sex, Zärtlichkeit und das Ausloten der tiefsten Gefühle des Partners. Sie könnten unnahbar sein und sich von Ihrem Partner entfernen.	Bestimmte Vorgänge können jetzt problemlos flexibler gestaltet werden. Sie sind sachlicher.
SÜDWESTEN Erde	Pragmatismus, Realismus, Vertrauen, Mitgefühl, Verständnis. Bereitschaft zu Mutterschaft und Lebensqualität.	Sie teilen Zärtlichkeit, Vergnügen und Intimität mit Ihrem Partner. Sie möchten viel Zeit mit Ihrem Partner zu Hause verbringen. Ihre Beziehung läuft dadurch Gefahr Aufregung und Spontanität einzubüßen.	Entwickeln Sie nun harmonischere Beziehungen zu Ihren Angestellten und Kunden. Verbessern Sie die Qualität Ihrer Arbeit.

Das Neun-Ki-System ist zusammen mit einem Fünfjahresplan und einer Liste Ihrer Ziele zur Vorausplanung hervorragend geeignet. So können Sie Ihre Ziele ausarbeiten und nachsehen, welche Jahre zu deren Realisierung am günstigsten sind.

Wenn Sie zum Beispiel eine neue Beziehung beginnen möchten, sehen Sie nach, ob in den kommenden Jahren der Südosten, Südwesten oder Westen eine große Rolle für Sie spielen wird.

Leben stattfand. Erhöhen Sie jetzt bei jedem Jahr, das Sie zurückgehen, die Zahlen in der Spalte um Eins. 2001 steht die Zahl Sechs im Osten, 2000 die Zahl Sieben usw.

Die Tabelle auf den Seiten 152 – 153 zeigt Ihnen, wie jede Phase Ihre Energie und somit Ihre Gefühle, Gedanken und Ihr Verhalten beeinflussen kann. Jede Phase und Ihre eigene Neun-Ki-Jahreszahl sind mit einem der fünf Elemente verbunden. In den Phasen, in denen Ihr Element mit dem Element des Jahres harmoniert,

steigt Ihr Wohlbefinden und die Dinge gehen Ihnen leichter von der Hand. Wenn Ihr Element hingegen in einer disharmonischen Beziehung mit dem im entsprechenden Jahr vorherrschenden Element steht, beeinträchtigt das Ihr Wohlbefinden und es fällt Ihnen schwer, die Energie dieser Phase anzunehmen.

JAHRESÜBERSICHT

	2002	2003	2004	2005	2006	2007	2008	2009	2010	2011
OSTEN	5	4	3	2	1	9	8	7	6	5
SÜDOSTEN	6	5	4	3	2	1	9	8	7	6
ZENTRUM	7	6	5	4	3	2	1	9	8	7
NORDWESTEN	8	7	6	5	4	3	2	1	9	8
WESTEN	9	8	7	6	5	4	3	2	1	9
NORDWESTEN	1	9	8	7	6	5	4	3	2	1
SÜDEN	2	1	9	8	7	6	5	4	3	2
NORDEN	3	2	1	9	8	7	6	5	4	3
SÜDWESTEN	4	3	2	1	9	8	7	6	5	4

Glossar

ABDOMEN

ist die anatomische Bezeichnung für Bauch und
Unterleib. Das Zentrum dieses Bereiches wird in
Japan als Hara bezeichnet. Man geht davon aus,
dass dort die Chi-Energie gespeichert wird.

ACHT RICHTUNGEN

Die vier Himmelsrichtungen des Kompasses –
Osten, Süden, Westen und Norden – und die
dazwischen liegenden Richtungen – Südosten,
Südwesten, Nordwesten und Nordosten – bilden
die Acht Richtungen, die in der Japanischen-Kompass-Methode eine Rolle spielen. Jede Richtung
ist mit einer speziellen Chi-Energie verbunden.

BRECHUNG

Ändert den Verlauf einer Energiewelle, wenn
sie von einem Medium in ein anderes tritt. Zum
Beispiel ändern Lichtwellen ihre Richtung beim
Durchdringen eines Kristalls.

CHAKRAS

Das sind sieben Bereiche – Krone, Mittelhirn,
Hals, Herz, Magen, Abdomen / Hara und Fortpflanzungsorgane –, in denen die Chi-Energie sich
stärker konzentriert und bewegt als in anderen
Bereichen.

CHI-ENERGIE

Kaum spürbare elektromagnetische Energie, die
durch das Universum fließt, letztendlich alles miteinander verbindet und dabei auch den Menschen,
seine Gedanken, Ideen und Gefühle einbezieht.

EMF

EMF ist die Abkürzung für elektromagnetische
Felder. Das sind die Magnetfelder, die durch elektrischen Strom erzeugt werden. Sie verzerren das
erdmagnetische Feld. In der Nähe befindliche
Personen geraten durch sie in ein stärkeres künst-
liches Feld. Es wird angenommen, dass sie das
Krebsrisiko erhöhen.

FLUORESZIERENDES LICHT

Elektrischer Strom wird durch eine mit Niedrig-
druckdampf gefüllte Glasröhre geschickt, um eine
ultraviolette Strahlung zu erzeugen. Sie wird durch
einen Überzug auf der Röhre in sichtbares Licht
umgewandelt. Diese Art Licht wird auch von Energiesparlampen erzeugt.

FÜNF ELEMENTE

Die fünf natürlichen Elemente – Holz / Baum,
Feuer, Boden / Erde, Metall und Wasser – stehen
für fünf Arten von Chi-Energie, die mit den Tages-
und Jahreszeiten assoziiert werden.

HALOGENLAMPEN

Eine Lampe, in welcher der Glühfaden von Halo-
gendampf umgeben ist. Sie ist oft mit einem
Transformator verbunden um Niederspannungs-
licht zu erzeugen.

HARMONISCH

Im Zusammenhang mit Feng Shui bedeutet „harmonisch", dass sich verschiedene Chi-Energien
miteinander vermischen und sich gegenseitig
stärken.

I GING

Ein altes chinesisches Buch, dessen Grundgerüst
aus den Acht Trigrammen (die aus gebrochenen
und ungebrochenen Linien bestehen) gebildet
wird. Durch Kombination von jeweils zwei Trigrammen entstanden die Hexagramme. Das
I Ging – das „Buch der Wandlungen" – ist ein
Orakel- und Weisheitsbuch.

KIRILIANISCHE FOTOGRAFIE

Eine vom russischen Wissenschaftler Kirilian
erfundene Form der Fotografie, die ein Energiefeld aufzeichnet, das ein Lebewesen umgibt.

KONVEX

Bedeutet rund, nach außen gewölbt. Spiegel,
Metall- oder Glasplatten können eine konvexe
Form haben.

MAGISCHES QUADRAT

In Fu Hsis magischem Quadrat sind die Zahlen Eins
bis Neun so angeordnet, dass die Summe jeder
Zeile und jeder Spalte die Zahl Fünfzehn ergeben.

MAGNETISCHER NORDEN

Das ist der Norden, nach dem sich die Kompassnadel ausrichtet. Er weicht einige Grade vom
auf der Karte eingezeichneten Norden ab, der
auf der Position des Nordpols basiert.

MERIDIANE

Die Chi-Energie fließt auf vierzehn Bahnen durch
den Körper. Auf jeder Bahn befinden sich die
als Tsubos bezeichneten Akupressurpunkte, an
denen der Energiefluss leichter verändert werden
kann.

NEUN-KI

Ki ist das japanische Wort für Chi-Energie. Neun-
Ki bezieht sich auf die neun Energiearten, die das
magische Quadrat bilden. Auf ihrer Grundlage
können im Feng Shui, wie es hier beschrieben
wurde, Aussagen über Ereignisse, auch zukünf-
tige, über Menschen, Beziehungen usw. gemacht
werden.

SCHNELL FLIESSENDES CHI

Schnell fließende Chi-Energie, auch als Sha-Chi
bezeichnet, ist in der Lage andere, sich langsam
bewegende Chi-Energie zu durchschneiden.

TIERE

Mit Hilfe der fünf Tiere im Feng Shui – Drachen,
Phönix, Tiger, Schildkröte und Schlange – wird
Ihr äußeres Chi-Energiefeld beschrieben.

TRIGRAMME

Drei übereinander liegende, horizontale Linien.
Die Linien sind entweder gebrochen und repräsentieren Yin, oder ungebrochen und symbolisieren
Yang. Jedes Trigramm ist mit einer der acht Richtungen verbunden.

VORSTEHENDE ECKE

Diese Ecke befindet sich an der Außenseite eines
rechten Winkels, der in ein Zimmer zeigt, und
kann zum Beispiel zu einem Schrank gehören.
Die Ecke befindet sich an der Innenseite eines
rechten Winkels.

YIN UND YANG

Yin und Yang sind zwei polare Kräfte, die Urkräfte
allen Seins. Yang, das männliche Prinzip, bedeutet
unter anderem Sonne, Yin, das weibliche, unter
anderem Dunkelheit. Das Yin-Yang-Symbol besteht
aus einem Kreis mit einem weißen und einem
schwarzen Element. Symbolisch dafür, dass beide
Kräfte ihr Gegenteil in sich tragen, enthält das
weiße Element einen schwarzen Punkt und das
schwarze einen weißen. Die unterschiedlichen
Arten von Chi-Energie gehen auf die polaren
Kräfte Yin und Yang zurück.

Index